Cornelia Kazis

Weiterleben, weitergehen, weiterlieben

Wegweisendes für Witwen

Xanthippe

Inhalt

Für Achim, immer

Vorwort der Autorin

Ich kann nicht sagen, dass ich es wusste. Aber ich ahnte es. Ich ahnte, dass mein Mann an seinem lange in Schach gehaltenen Krebs sterben würde. Ich wollte für den Abschied von der Liebe meines Lebens vorbereitet sein und kaufte mir ein schwarzes, breitschultriges Plisseekleid. Das sollte mir als Ummantelung dienen an Tagen, an denen ich «durchnässt bis auf die Herzhaut» sein würde. So treffend fasste die Lyrikerin Hilde Domin in einem ihrer Gedichte grossen Seelenschmerz. Ich hängte das Kleid auf einen goldenen Bügel und hoffte, es noch lange nicht anziehen zu müssen. Vier Monate später musste ich es tragen.

Ich wollte auch lesen. Von anderen Witwen und ihren Abschieden. Von Trauerprozessen. Von Bewältigungsstrategien und Überlebenshilfen. Von Resilienz und Ressourcen. Von Forschungsergebnissen und Genderaspekten. Vom Wandel dieses Zivilstandes und von Rechtsfragen. Von Geld und Geist. Ich las alles, was es dazu zu lesen gab. Es war wenig, viel zu wenig. Mein Wissensdurst für dieses gesellschaftliche Thema blieb ungestillt.

Witwen sind gesellschaftliche Schattenfiguren. Ich selbst wusste eigentlich nur von vier Witwen etwas halbwegs

Genaues. Ich kannte die Geschichte von der Witwe Bolte, die zum Opfer von Bubenstreichen wurde. Ich hörte mal ein bisschen rein in Franz Lehars *Lustige Witwe*, doch sie interessierte mich redlich wenig. Ich erinnerte mich an die Bilder der schönen Jackie Kennedy, die in grosser Würde, schwarz verschleiert, mit ihren Kindern an der Hand, ihren eingesargten Mann eskortierte. Und ich trauerte mit Yoko Ono, der japanischen Künstlerin, die gut zehn Jahre nach dem medial gefeierten Bed-in mit John Lennon von einer Sekunde auf die andere verwitwete, weil ein Verrückter dem Pop-Idol und Superstar in den Rücken schoss. Zwar kannte ich mehrere alleinstehende Nachbarinnen. Aber ich bemerkte bezeichnenderweise nicht, dass auch sie Witwen waren. Selbst meine geliebte Grossmutter mütterlicherseits habe ich nie als Witwe wahrgenommen. Seltsam. Würde auch ich dereinst so «unsichtbar» werden wie diese Frauen in meiner unmittelbaren Nähe?

Zwei Monate nach dem Kleiderkauf setzte ich mich in ein Café und fragte mich, was genau ich denn nun als angehende Witwe lesen müsste, um diesen biografischen Einschnitt einigermassen durchleben und verstehen zu können. Auch zu weniger schweren Zeiten war mir die gedankliche Durchdringung von grossen Emotionen immer schon wichtig. Auf einen Zettel notierte ich, einen warmen Tee trinkend, was mir in den Sinn kam: Ich wünschte mir, von verschiedenen Frauen zu hören, die unerschrocken und präzise über ihren Verlust und die Bewältigung ihres Verlustes erzählen. Ihre Diversität jenseits von überkommenen Klischees wäre mir wichtig. «Schattenfrauen ans Licht!», stand auf meinem Zettel. Zusätzlich fehlte mir juristisches, psychologisches, historisches und soziologisches Fachwissen, um das eigene Erleben verorten zu können. So ein Sachbuch bräuchte es! Gab es aber nicht. Und so beschloss ich, das gewünschte Buch selbst zu schreiben.

Nun ist es geschrieben. Die Arbeit daran hat mich im ersten Jahr der Trauer begleitet und zeitweise beflügelt. Meine Hoffnung ist, dass es den vielen Witwen überall Zuversicht, Trost, Wissen und Orientierung gibt. Und eine Sprache für das, was leider oft unausgesprochen bleibt, aber ausgesprochen wesentlich ist.

Cornelia Kazis, im Mai 2019

Noch bist du da

Sei was du bist
Gib was du hast

Rose Ausländer

Teil I

Interviews mit den Expertinnen

«Das Alter ist weiblich!»

Treffpunkt neben den Schienensträngen des St. Galler Bahnhofs im kupferfarbenen Grossbau der Fachhochschule, Rosenbergstrasse 59. Hier lehrt **SABINA MISOCH**, Professorin für Alterssoziologie. Sie hat schon im Vorfeld zu unserem Gespräch dafür gesorgt, dass wir ungestört sind, und uns im elften Stock ein Sitzungszimmer reserviert. Ansonsten wären wir im Open Space, in einem Grossraumbüro, in dem alle alles mithören können und wir von allen alles mitbekommen, wenn wir es denn wollten. Wollen wir nicht. Die Professorin macht Grüntee für uns beide, Sencha. Das passt, denn Sabina Misoch ist immer wieder auf Forschungsreise in Japan. Genauer auf Okinawa, auf der Insel der Hundertjährigen. Dort geht die Leiterin des interdisziplinären Kompetenzzentrums Alter der Frage nach der Hochaltrigkeit nach. Gemessen an ihrem Forschungsthema ist sie selbst noch jung: 48 Jahre. Sie ist Mutter von neunjährigen Zwillingen und lebt im Patchwork mit zwei schon erwachsenen Kindern aus der Erstehe ihres Mannes.

.....

Was beschäftigt Sie aktuell in Ihrem Fachgebiet der Alterssoziologie?
Es sind mehrere Felder, die mich bewegen. Das Hauptthema lautet: Was können wir tun, um die Lebensqualität von älteren und alten Menschen zu erhalten oder gar zu erhöhen? Dabei gibt es verschiedene Aspekte zu beachten. Ein Aspekt, der mich besonders interessiert, ist, wie Technik alte Menschen darin unterstützen kann, länger selbstständig zu Hause leben zu können. Das wird ja von den meisten Seniorinnen und Senioren gewünscht. Weiter interessiert mich das institutionelle Wohnen, also der Alltag in den Heimen. Was können wir an Technologie einsetzen, um auch dort die Lebensqualität zu erhalten? Ich bin fasziniert von den technischen Möglichkeiten, die wir jetzt schon haben oder in Zukunft haben könnten.

Sie sind 48 Jahre alt. Bemühen wir nicht die Wahrsagerin mit ihrer Glaskugel, sondern die Statistik mit ihren Zahlen: Wie alt werden Sie?
85,4 Jahre. Aber eben nur mit statistischer Wahrscheinlichkeit.

Nicht älter? Ich dachte, wenn man es schon bis 48 geschafft hat, schiebe sich der statistische Wert nach oben?
Stimmt! Ab einem Alter von zirka 50 Jahren hat eine Frau in der Schweiz tatsächlich eine höhere Lebenserwartung. Nach den Berechnungen des Bundesamtes für Statistik kann sie dann ihre Lebenserwartung auf 86,3 Jahre aufstocken.

Wie alt wird ein gleichaltriger Mann?
Wenn man von seiner Geburt ausgeht, werden es fünf Jahre weniger sein.

Die Männer haben also aufgeholt: Früher waren es sieben Jahre!
Ja, die Männer holen auf. Das hat damit zu tun, dass sich das männliche Verhalten verändert hat.

Wie denn?
Männer leben weniger lang aufgrund ihres Verhaltens. Sie leben risikoreicher. Sie haben häufiger Verkehrsunfälle, und das in jungen Jahren. Das schlägt statistisch zu Buche. Sie haben ein anderes Gesundheitsbewusstsein. Sie scheren sich weniger um gesunde Ernährung und gehen später zum Arzt oder zur Apothekerin.

Nach dem Motto: «Ich bin doch keine Memme, das kommt schon wieder gut.»
Ja, ein Indianer kennt keinen Schmerz! Das sind alles Sozialisationsresultate. Aber eben, diese Dinge ebnen sich ein, weil sich die Erziehungsmuster verändern und sich die Männer dadurch anders verhalten. Mit Genetik hat ihre kürzere Lebenserwartung nichts zu tun, und das ist eigentlich eine gute Erkenntnis für die Männer.

Nun, dass es nicht mehr sieben, sondern nur noch fünf Jahre Unterschied in der Lebenserwartung sind, könnte ja auch mit dem veränderten Frauenalltag zu tun haben. Frauen sind auch vermehrt Stress ausgesetzt. Sie müssen «ihren Mann stehen»

in einer leistungsoptimierten Gesellschaft, und immer mehr Frauen erleiden einen Herzinfarkt ...
Das stimmt leider auch. Wobei, das Herzinfarktrisiko ist sehr zentral hormonell bedingt. Die Frau muss beispielsweise schon eine intensive Raucherin sein, um das gleiche Infarktrisiko zu haben wie ein Mann. Sonst sind wir Frauen eigentlich relativ gut geschützt vor Herzinfarkten. Aber Dauerstress ist sicher nicht lebensverlängernd.

Der kleine Unterschied beträgt zurzeit also fünf Jahre. Wäre es angesichts dessen nicht sehr vernünftig, sich mit einem jüngeren Mann zu verbinden? Statistisch gesehen würde das ja das Risiko minimieren, zu verwitwen.
Ja, gute Empfehlung! Das wäre strategisch geschickt.

Aber warum tun wir das denn nicht?
Ich weiss gar nicht, ob es zu dem Thema Untersuchungen gibt. Aber ein paar Gedanken habe ich dazu. In jungen Jahren ist natürlich die Neigung einer Frau zu Männern, die etwas älter sind, naheliegend, weil sie sich langsamer entwickeln. Die Pubertät beginnt bei Knaben ja später. Weiter handelt es sich sicher auch um ein patriarchales Muster: Der ältere Mann, der Erfahrene, der Beschützer, der Ernährer strahlt wohl mehr Sicherheit aus und ist deswegen auch sexuell attraktiver.

Zurück zu den alten Frauen. In der Fachwelt ist auch vom feminisierten Alter die Rede. Was genau ist damit gemeint?
Wir Altersexpertinnen sagen auch: Das Alter ist weib-

lich. Dieser Satz bringt zum Ausdruck, dass das hohe Alter weiblich ist, weil eigentlich nur noch Frauen übrig sind. Schauen Sie in ein Alters- und Pflegeheim. Da finden Sie kaum Männer.

Das hat ja auch damit zu tun, dass die hochaltrigen Männer sehr oft von ihren jüngeren Frauen zu Hause gepflegt werden. Und genau diese Frauen haben später niemanden, der sie pflegt, wenn sie hilfsbedürftig und abhängig werden.
Das stimmt ebenfalls. Und die wenigen Männer im Heim sind dann wirklich Hahn im Korb! Ein Heimleiter hat mir kürzlich geschildert, was in seinem Heim los ist, wenn ein Mann eintritt. Dann sind die Frauen schon alle auf dem Plan und erwarten, umwerben und umschmeicheln den alten Herrn. Wenn eine Frau eintritt, wird es still hingenommen. Die Neue verschärft ja die Konkurrenz.

.....

Sabina Misoch lacht bei dieser Schilderung. Wir kommen etwas ab vom Thema und nehmen einen Schluck Grüntee. Ich erzähle der Professorin die Geschichte von meinem Grossvater: Als ich ihn einmal im Heim besuchte, bat er mich, seinen Schrank aufzuräumen. Beim Öffnen der Schranktür purzelten mir ein Dutzend handgestrickte Socken entgegen. Ich fragte meinen Grossvater nach der Herkunft dieser Sockenflut. Der hübsche alte Mann lächelte etwas verlegen und erzählte mir, dass die Frauen alle für ihn strickten und dass er nicht mehr lange genug leben könne, um all diese Fusskleider

einmal zu tragen. Auch mein Vater, der meine Mutter um zehn Jahre überlebte und mit 90 Jahren verstarb, wurde von seinen Nachbarinnen besucht, bekocht, beschenkt, beflirtet und nach seinem Wohlergehen gefragt. Diese heiteren Episoden führen zu einem wichtigen Thema: Erotik und Sexualität im Alter.

.....

Sexualität im Alter – das ist noch sehr tabuisiert. Eine Mitarbeiterin von mir war kürzlich an einem Kongress zu dem Thema. Es scheint im Moment so zu sein, dass es darauf ankommt, welche Einstellung die Pflegedienstleitung zu diesen Fragen hat. Es gibt da sehr unterschiedliche Lösungen: Man fährt mit einem Senior ins Rotlichtmilieu und holt ihn später wieder ab. Oder es wird jemand ins Heim eingeladen, die dort Dienste verrichtet. Die alten Frauen und ihre erotischen Bedürfnisse sind in den Heimen hingegen weniger Thema. Es gibt auch Institutionen, die von all dem ganz absehen. Noch existiert also kein selbstverständliches Recht auf Sexualität und Erotik im Alter. Das finde ich erschreckend im 21. Jahrhundert. Es ist der Spiegel für ein trauriges, aber leider noch aktuelles Altersstereotyp: alt gleich grau, gleich unattraktiv, gleich asexuell. Da wünsche ich mir einen Bewusstseinswandel. Aber spätestens wenn die selbstbestimmten Babyboomerinnen und Babyboomer in die Heime kommen, wird das zum Glück so nicht mehr aufrechtzuerhalten sein.

Die Babyboomerinnen und Babyboomer, die so vieles erneuert haben, werden also auch das Alter

anders leben wollen. Sie gelten ja als die, die sich mit dem Älterwerden etwas schwertun. Aber auch für diese Nachkriegsgeneration gilt: Das Alter beginnt soziologisch gesehen mit dem Austritt aus dem Erwerbsleben, also mit der Pensionierung. Gibt es geschlechtsspezifische Unterschiede im Umgang mit dieser Wende im Leben?

Erstmal finde ich es als Wissenschaftlerin schön, dass es so klar ist, wann der Lebensabschnitt Alter anfängt. Ebenso klar ist, wann er endet, nämlich mit dem Tod. Das ist wissenschaftlich von Vorteil, weil man dadurch klare Grenzen hat, innerhalb derer Forschung sich bewegen kann. So muss sie sich nicht mit Diskussionen aufhalten, wann das Alter überhaupt sei. Für viele Menschen ist das Ende des Berufsalltags ein grosser Einschnitt und deshalb krisenanfällig. Wir alle kennen wahrscheinlich einen griesgrämigen, verbitterten alten Menschen. In solchen Fällen denke ich immer, dass bei ihnen der Übergang ins nachberufliche Leben nicht gelungen ist. Wir wissen, dass sich die Männer mit dem Abschied aus dem Berufsleben generell schwerer tun.

Wie kommt das?

Das hängt damit zusammen, dass viele Frauen, vor allem in der Schweiz, seltener voll erwerbstätig sind und sich deswegen nicht nur über den Beruf definieren. Sie haben noch andere Bausteine, die ihre Identität ausmachen. Dazu zähle ich ihre Hobbies, ihr soziales Engagement oder auch regelmässige Treffen mit anderen Frauen. Die Schwierigkeit, diesen Übergang zu meistern, ist ja, dass man an seiner Identität arbeiten muss und diese in der Nacherwerbsphase eine Neudefinition erfahren muss. Identität ist weit mehr als die berufliche Funktion. Die präventive Frage lautet also: Worüber definiere ich mich eigentlich?

Sie meinen also, dass Männer eher Gefahr laufen, sich fast ausschliesslich über den Beruf zu definieren?
Viel mehr als die Frauen. Noch! Aber in dem Masse, in dem die Frauen beruflich Karriere machen und darin sehr gefordert sind, wird der Ruhestand auch für sie herausfordernder. Ich meine: Ich arbeite beispielsweise in Vollzeit und habe zudem eine Familie. Da bleibt leider nicht viel Zeit für anderes. Trotzdem glaube ich, dass es den Frauen besser gelingt, sich vorab Gedanken zu machen über das Danach. Bei den Männern stellen wir oft fest, dass sie überrascht werden von ihrem 65. Geburtstag und der dann beginnenden Nacherwerbsphase.

Ein bisschen verstehe ich das auch. Mit 65 ist man heute ja nicht alt und möchte gerne noch mitmischen. Schliesslich hat man viel Erfahrung gesammelt.
Das ist richtig. Viele sind in dem Alter noch fit, haben viel zu geben und verfügen über ein grosses Erfahrungswissen. Deswegen arbeiten wir auch in verschiedenen Projekten an Modellen, die diesen Wissenstransfer ermöglichen sollen. Mit Teilzeitpensen könnten die Erfahrungsexpertinnen und Erfahrungsexperten weiter eingebunden werden. Das würde auch die Übergänge sanfter machen. Da wird sich einiges ändern in Zukunft. Dass wir so lange fit bleiben, hat natürlich auch mit der Veränderung der Arbeitswelt zu tun. Jemand,

der ein Leben lang auf dem Bau oder als Koch in einer Küche geschuftet hat, ist mit 65 möglicherweise heilfroh, nichts mehr tun zu müssen. Meine Grosseltern waren mit 65 einfach müde.

Mit 65 beginnt das sogenannte junge Alter. Das Alter umfasst in Zeiten der Langlebigkeit ja mehr Jahre als Kindheit und Jugend zusammen. Wie unterteilt die Alterssoziologie die verschiedenen Altersphasen?

Die Soziologie unterscheidet momentan vier Lebensalter. Das erste Alter umfasst Kindheit und Jugend. Das zweite ist das Erwachsenenalter. Das dritte und vierte gehören beide zur Lebensphase Alter. Das dritte Alter beginnt wie gesagt dann, wenn ich aus dem Berufsleben ausscheide, und dauert so lange, bis ich fragil werde. Dieser Übergang ist natürlich individuell. Manche sind bereits vor 65 fragil, manche sind es mit 70, manche mit 80 und manche mit 90. Die 100-Jährige, die ich auf Okinawa länger interviewt habe, ist es immer noch nicht. Aber aus empirischen Daten wissen wir, dass für sehr viele mit rund 85 Jahren die Fragilität beginnt. Das bedeutet aber immerhin zwei Jahrzehnte drittes Alter!

Was ist denn der häufigste Wendepunkt zwischen dem dritten und dem vierten Alter?

Der Klassiker ist ein Sturz mit einem Knochenbruch. Oft heilt der Bruch nicht wie gewünscht. Und so kann es sein, dass man vielleicht gar nicht mehr in die eigene Wohnung zurückkehren kann, weil diese nicht behindertengerecht gestaltet ist. Darum empfehlen wir den Seniorinnen und Senioren immer, sich frühzeitig zu überlegen, ob ihre Wohnsituation langfristig für sie geeignet ist.

Ein Sturz. Er zeigt, dass es sehr schnell gehen kann. Das vierte Alter kann so von einem Tag auf den anderen da sein. Der Übergang ins fragile Alter ist also nicht unbedingt ein langsam fortschreitender Prozess …
Das kann schon auch sein, etwa bei einer fortschreitenden Krankheit, die ab einem bestimmten Stadium Pflege und Unterstützung erfordert. Aber der Klassiker ist und bleibt der Sturz. In der Schweiz stürzen jährlich 83 000 Seniorinnen und Senioren. An den Folgen ihres Sturzes sterben rund 1000. Zirka 12 000 erleiden einen Bruch, der sie pflegebedürftig macht und den Übergang ins vierte Alter markiert.

Bei meiner Grossmutter kam mit einem Sturz auf dem Glatteis vor der eigenen Haustür das Ende ihrer Selbstständigkeit. Da war sie 75 Jahre alt, also zehn Jahre jünger als der aktuelle statistische Durchschnittswert für den Eintritt ins vierte Alter. Unsere Grossmütter alterten früher und anders als wir. Was sind die entscheidenden Unterschiede?
Rein körperlich waren sie müde und abgearbeitet. Sie waren oft froh, nicht mehr in der Pflicht zu stehen. Wenn ich an meine Grossmutter denke, sah sie so aus, wie Grossmütter nach altem Stereotyp aussahen. Bilderbuchreif. Wenn ich heute Frauen in ihrem Alter ansehe, denke ich: «Wow! Was für eine Ausstrahlung! Welche Vitalität!» Ein grosser Unterschied ist auch die Selbstwahrnehmung. Früher bedeutete das Alt-Sein Lebens-

abend, das geruhsame Warten auf den Tod. Heute gehen wir von einer langen Lebensspanne aus, die aktiv gestaltet werden kann. Es kann eine wunderschöne Phase sein, wenn wir das Glück haben, finanziell abgesichert zu sein und körperlich fit und kognitiv präsent zu bleiben.

Die Nachkriegsgeneration, die Babyboomerinnen und Babyboomer, kommen in die Jahre. Eine Generation, so reich wie noch nie, so fit wie noch nie, so gebildet wie noch nie und so selbstbestimmungsverliebt wie noch nie. Auch die Frauen. Was sind die Herausforderungen für diese Generation?
Ich freue mich natürlich über den zivilisatorischen Fortschritt, den diese Generation verkörpert. So viele gebildete Frauen! Die treten mit einem ganz anderen Bedürfniskatalog in diese Lebensphase. Die späten Jahre werden aktiv gestaltet und als Projekt angegangen. Da ist sehr viel Selbstbewusstsein dabei. Es ist ja interessant: Bei den Babyboomern ist die Scheidungsquote auch darum viel höher, weil die Frauen durch ihre bessere Ausbildung finanziell unabhängiger und vor allem selbstbewusster sind. Diese spannende Generation wird die Alters- und Pflegeheime vor grosse Herausforderungen stellen. Die Babyboomerinnen werden nicht zufrieden sein mit dem, was da ist. Diese Generation ist in der Regel nicht gewohnt, Entbehrungen einfach so hinzunehmen. Sie wird nicht genügsam sein.

Nicht die Haltung der Dankbarkeit und Demut wird also vorherrschen, sondern die Haltung: «Ich bezahle, ich bin Kunde, was steht mir zu?»
Ja, genau.

Nicht zu vergessen: Es ist auch eine digitalisierte Generation!

Das auch – anspruchsvoll, hochkompetent und selbstbewusst.

Besteht da nicht die Gefahr, dass sich diese Generation schwertun wird mit der Erfahrung von Abhängigkeit und Hinfälligkeit?

Es wird für diese Generation möglicherweise nicht leicht sein, an Autonomie zu verlieren. Aber dieser Punkt wird kommen, und es werden Fragen auftauchen: «Wie gut kann ich Hilfe annehmen? Wer bin ich, wenn ich nicht mehr alleine zurechtkomme? Wie fühle ich mich, wenn meine Gestaltungsspielräume schrumpfen?» Das wird eine Herausforderung sein. Und dennoch: Vielleicht ist die Dankbarkeit über den grossen Spielraum in jüngeren Jahren das Vehikel, um das, was einen später einschränkt, eher annehmen zu können. Schön wäre es!

Ich bin eine Babyboomerin. Eine Schwierigkeit von uns Babyboomerinnen und Babyboomern ist ja auch die Vorbildlosigkeit. Wir können uns nur begrenzt an unseren Vorgängerinnen orientieren. Meiner Mutter war, obschon sehr intelligent, eine höhere Bildung noch verwehrt, und meine Grossmutter steckte in einer Zweckehe. Müssen wir unser eigenes Alt-Sein neu erfinden?

Ich würde das erstmal als Chance begreifen, denn es bedeutet auch Freiheit, die Befreiung von Altersstereotypen. Denken wir an die Schweizer «Grossmütter-Revolution»: Das ist natürlich eine ungeheure politische Kraft. Ebenso die österreichischen «Omas gegen rechts», die mit ihren roten Strickmützen gegen neofaschistische Tendenzen in der Gesellschaft rebellieren. Ich finde es schön, dass das Alter bunt, lebendig und laut wird. Immerhin machen die alten Frauen einen Grossteil unserer Gesellschaft aus. Sie sollen bemerkbar sein, denn sie haben etwas zu sagen!

Aber wir erleben neue Zwänge. Wir leben in einer altersfeindlichen Gesellschaft. «Forever young!» Und davon leben viele Märkte, unter anderem der Gesundheitsmarkt, der Schönheitsmarkt. Da gibt es sicher einen Gender-Gap. Welche Ungerechtigkeit machen Sie als Soziologin aus?
In erster Linie den: Frauen werden alt, Männer werden interessant. Das ist nach wie vor in den Köpfen verankert. Männliche Falten sind schön, weibliche Falten müssen weggespritzt werden. Schade! Das Leben hinterlässt Spuren, und so soll es sein. Man soll mir ansehen können, dass ich schon viel erfahren habe. Mein Eindruck ist, dass die Zäsur schon früher geschieht, und zwar mit dem Eintritt in die Wechseljahre. Ich habe das Gefühl, die Frau verliert dann an Macht und Interesse. Sie ist nicht mehr reproduktionsfähig. Sie hat ausgedient. Das würde für biologistische Theorien sprechen, und die mag ich als Soziologin natürlich überhaupt nicht. Es ist für die unfruchtbar gewordenen Frauen also eine Herausforderung, Attraktivität auszustrahlen. Der Mann ist hingegen meistens zeugungsfähig bis zum Tod. Diese biologische Ungerechtigkeit bleibt einfach.

Noch immer gilt ja: Das Alter ist eine Zeit der Verluste. Man sieht weniger gut, man hört weniger gut, die Beine sind nicht mehr so schnell, die Merkfähigkeit geht zurück und das Lernen fällt nicht mehr so leicht wie auch schon. Und häufig eben auch: Der Mann ist tot. Nun gibt es offenbar einen Trost aus der neuen Altersforschung. Erzählen Sie uns bitte davon!
Frühe Alterstheorien waren tatsächlich rein defizitorientiert und gingen genau von diesen Annahmen aus. Nun ist man interessanterweise in Studien zur lebensläuflichen Intelligenzentwicklung auf eine neue Erkenntnis gestossen. Es ist der Bereich der sogenannten kristallinen Intelligenz. Umgangssprachlich könnten wir das auch mit Erfahrungswissen bezeichnen. Das ist ganz spannend, denn es revolutioniert die Alterstheorien. Alter ist nicht nur Verlust, sondern auch ein Gewinn.

Sagen Sie mehr dazu!
In der Intelligenzforschung unterscheidet man zwischen der fluiden und der kristallinen Intelligenz. Die fluide Intelligenz beinhaltet: schnelles Eingehen auf das, was ist, rasches Umschalten, Problemlösestrategien, schnelles Erlernen von neuen Inhalten. Das nimmt schon ab 30 bis 35 Jahren ab. Ich bin also auch schon auf der absinkenden Kurve. Dafür nimmt ab dann die kristalline Intelligenz zu. Dazu gehört, dass man in komplexen Situationen aufgrund des reichhaltigen Erfahrungswissens schnell eine Lösung findet, nämlich in Form einer Kombination oder einer Re-Kombination aus früheren Lösungen. Das schätzen kluge Wirtschaftsfachleute immer mehr. Sie wollen nicht verzich-

ten auf den Wissensschatz ihrer älteren Mitarbeiterinnen und Mitarbeiter. Der ist nämlich gewinnbringend.

Könnte man die kristalline Intelligenz auch mit Altersweisheit gleichsetzen?
Ja, ganz genau. Dort, wo nicht nur das Neue zählt, sondern auch das Wissen um früher, haben die alten Menschen auch ein anderes gesellschaftliches Prestige. Zum Beispiel in Japan, wo ich immer wieder auf Forschungsreise bin.

Sie sind immer wieder auf der Insel der Hundertjährigen. Was machen Sie auf Okinawa?
Ich komme gerade von dort. Diesmal hatte ich das Glück, mit hochaltrigen, verwitweten Frauen länger sprechen zu können. Dabei hat mich natürlich interessiert: Was können wir von ihnen lernen? Von ihrer Gelassenheit? Von ihrer Ausgeglichenheit? Von ihrer Heiterkeit? Von ihrer Zufriedenheit? Ich bin sehr beeindruckt von diesen Frauen.

Was haben die, was wir nicht haben?
Sie haben, was wir so gar nicht hatten: ein sehr entbehrungsreiches Leben. Sie haben den Zweiten Weltkrieg erlebt. Die Schlacht von Okinawa war eine der grausamsten Schlachten. Ein Viertel der Bevölkerung ist dieser Schlacht zum Opfer gefallen. Diese Frauen haben fast alle grosse Armut erlebt. Viele von ihnen sind Kriegswitwen. Sie haben ein hartes Leben hinter sich. Man könnte verstehen, wenn sie zu Klageweibern würden oder verbittert wären.

Sind sie aber nicht, vermute ich.
Nein, sind sie nicht. Und im Gespräch mit ihnen hat mich nicht in erster Linie ihre Ernährung interessiert, sondern die Frage: Was ist ihre Kraftquelle? Was hält sie so lange am Leben, dass sie 90, 100 oder noch mehr Jahre alt werden? Die Antworten lauteten: «Das Heute geniessen. Und nur an das Morgen denken. Kein Blick zurück zu dem, was war. Denn das, was war, ist unveränderbar.» Wichtig ist den Frauen, denen ich begegnet bin, das, was ist, möglichst gut zu gestalten.

Wahrscheinlich mit den vorhandenen bescheidenen Mitteln?
Ja, es sind sehr arme Menschen. Ich habe mit einer Frau zu Mittag gegessen, die nur einen Topf hatte. In diesem einen Topf kocht sie alles. Und alles, was in den Topf kommt, stammt aus dem eigenen Garten. Es hat mich berührt, dass sie aus diesem einen Topf vier verschiedene Gerichte vorbereitet hatte. Das war ihr Geschenk an mich. Und dies trotz des Taifuns, der ihren Garten eine Woche zuvor verwüstet hatte. Das hat sie einfach angenommen. «Ist so.» Es war der 24. Taifun der Saison und es wird nicht der letzte gewesen sein. Und trotzdem werden die Büsche wieder hochgebunden und es wird getan, was getan werden muss.

Heisst das nun, dass unsere Verwöhntheit, unsere Saturiertheit, unsere Optionsvielfalt möglicherweise gar nicht der beste Schlüssel für ein gutes hohes Alter sind, sondern eher Krisenerprobtheit, Verzichterfahrung und so etwas wie Schicksalsergebenheit?
Ja. Die Generation, die jetzt in die Jahre kommt, hat

den Krieg glücklicherweise nicht mehr erlebt. Die Nachkriegsgeneration in Westeuropa hat viel Wohlstand erfahren, viele Bildungsoptionen bekommen und viel Befreiung von alten Zwängen erkämpft. Die neuen Alten haben in der Regel nur wenige Erfahrungen machen können mit schwierigen, existenziell bedrohlichen Situationen. Das ist natürlich schön. Aber ich habe schon etwas die Sorge, dass diese Generation vielleicht mehr Mühe haben wird, mit schwierigen Situationen umzugehen, die im Alter natürlich auf jede und jeden zukommen.

Das heisst, ihre seelische Widerstandskraft, ihre Resilienz, ist nicht so trainiert?
Das klingt jetzt etwas hart, aber ich denke tatsächlich, dass Menschen, die sehr Schweres erlebt und überlebt haben, einen ganz anderen Horizont haben. Sie können über Kleinigkeiten glücklich sein, über das tägliche Brot. Und was mich auf Okinawa auch sehr beeindruckt hat: das Eingebunden-Sein in die Gemeinschaft. Das grosse Einsamkeitsproblem, das wir hierzulande kennen, habe ich auf Okinawa nicht gesehen.

Die Einsamkeit als Depressionsquelle fällt da weg?
Soweit ich es gesehen habe, ist dieses Problem nicht verbreitet. Hier haben wir hingegen eine Depressionsrate von rund 20 Prozent bei alten Menschen. Und die Dunkelziffer ist hoch. Die meisten werden ja nicht diagnostiziert. Wir müssen also von deutlich mehr Betroffenen ausgehen. Das ist eine enorme Herausforderung für Institutionen, Gemeinden und Kantone.

Das ist ja auch ein Wohlstandsphänomen. Der grosse Raum zwischen den Menschen, die hohe Individualität.
Ja, das hat schon auch diesen Hintergrund. Die Menschen auf dieser kleinen Insel gehören im Gegensatz zu uns nicht zu hochmodernen oder stark individualisierten Gesellschaften.

Zurück zu uns, zurück zur hochmodernen Gesellschaft: Auch da leben die Frauen länger als die Männer. Folglich gibt es sehr viel mehr Witwen als Witwer. Wie sehen die Zahlen aus?
Von den in der Schweiz lebenden rund 400 000 verwitweten Personen sind Frauen mit über 80 Prozent die grosse Mehrheit. Das ist bedingt durch die längere Lebenserwartung der Frauen und die Tatsache des Altersunterschieds: In rund 60 Prozent der Beziehungen ist der Mann älter als die Frau, in rund 30 Prozent sind beide Partner gleich alt und nur in rund 10 Prozent ist die Frau älter. Ähnlich stellt sich dies auch im Nachbarland Deutschland dar: Dort sind bei Personen ab 85 Jahren 76 Prozent der Frauen verwitwet.

Was ist das Risiko weiblicher Verwitwung?
Bisher stellte weibliche Verwitwung ein grosses finanzielles Risiko dar (siehe Gespräch mit Renate Salzgeber, S. 105). Für die nächste Generation wird das so nicht mehr gelten, weil die meisten Frauen erwerbstätig waren und andere Rentenbezüge haben. Eine grosse Herausforderung bleibt die Vereinsamung.

Gibt es auch eine Chance für Frauen, die «hinterbleiben»?
Für manche Frauen kann die Verwitwung eine Befreiung sein, ein Zugewinn an Autonomie. So traurig der Verlust auch sein mag: Es gilt die Situation so umzumünzen, dass Neues, noch nicht Gelebtes möglich wird. Das ist das Gegengift zur Depression. Und bestimmt ist dies auch im Sinne des Partners, der nicht mehr da ist. Der hätte sich ja sicher gewünscht, dass das Leben auch ohne ihn gelingt.

Eine Aufforderung zu einem Perspektivenwechsel?
Genau! Und die Erlaubnis: Ich darf etwas Schönes noch wollen.

.....

Der Grüntee ist kalt geworden. In den Gängen der St.Galler Hochschule wird es unruhiger. Junge Leute ziehen an unserem gläsernen Sitzungszimmer vorbei. Mittagszeit. Wie will Sabina Misoch mit 70 sein? Und wie stellt sich die 48 Jahre alte Expertin ihr Leben als 80-Jährige vor? Wird sie dann immer noch hoch zu Ross über die Felder und durch die Wälder reiten? Was für eine Oma wird sie abgeben? Wir verlegen das persönliche Gespräch in die «Lokremise», ein In-Lokal in Gehnähe. Loft-Ambiance mit urbanem Essen. Glutenfrei und vegan. Low Fat und gesund. Chic und stylish. Ein passender Ort für Frauen, die viel vorhaben.

«Es gibt verschiedene Arten der Einsamkeit»

PASQUALINA PERRIG-CHIELLO ist eine Spezialistin für biografische Übergänge. Transitionen nennt sie das. Sie hat selber gerade eine hinter sich. Gemeinsam mit ihrem Mann ist sie aus dem eigenen Haus in eine altersgerechte Stadtwohnung umgezogen: grosszügig, hell, praktisch und bequem mit dem Lift zu erreichen. Das Haus hat einer der beiden erwachsenen Söhne übernommen. Nichts in der neuen Wohnung weist darauf hin, dass der Umzug keine zwei Wochen her ist: keine herumstehenden Kisten, keine unverkleideten Fenster. Die orientalischen Teppiche liegen auf dem weissen Marmor, die Küche ist eingeräumt, die Elektronik installiert.

Pasqualina Perrig-Chiello ist 66 Jahre alt, Psychologin, Generationenforscherin und emeritierte Professorin der Universität Bern. Ihr Schwerpunkt ist die Entwicklungspsychologie der Lebensspanne. Sie hat unter anderem das Wohlbefinden, die Gesundheit und die Lebenszufriedenheit von alten Menschen erforscht und biografische Übergänge und kritische Lebensereignisse wissenschaftlich erhellt. Es sind die Bewältigungsstrategien in kritischen Lebenssituationen, die sie besonders interessieren, der Umgang mit Krisen, Trennungen und Neuanfängen. Das passt zu unserem Thema. Wir sitzen am Tisch, ich mit Blick in die neue Küche, in der sie die Teebeutel erst mal suchen muss. Sie nimmt Platz mit Blick aus dem Fenster.

.....

Mit Ihrem Umzug in diese Wohnung sind wir ja schon fast beim Thema. Wie ist Ihnen dieser biografische Übergang gelungen?
Stimmt, wir sind beim Thema. Tatsächlich ist es mein zweiter biografischer Übergang in kurzer Zeit. Vor zwei Jahren habe ich den Übergang in die Pensionierung geschafft, nun den vom Haus in diese Wohnung. Ich verheimliche es nicht: Es war ein Schritt mit Blick auf das eigene Altwerden. Ich möchte meine Zeit möglichst lustvoll verbringen, nicht mit Haushalt, Putzen und Gartenarbeit. Das liegt mir nicht so.

Von Ruhestand kann bei Ihnen nicht wirklich die Rede sein. Sie sind ja neuerdings Präsidentin der Seniorenuniversität in Bern.
Ja, genau. Das macht mir sehr viel Freude. Ich stelle das Programm zusammen und moderiere gemeinsam mit meinen Kollegen aus dem Stiftungsrat. Das befriedigt mich sehr, denn es kommt viel Dankbarkeit zurück. Es ergibt Sinn. Was will ich mehr?

Mir scheint, Sie wollen schon noch mehr. Ich erlebe Sie an Tagungen als Referentin, Sie schreiben Gutachten, sind in Talkshows zu erleben und stehen mir nun Rede und Antwort für dieses Buch.
Das stimmt, ich mache Hunderte Sachen. Manchmal

wünsche ich mir, dass es weniger würde. Aber das hängt mit meiner Unfähigkeit zusammen, Nein zu sagen.

Vielleicht ist es auch Ihre Art, mit Übergängen umzugehen, nämlich keine Schlussstriche zu ziehen, sondern offen zu bleiben für neue Arbeitsfelder.
Ja, es ist Neugier, es ist Unternehmungslust und Offenheit. Vielleicht ändert sich das, wenn ich Grossmutter werde. Das ist dann eine weitere wichtige Transition.

Die Seniorenuniversität bietet eine Möglichkeit, die Transition ins Pensionierungsalter zu gestalten. Gibt es dort womöglich einen Frauenüberschuss, weil das Alter weiblich ist?
Die Frauen sind an der Seniorenuniversität tatsächlich in der Überzahl. Es variiert natürlich je nach Gebiet: In der Psychologie, Philosophie und auch Theologie haben wir viel mehr Zuhörerinnen als Zuhörer. Bei den eher technischen Themen sind die Männer besser vertreten. Viele der Frauen gehören einer Generation an, der eine intelligenzgerechte Bildung versagt blieb.

Das heisst, die Seniorinnenuniversität ist auch eine Chance, nachzuholen, was einem einst versagt wurde?
Ja, und es ist eindrücklich, wie viele Frauen diese Chance nutzen. Sie holen nicht nur Wissen nach, ein Wissen, das sich ja stetig verändert. Sie kommen ebenso wegen der sozialen Kontakte. Die Seniorenuniversität ist somit auch ein Treffpunkt – und das ist gut so.

Das klingt nach einem wirksamen Gegengift zur Vereinsamung. Was interessiert Sie als Entwick-

lungspsychologin am Thema Verwitwung eigentlich besonders?

Ich habe mich nie damit zufriedengegeben, dass die Entwicklungspsychologie jahrzehntelang nur auf die Kindheit und Jugend fokussierte. Es ist nun mal eine Tatsache, dass wir uns von der Geburt bis zum Tod weiterentwickeln. Es hat mich immer fasziniert, was unsere Entwicklung vorantreibt. Dies können etwa kritische Lebensereignisse sein oder biografische Transitionen. Mich interessiert, wie sie sich auswirken. Denn wir sind danach nicht mehr die Gleichen wie davor, nie mehr. Das Selbst definiert sich nach solchen Einschnitten neu. Wir haben die Aufgabe, uns immer wieder neu zu finden, ja sogar neu zu erfinden. Das ist so spannend und hat früh meine wissenschaftliche Neugierde geweckt.

Mit welchem biografischen Übergang sind Sie denn in Ihre Forschung eingestiegen?

Ich habe zunächst den Übergang vom Kindergarten in die Schulzeit untersucht. Darauf folgte natürlich die Pubertät, eine gewaltige Transition, die schon mehrfach untersucht worden ist. Dann beschäftigte ich mich auch mit dem Übergang in die Elternschaft und später mit dem Auszug der Kinder aus den familiären Wänden. Auch die Wechseljahre beschäftigten mich, und damit meine ich nicht nur die weiblichen, sondern auch die männlichen Jahre des Wandels. Dann untersuchte ich selbstverständlich auch die Pensionierung und sehr tiefgreifende Ereignisse wie Trennung und Verwitwung. Das sind Momente, in denen die meisten Menschen vulnerabel sind. Das hat mich immer sehr interessiert: der Umgang mit Verletzlichkeit und Verletztheit, der Umgang mit Krisenmomenten, die meist mit einer Riesenchance zur persönlichen Weiterentwicklung verbunden sind.

Verwitwung scheint ein vorwiegend weibliches Schicksal zu sein. 80 Prozent aller Verwitweten sind Frauen. Wir wissen auch, warum: Erstens leben Frauen länger als Männer und zweitens verbinden sie sich in der Regel mit älteren Männern. Glauben Sie, dass Ihr wissenschaftliches Wissen um Krisenmomente und Bewältigungsstrategien Ihnen selbst helfen würde, wenn Sie in eine so traurige Trennungssituation kämen?
Vermutlich würde es mir auf lange Sicht schon helfen. Ich wäre aber im ersten Moment genauso verloren wie alle anderen. Da sind wir alle gleich: gefühlsüberschwemmt und auf der Suche nach dem Warum. Später, im Adaptionsprozess, in der Trauerarbeit, können jene profitieren, die sich in sichereren Zeiten schon einmal mit dem Thema vertieft beschäftigt haben. Das muss nicht unbedingt wissenschaftlich sein. Man kann auch Bücher lesen und lange und offene Gespräche mit anderen Menschen führen.

Ich stelle diese Frage in der Hoffnung, dass die Verwitwung Ihnen nie zustossen wird: Was wäre für Sie eine zentrale Leitlinie?
Für die Adaption: dass ich sozial eingebettet bliebe. Der Verlust eines Lebenspartners hinterlässt ein grosses Vakuum und einen sehr grossen Schmerz. Das kann ungleich besser verarbeitet werden, wenn Menschen

um uns sind, die uns gerne haben, die mitfühlen, die da sind, die uns Zeit geben und uns aushalten, so wie wir sind, wenn wir aus der Bahn geworfen worden sind. Die Aufrechterhaltung meiner sozialen Netze wäre mir also sehr wichtig. Hilfreich und tröstlich in dieser Situation wäre für mich auch das gesicherte Wissen, dass die meisten Menschen über die Runden kommen – gut über die Runden kommen. Aber das braucht Zeit. Ich würde mich in Geduld mit mir üben.

Der Tod des Lebenspartners oder der Lebenspartnerin trifft viele Lebensbereiche und viele Menschen sind von diesem Verlust betroffen. Trotzdem ist Witwenschaft ein gesellschaftliches Schattenthema. Warum eigentlich?
Wir haben es schon angesprochen: Witwenschaft betrifft vornehmlich Frauen. Und alles, was Frauen betrifft, wurde von Männern wenig erforscht. Und in der Forschung gibt es halt immer noch viel mehr Männer als Frauen. In Zukunft wird das besser werden.

Welchen Aspekt dieses Schattenthemas möchten Sie ganz besonders erhellen?
Die Einsamkeit – wir müssen lernen, dass es verschiedene Einsamkeiten gibt.

Einsamkeiten im Plural? Das klingt in der Tat neu. Erklären Sie das bitte!
Ich unterscheide zwischen sozialer Einsamkeit und emotionaler Einsamkeit. Viele Trauernde hören immer wieder: «Du bist doch nicht allein! Du hast uns! Wir sind da! Komm, wenn du etwas brauchst!» Das kann

manchmal wie ein Vorwurf klingen, ist es aber meistens nicht. Es ist vielmehr ein Unwissen um die verbleibende emotionale Einsamkeit trotz sozialer Eingebundenheit.

Sie beschreiben eine Einsamkeit, mit der man ganz allein klarkommen muss und die einem niemand auf der Welt nehmen kann.
Ja, genau. Es ist eine Einsamkeit, die man trotz liebevoller Beziehungen mit Kindern und Freunden, Verwandten und Bekannten empfinden kann. Wir wissen aus der Forschung, dass Frauen besser sozial vernetzt sind. Sie sind folglich weniger allein als verwitwete Männer, und das ist schon mal gut. Aber es führt nur sehr bedingt an der emotionalen Einsamkeit vorbei. Dabei geht es um das Vakuum in der eigenen Identität. Klar, man war immer schon ein Ich. Aber man war auch ein Teil eines gefestigten Wir. Dieses Wir gibt es nun nicht mehr. Es hinterlässt eine Leerstelle. Die Aufgabe lautet nun, sich neu zu definieren, die eigene Identität neu zu konstituieren, und dies auf einer Ebene, die ganz viele Lebensbereiche tangiert.

An welche Lebensbereiche denken Sie?
Es beginnt schon bei Ämtern und Versicherungen, die über die neuen Lebensumstände informiert werden müssen. Es tangiert auch den Freundeskreis, der durch den Tod des Partners möglicherweise neu aufgemischt wird. Es betrifft die Finanzen, die geregelt werden müssen. Vor allem bringt diese Neufindung der eigenen Identität die facettenreiche Frage mit sich: «Wer bin ich? Wer bin ich nun als alleinstehende Frau?» Auch wenn die Frau nicht für immer alleine dastehen wird: Im

Moment ist sie es. Die emotionale Einsamkeit schmerzt. Sie ist anstrengend. Sie erfordert einen Kraftakt.

Die Unterscheidung zwischen diesen Formen der Einsamkeit scheint mir auch für Angehörige und Freundinnen sinnvoll. Sie macht klar: «Wir können noch so viel geben und noch so verständnisvoll sein: Das Finden des neuen Selbst bleibt eine Aufgabe, bei der wir aussen vor sind.»
Ganz genau. Es bewahrt sie auch vor überrissenen Erwartungen an die Trauernden. Trauern ist ein langer Prozess, und lange Prozesse brauchen eben Zeit und viel Geduld.

Das verdeutlicht, dass, wer sich in Liebe bindet, sich gleichzeitig sehr verletzlich macht.
Absolut. Das ist die Janusköpfigkeit von Bindungen. Sie sind ein wichtiger Schutzfaktor. Aber wenn sie reissen, erschüttern sie unser Fundament. Der Verlust einer engen Bindung macht generell verletzlich. Als Entwicklungspsychologin greife ich gerne auf die Bindungstheorie von John Bowlby zurück. Demnach setzen sich Bindungsmodelle, die wir in der frühen Kindheit haben, im weiteren Leben fort. Bindung bringt ja immer auch Entbindung mit sich, und die tut weh. Menschen, die als Kinder unsicher gebunden waren, sind besonders verletzlich. Im Gegensatz zu den sicher gebundenen Menschen haben sie nämlich wenig Vertrauen, dass sie aus der Entbindungskrise wieder herausfinden. Es gibt auch Menschen mit sehr ambivalenten Beziehungsmustern. Sie können sich nur schwer auf Beziehungen einlassen, weil sie erfahren haben, dass

Beziehungen nicht verlässlich sind. Sie leiden vermutlich weniger beim Beziehungsabbruch, aber sie erleben auch nie das tiefe Glück des Aufgehobenseins. Wenn es um Übergänge geht, ist es sehr wichtig und hilfreich, die Bindungsmuster zu beachten. Da hat uns John Bowlby ein wichtiges Instrumentarium hinterlassen.

Was die Bindungstheorie von John Bowlby anbelangt, ist mir eines seiner Bilder dazu unvergesslich: «Wer auf den Mount Everest steigen will, braucht ein gutes Basislager.»
Ja, das ist genial! Ein wunderbares Bild für die Wichtigkeit des Basislagers und für die Bedeutung der ersten Bindung als Schutzfaktor für alles, was das Leben an Herausforderungen bereithält. Selbst wenn die Bindung reisst und es sehr wehtut, haben die sicher gebundenen Menschen die Zuversicht, dass es weitergeht. Sie werden den Mut haben, sich wieder zu binden. Das ist für sie die Norm.

Sie haben unterschieden zwischen emotionaler und sozialer Einsamkeit. Das ist ein marginalisierter Aspekt in diesem Schattenthema. Gibt es weitere Bereiche, die für verwitwete Frauen gesellschaftlich ins Gewicht fallen?
Es herrscht eine grosse gesellschaftliche Ambivalenz gegenüber verwitweten Frauen. Einerseits ist da die lustige Witwe, die frei und wieder auf dem Markt ist. Andererseits gibt es die trauernde Witwe, die nie über ihren Verlust hinwegkommt. Beides sind Stereotypen, die verhindern, die Komplexität des Themas anzuerkennen und zu verstehen.

Genau das soll sich ändern! Reden wir also über die ewig trauernde Witwe, die nach dem Tod des Liebsten eigentlich auch nicht mehr richtig am Leben bleibt.
Wir kennen das Nachsterben, den Folgetod nach einer gewissen Zeit. Es ist ein recht häufiges Phänomen bei der Verwitwung von Frauen und Männern. Früher sagte man: «Sie ist ihm ins Grab gefolgt.»

Kann diesem Folgetod vorgebeugt werden?
Grundsätzlich haben wir bei einem Leben zu zweit drei Möglichkeiten. Die erste Möglichkeit: Ich realisiere mich selber. Ich erachte mich in einer Partnerschaft als die Wichtigere und gehe davon aus, dass mein Partner nachziehen wird. Die zweite Möglichkeit: Ich opfere mich für die Partnerschaft und tue alles, damit es meinem Partner gut geht. Die dritte und beste Form ist eine gute Balance zwischen Möglichkeit eins und zwei. Es muss mir klar sein, dass ich die Chance auf eine Identität als eigenständige Persönlichkeit verpasse, wenn ich mich nicht weiterentwickle, privat, beruflich und sozial. Und das ist im Zusammenhang mit Ihrer Frage ein wichtiges Stichwort: Eigenständigkeit beugt dem Folgetod vor! Aber es ist nicht alles. Es braucht auch die Co-Evolution, die gemeinsame Entwicklung. Wer diesen Balanceakt schafft, hat ein wichtiges Mittel gegen den Horror Vacui nach dem Verlust des geliebten Menschen. Durch seinen Tod geht sehr viel verloren. Aber es geht nicht alles verloren. Die Balance zwischen Selbstentwicklung und Co-Evolution hat einen Immunisierungseffekt.

Und die lustige Witwe, steht sie ebenfalls im gesellschaftlichen Off, weil sie eine Konkurrenz für die verheirateten Frauen ist?
Das ist ein Aspekt, ja. Dieses Bild nimmt aber auch Bezug auf alle Frauen, die den Tod ihres Mannes als Befreiung erleben. Witwen also, die das, was vorher zu kurz gekommen ist, nun nachholen und ausleben können.

«Bis dass der Tod uns scheidet», so lautet heute noch das Eheversprechen, das ja meistens auf eine spätere Lebensphase abzielt. Wie wirkt sich dieses grosse Versprechen psychologisch aus?
Es wirkt wie ein Mantra, das uns zunächst einmal Sicherheit gibt. Es schenkt auch Vertrauen und Geborgenheit. Es kann aber zum Fallstrick werden, wenn dieses endgültige Versprechen zum Sicherheitsgefängnis wird, im Sinne von: «Es ist selbstverständlich, dass sie das nun aushalten muss. Sie hat es ja versprochen.» Dann kann die Beziehung erstarren und tot sein, bevor wirklich gestorben wird. «Bis dass der Tod euch scheidet» ist also eine janusköpfige Sache. Ich bin da, glaube ich, zu Recht sehr ambivalent.

Verwitwung ist nicht gleich Verwitwung. Es kommt auf viele Faktoren an, beispielweise auf das Alter respektive die Beziehungsdauer. Was hat Ihre Forschung diesbezüglich ergeben?
Die Dauer der Beziehung korreliert ja mit dem Alter der Betroffenen. Die meisten Frauen verwitwen zwischen ihrem 77. und 78. Lebensjahr. Das ist der Peak. Es ist wie eine altersnormierte Transition, und eine geschlechternormierte noch dazu. Es ist weniger schwer, dann Witwe

zu werden als «off time», also mit 30 oder 40 Jahren, wenn die Peers mit anderen Lebensthemen zu tun haben. So gesehen spielt das Alter eine Rolle.

Welche Rolle spielen gemeinsame Kinder?
Da komme ich auf die zwei Einsamkeiten zurück, auf die emotionale und die soziale. Die Kinder spielen eine wichtige Rolle. Sie entheben einen aus der sozialen Einsamkeit, aber nicht ausschliesslich. Es braucht auch ausserfamiliäre Bezugspersonen. Die Kinder, meist längst erwachsen, trauern zudem auf ihre Weise. Auch sie haben einen wichtigen Menschen verloren, auch sie haben einen emotionalen Einsamkeitspart. Das muss bedacht werden. Alle müssen gewisse «Hausaufgaben» selber lösen.

Es gibt auch junge Witwen mit noch kleinen Kindern. Sie werden durch den Tod des Mannes zu alleinerziehenden Müttern. Welche Rolle spielen die Kinder in der Trauer dieser Frauen?
In diesem Fall spielen die Kinder eine noch wichtigere Rolle. Sie sind zunächst eine Mehrbelastung, denn sie fordern und verdienen viel Aufmerksamkeit und Präsenz. Gleichzeitig stiftet die Mutterrolle in dieser Zeit der Krise sehr viel Sinn: Man wird gebraucht, man muss da sein, Tag für Tag. Jetzt erst recht!

Eine wichtige Rolle bei der anspruchsvollen Abschiedsarbeit spielt sicherlich die Todesart. Es ist wohl mitentscheidend, ob es die Möglichkeit gab, sich zu verabschieden, den Tod zu antizipieren, oder nicht.
Die Plötzlichkeit des Todes ist nicht zu unterschätzen.

Das sehen wir genauso bei Scheidungen und Trennungen, die «aus heiterem Himmel kommen». Warum? Ein Kernelement des psychischen Wohlbefindens ist das Gefühl von Kontrolle über das eigene Leben. Wir nennen das «Mastery». Dazu gehören die Gefühle, etwas bewirken zu können und die Dinge einigermassen im Griff zu haben. Bei einem plötzlichen Todesfall wird die Mastery weggefegt, zurück bleibt eine zusätzliche Erschütterung durch die Gefühle des Ausgeliefertseins und der Hilflosigkeit.

Also auch eine Erschütterung des gesamten Weltgefühls?
Ja, absolut. Es ist ein Kontrollverlust, der tief geht. Wir wissen von dieser Art von Verlusten, dass deren Bewältigung die Betroffenen nah an ihre Grenzen führt. Das ist beim absehbaren Verlust anders. Auch dieser ist sehr schmerzlich. Es ist aber ein Abschied auf Raten und es gibt so etwas wie einen Gewöhnungseffekt. Vor allem bleibt die Mastery weitgehend erhalten. Im tibetischen Totenbuch gibt es rituelle Unterscheidungen zwischen den Todesarten. Das beeindruckt mich sehr.

Es gibt also Kulturen, die weit entwickelter sind als die unsere, die mehr oder weniger davon ausgeht: «Tot ist tot»?
Genau.

Tot ist also nicht gleich tot. Woran wird hierzulande am meisten gestorben?
Auch wenn die häufigste Todesursache gemäss Bundesamt für Statistik Herz-Kreislauf-Krankheiten sind, ge-

folgt von Krebserkrankungen, sind im Alter zumeist chronische Krankheiten damit assoziiert, insbesondere neurodegenerative Krankheiten wie Demenz oder Parkinson. Das bedeutet, dass die meisten Frauen vor ihrer Verwitwung auch Care-Arbeit leisten.

Erzählen Sie uns von Ihrer Forschung. Wie sind Sie vorgegangen?

Ich habe zwei Stränge verfolgt. Der eine Strang, «Partnerschaft 40 plus», umfasst eine Langzeitstudie, deren Frage lautete: «Was macht langjährige Partnerschaft aus? Und was ist, wenn sie in die Brüche geht, sei es durch Tod, Trennung oder Scheidung?» Es ging mir also um die nicht mehr so junge Liebe. Mein Fokus lag auf der zweiten Lebenshälfte. Ich habe dafür mehr als 1000 langjährig in erster Ehe verheiratete Personen befragt, 700 frisch verwitwete und 1000 frisch getrennte. Ihre Adaptionsprozesse interessierten mich: Wie gehen die Verwitweten mit dem Verlust des Partners um und wie die Geschiedenen oder die Getrennten?

Und der andere Strang?

Das ist die Kohortenstudie, eine Generationenstudie in Zusammenarbeit mit der Universität Genf. Darin wurden in zwei Kantonen – Genf und Wallis – ausschliesslich verwitwete Menschen befragt, und zwar solche, die im Jahr 1979 ihre Liebsten verloren haben, und solche, die im Jahr 2011 verwitwet sind.

Und? Macht die Zivilisation Fortschritte? Ist es im Jahre 2011 weniger schlimm zu verwitwen?

Die Ergebnisse haben uns umgehauen! Kurz gesagt:

Psychologisch sind wir immer noch die Gleichen, da gibt es keine Unterschiede. Die «condition humaine» ist, was sie ist: Der Schmerz und die emotionale Einsamkeit bleiben gleich, gestern, heute und auch morgen. Ganz anders ist es bei den anderen Aspekten: die soziale Eingebundenheit, die Möglichkeiten, etwas zu unternehmen, die Hilfe im Alltag, die finanzielle Situation – all das hat sich massiv verbessert. Massiv! Das Gesundheitssystem ist besser geworden und das Sozialwesen ebenso. Wenn man die vielen NGOs mit ihrer hervorragenden Arbeit bedenkt, die Pro Senectute, die Spitex, die Krebsliga, das Rote Kreuz und viele mehr – sie alle sind an diesem grossen zivilisatorischen Fortschritt beteiligt.

Das ist erfreulich. Aber es ist auch erstaunlich, dass diese sozialen Komponenten nicht stärker auf die «condition humaine» ausstrahlen. Doch zurück zum ersten Forschungsstrang. Welches Ergebnis hat Sie da am meisten überrascht?
Interessanterweise werde ich immer wieder gefragt, was schlimmer ist, Scheidung oder Verwitwung. Dank dieser Studie haben wir nun die Daten dazu: Die Geschiedenen sind verletzter als die Verwitweten!

Wie kommt das?
Wir haben die Verläufe nach einer Scheidung oder Verwitwung mit verschiedenen Parametern angeschaut: die unterschiedlichen Arten der Einsamkeit, die Depressivität, Lebenszufriedenheit, Gesundheit, finanzielle Zufriedenheit und so weiter. Dabei sieht man sowohl bei den Verwitweten wie bei den Geschiedenen

sehr schön, dass es ihnen alle zwei Jahre besser geht. Das hat uns nicht so sehr überrascht, denn es bestätigt die Set-Point-Theorie.

Wie geht die?
Diese Theorie besagt, dass man nach einem kritischen Lebensereignis in der Regel mit zwei Jahren rechnen muss, bis man wieder einigermassen zur eigenen Baseline zurückfindet, das heisst gefühls- und verhaltensmässig wieder ungefähr da ist, wo man vor der Krise war.

Stimmt also das Sprichwort, wonach die Zeit alle Wunden heilt?
Ja, da ist viel Wahres dran. Ein Drittel aller Befragten hat sich bei beiden Gruppen dieser Langzeitstudie extrem gut und zügig erholt. Ein zweites Drittel braucht seine Zeit, aber zeitigt auch persönliche Fortschritte auf dem Weg in eine neu gefundene Normalität. Beim dritten Drittel unterscheiden sich die Gruppen hingegen massiv. Da sind Befragte dabei, die sich nicht mehr erholen, keinen Weg aus der Krise finden. Doch bei den Verwitweten war sechs Jahre nach dem Verlust der Anteil bedeutend geringer als bei den Geschiedenen, namentlich 7 Prozent versus 22 Prozent.

Ist es auch eine Frage der Klarheit? Tot ist tot. Geschieden ist weniger eindeutig.
Ja, es ist eine Frage der Eindeutigkeit, aber auch der narzisstischen Kränkung, des Selbstwerts. Verwitwete Frauen haben in der Regel keine Einbusse ihres Selbstwertes, viele geschiedene Frauen hingegen schon, sei es weil sie verlassen wurden, sei es weil ihre Liebe ge-

scheitert ist. Das Verlassen und Verlassenwerden ist ein willentlicher Entzug der Liebe. Geschiedene fühlen sich dann häufig infrage gestellt.

Ein Unterschied, der bei der Lektüre der Langzeitstudie ins Auge fällt, ist auch der Geschlechterunterschied. Beschränken wir uns wieder auf die Verwitwung. Was ist da bei den Männern anders als bei den Frauen?
Das Leiden ist bei beiden Geschlechtern gross. Verwitwung ist eine sehr anspruchsvolle biografische Transition. Aber die Leidensmuster sind verschieden. Die Frauen haben eher mit Depressivität zu kämpfen, mit der schwierigen Sinnsuche im neuen Alltag. Männer hingegen bleiben eher in der sozialen und emotionalen Einsamkeit stecken. Sie haben weniger soziale Beziehungen und bekommen in der Familie nicht dieselbe Unterstützung wie die Frauen, weil sie da traditionsgemäss vorher schon nicht so präsent waren. Auch in der Bewältigung des ganz normalen Alltags bekunden viele Witwer grosse Mühe. Diese Schwierigkeiten lösen sie mit einer neuen Partnerschaft oder häufig auch mit destruktiven Kraftakten.

Destruktive Kraftakte? Sind sie suizidgefährdet?
Ja, besonders in den ersten sechs Monaten nach dem Tod der Frau ist das Suizidrisiko bei Männern stark erhöht. Bei den Frauen ist das nicht so.

Ist das die männliche Art von Nachsterben?
Das könnte man so sagen. Es ist auch ein Zeichen extremer Hilflosigkeit. Bei den Frauen sehen wir in unse-

rer Forschung, dass die meisten sehr hart an sich arbeiten. Sie haben weniger Mühe, Schwäche und Orientierungslosigkeit zuzugeben. Sie tun sich weniger schwer, nach Hilfe zu suchen, und können sich auch besser helfen lassen. Sie haben mehr Worte zur Verfügung, wenn es darum geht, über sich und ihre inneren Nöte zu reden. All das kann man auch von den Männern sagen, die nicht so sehr dem Geschlechterrollenstereotyp unterliegen. Sie müssen nicht zu betont handlungsorientierten, harten Massnahmen greifen, sondern können auch akzeptieren, dass ihnen in dem Moment die Hände gebunden sind.

Sie sprechen von handlungsorientierten Massnahmen. Welche Rolle spielt die Sucht?
Sucht spielt eine grosse Rolle. Und das ist auch nachvollziehbar. Wir leben in einer Gesellschaft, die nicht viel Geduld hat mit Trauernden, schon gar nicht mit trauernden Männern. Wir erwarten eine schnelle Rückkehr zur Tagesordnung und meiden die Jammernden. Alkohol, Medikamente und andere Suchtmittel versprechen da Schmerzlinderung. Ihr Konsum ist in vielen Fällen ein Selbstheilungsversuch in der Hoffnung, dass es dadurch schnell besser wird. Durch die Suchtmittel wird aber der langsame Prozess des Trauerns und der neuen Ich-Findung im «Leben danach» sehr behindert.

Worin unterscheiden sich die Männer sonst noch im «Leben danach»?
Ganz auffällig: Sie bleiben nicht lange allein.

Neue Liebe, neues Glück? Was haben Sie da forscherisch erhellt?
Der Genderunterschied ist im Alter enorm. Männer sind bis ins sehr hohe Alter partnerschaftlich gebunden, Frauen hingegen sind ab 50 Jahren zunehmend alleinstehend. Das zeigen die Zahlen des Bundesamtes für Statistik ganz klar. Wir haben die verwitweten Frauen und Männer gefragt, wie sie zu einer neuen Partnerschaft stehen. Die Männer sagten mehrheitlich: «Ja, unbedingt! Das Leben so allein ist ja nicht auszuhalten.» Und es muss gesagt sein: Sie haben eine grosse Auswahl!

Stimmt – je älter, desto mehr Frauen!
Was antworteten die Frauen auf diese Frage?
Etwa die Hälfte wünschte sich ebenfalls eine neue Partnerschaft. Wenn man dann aber nach der Art der Partnerschaft fragte, gab es eklatante Unterschiede. Bei den Männern stand ganz klar der Wunsch nach einem gemeinsamen Haushalt im Vordergrund. Die Frauen wünschten sich eher einen Mann, mit dem sie viel besprechen können, der sie begleitet, der mit ihnen reist, der aber nicht unbedingt in den gleichen vier Wänden wohnt.

Interessant! Emotionale Nähe, aber keine Versorgungsgemeinschaft in denselben vier Wänden. Reden wir noch von Persönlichkeitsmerkmalen, die für die Bewältigung des neuen Alltags entscheidend sind. Dieser Frage sind Sie ja ebenfalls nachgegangen.
Es ist nicht erstaunlich und doch spannend: Die offenen, kommunikativen Menschen, die verträglichen

Menschen und die emotional stabilen Menschen haben es leichter. Was mir zusätzlich ganz wichtig scheint: Wer in der Gegenwart lebt, hat es ebenfalls leichter. Menschen im Hier und Jetzt fassen besser Tritt und haben einen freien Blick für das, was kommen mag. Ein bekannter amerikanischer Psychologe hat einmal gefragt: «Do you want to be past-driven or do you want to be future-oriented?» Das hat mir sehr eingeleuchtet. Es ist eine Frage, die bei schwierigen Transitionen hilft: Möchte man zurückschauen oder nach vorne blicken? Das ist ganz besonders für ältere Menschen eine grosse Herausforderung, denn in den späten Jahren ist die Erinnerung an das frühere Leben bei vielen recht dominant. Das ist nicht falsch. Aber es ist bedauerlich, wenn dabei das Leben, das jetzt ist, und das, was noch kommen könnte, aus dem Fokus gerät. Es soll noch neue Ziele geben.

Mich interessiert noch, welche Rolle die Religiosität bei der Bewältigung spielt.

Ja, das ist wichtig. Erst einmal: Die neuere Psychologie geht bei der Beobachtung und Erforschung der Trauerprozesse nicht mehr von starren, aufeinanderfolgenden Phasen aus, sondern eher von einem Oszillieren, also von einem wellenartigen Hin und Her zwischen Schmerzmomenten und heilsamen Erfahrungen, zwischen Verzweiflung und Zuversicht, zwischen Last und Lust und zwischen dem Blick zurück und dem Blick nach vorn. Dabei spielen spirituelle Erfahrungen im Sinne von Transzendenz eine grosse Rolle. Es stellen sich Fragen wie: «Wie konzipiere ich neuen Lebenssinn? Wie sehe ich mich als Teil eines grossen Geschehens? Was ist mein persönliches Wachstum?» Viele Menschen haben durch die grosse Sensibilität und Durchlässigkeit, die der Tod eines geliebten Menschen mit sich bringt, spirituelle Erlebnisse, transzendente Erfahrungen. Sie legen im guten Fall an Achtsamkeit zu.

Eine Form dieses persönlichen Wachstums kann ja auch eine neue Radikalität sein, eine Radikalität im produktiven Sinn nach dem Motto: «Ich habe so viel verloren. Ich habe nichts mehr zu verlieren.»
Der Ausdruck gefällt mir. Diese neue Radikalität ist auch eine Form des persönlichen Wachstums: Man hält sich nicht mehr mit Nebensächlichkeiten auf, weil man mit sehr Wesentlichem zu tun hat. Es gibt neue Prioritäten, neue Ziele, neue Wertigkeiten.

Wir haben von Spiritualität gesprochen, aber noch nicht von Religion. Ich denke da vor allem an die Jenseitsvorstellungen. Haben Sie untersucht, inwiefern diese eine Rolle spielen, wenn der Liebste oder die Liebste stirbt?
Leider nein, aber das wäre enorm spannend. Ich kann da nur aus dem schöpfen, was andere erforscht haben und wissen. Religion ist sicher für viele Menschen eine Quelle des Trostes. Es ist etwas Gutes, in der Not einen lieben Gott zu haben, zu dem man beten und von dem man Hilfe erwarten kann. Ich habe es immer wieder erlebt: Not lehrt beten und bewahrt viele Menschen vor dem Ersticken in der Hoffnungslosigkeit.

Reden wir vom Unterschied zwischen Trauer und Depression. Wie unterscheiden sich diese beiden Gefühlslagen genau?

Trauern ist normal und gesund. Trauern tut weh. Das ist ein Zeichen von Lebendigkeit. Die emotionale Schwingungsfähigkeit ist beim Trauern hoch. Mit der Zeit erholen sich aber die meisten. Depression hingegen ist Erstarrung. In der Depression fühlen sich die Menschen gefangen in ihren negativen Gedanken. Sie fühlen sich tot im Leben. Der Unterschied zeigt sich, wenn man mit depressiven und mit trauernden Menschen über Hoffnung spricht. Die Depressiven sind allergisch darauf. Es sieht oft so aus, als verteidigten sie die eigene Verzweiflung. Die meisten Trauernden sind hingegen empfänglich für das Thema, sie sind prozessorientiert, sie wissen, dass nichts so bleibt, wie es ist. Bei Menschen, die einfach tieftraurig sind, ist zudem das Selbstwertgefühl nicht tangiert, während die Depressiven sich minderwertig oder gar nichtig fühlen. Sie fühlen sich hilflos und der Übermacht des Schicksals wehrlos ausgeliefert.

Da tut ärztliche oder psychologische Hilfe not, denn diese Wunde heilt die Zeit nicht. Reden wir gleichwohl von der Zeit. Sie haben immer wieder darauf hingewiesen, dass es Zeit braucht, um über den Verlust eines Partners oder einer Partnerin hinwegzukommen. Wie viel denn nun?
Nach einem Jahr sollte es schon ordentlich besser gehen und nach zwei Jahren haben sich die meisten bereits ganz gut erholt.

Wann redet man denn in der Psychologie von der komplizierten Trauer?
Komplizierte Trauer ist im Gegensatz zur normalen Trauer gekennzeichnet durch eine anhaltende komple-

xe Trauerreaktion. Zentrale Kennzeichen davon sind eine starke fortbestehende Sehnsucht, häufige Gefühlsüberflutung und Erinnerungsspiralen. Dazu kommen bei der komplizierten Trauer auch eine innere Leere, Interessenverlust und Schlafstörungen. Kompliziert Trauernde fallen auch auf durch ihr Vermeidungsverhalten. Wenn all das nach zwölf Monaten nicht abklingt, wird gemäss Fachliteratur davon ausgegangen, dass eine komplizierte Trauer vorliegen könnte, eine Trauer, die das Alltagsleben einschränkt oder gar verunmöglicht.

Welche Hilfe ist bei Trauer sinnvoll?

Neben medizinischer Hilfe gibt es immer mehr psychosoziale Angebote, also Hilfe zur Selbsthilfe, wie etwa die Trauercafés, die es in vielen Schweizer Städten gibt. Diese bieten Trauernden einen geschützten Rahmen, um mit anderen trauernden Menschen in Kontakt zu treten, und werden von Fachpersonen betreut. Daneben gibt es niederschwellige Angebote wie Online-Interventionen bei komplizierter Trauer. Während fünf bis zehn Wochen etwa bearbeitet der Klient oder die Klientin ein Programm, das aus zehn Einheiten besteht: Texte, die entweder gelesen oder angehört werden können, Instruktionen und Schreibarbeiten zur Klärung der Bedürfnisse, Probleme und Ressourcen. Die Hauptkomponenten dieser Intervention sind die Psychoedukation über Symptome der Trauer, die klärende Auseinandersetzung mit Gefühlen, Bedürfnissen und Zielen, die Konfrontation mit Trauer, Schmerz und Erinnerungen, die Entwicklung einer neuen Perspektive eines guten Lebens ohne den Partner, Self-Care und die Aktivierung von Ressourcen.[1]

Wir haben nun viel von Verlust und Trauer gesprochen. Was wissen Sie über die Gewinnseite der Transition in die Witwenschaft?
Das ist erneut ein Schattenaspekt im Schattenthema. Psychologisch gesehen wissen wir, dass Krisenmomente immer auch grosse Chancen in sich tragen. Man ist gezwungen, so viel Neues zu lernen. Das persönliche Wachstum, die Achtsamkeit, die vertiefte Sensibilität, die neue Radikalität – all das haben wir schon besprochen. Doch vergessen wir nicht: Es gibt die Chance, sich neu zu definieren. Es gibt die Hoffnung auf einen neuen Alltag. Ich sehe es immer wieder, und unsere Forschung bestätigt meine Beobachtung: Es gibt viele Frauen, die sich in der Partnerschaft nicht vollumfänglich entwickeln konnten und als Witwe vieles tun, was davor nicht möglich war. Sie verändern ihr Aussehen, lernen Neues, reisen in Länder, in denen sie nie zuvor waren. Sie pflegen Kontakte, die vorher zu kurz kamen, und so weiter. Verwitwung kann auch Autonomie anstossen.

Erzählen Sie eine Geschichte dazu.
Ich erzähle Ihnen gerne eine Witwer-Geschichte. Mein Vater hat meine Mutter um 14 Jahre überlebt. Er hatte immer sehr gerne gekocht. Am liebsten bereitete er Meeresfrüchte und Fische aller Art zu. Aber das durfte er zu ihren Lebzeiten kaum, sie mochte nämlich den Geruch nicht. Als meine Mutter starb, litt er fürchterlich, tröstete sich aber mit heimatlichen Gerichten. Cozze, Fischgerichte, Frutti di Mare – endlich hatte er freie Bahn in der Küche! Er, der Sizilianer in der Fremde. Ein Stück Heimat und ein Stück Eroberung von ungelebtem Leben. Und das mit 80 Jahren! Er lud auch

Menschen zum Essen ein, Freunde, Nachbarn und auch uns Kinder. Das zu sehen hat mich immer so gefreut. Er hatte die Chance gepackt und zu einem neuen Ich gefunden, und das innerlich in grosser Liebe verbunden zu meiner Mutter, seiner Frau.

Zu guter Letzt: Was können Paare von Verwitweten lernen?
Einfach gesagt: Dankbarkeit.

.....

Kaum gesagt, kommt er zur Türe rein: Walter Perrig, emeritierter Professor der Psychologie. Er wäscht sich die Hände, wischt mit dem Handrücken eine weisse Strähne aus der Stirn und tritt dann in der Arbeitskluft zu uns. Den ganzen Nachmittag lang hat er dem Sohn beim Umzug ins Haus geholfen, das eben noch das seine und das ihre war. Er erzählt von der vollen Mulde, klopft den Staub aus seiner weiten Cordhose und erkundigt sich nach unserem Gespräch. Was für eine Ballung an Transition! Er emeritiert, sie emeritiert, beide in neuen wohnlichen Wänden mit weniger Alltagsstress und mehr Zeit für die Co-Evolution und für sich selbst.

1 Siehe die Studie «LIVIA – Selbsthilfe für Trauernde» der Universität Bern (www.online-therapy.ch/livia/, Zugriff: 7. Juni 2019) sowie weitere internetbasierte Selbsthilfe-Programme (www.online-therapy.ch/sa/index2.html, Zugriff: 7. Juni 2019).

«Wenn der Mann einem Stück für Stück abhandenkommt, braucht es besondere Rituale»

BETTINA UGOLINI und ich haben schon oft miteinander zu tun gehabt, am intensivsten für das gemeinsame Buch *Ich kann doch nicht immer für dich da sein!*. Es handelt von der späten Eltern-Kind-Beziehung und von Konflikten, die anfallen können, wenn die Eltern sehr alt und die Kinder auch nicht mehr die jüngsten sind. «Wege zu einem besseren Miteinander», verspricht der Untertitel.

Bettina Ugolini hat ein bewegtes Berufsleben hinter sich. Erstausbildung: Pflegefachfrau. Als solche arbeitete sie zuerst im Spital und später in der Langzeitpflege in ganz unterschiedlichen Funktionen. Nach einem Jahrzehnt Berufstätigkeit im Gesundheitswesen beschloss sie, mehr über das Seelenleben erfahren zu wollen und Psychologie zu studieren. Nun ist Bettina Ugolini 56 Jahre alt, Doktorin der Gerontopsychologie und Leiterin der Beratungsstelle LiA. Was wie ein hübscher Mädchenname klingt, ist das Kürzel für «Leben im Alter».

Die Beratungsstelle befindet sich an der Pestalozzistrasse in Zürich. Dort treffen wir uns am runden Beratungstisch, Ugolini hat vor ihrem nächsten Termin noch ein wenig Zeit. Ein alter Mann hat sich nach langem Hin und Her angemeldet. Grund: noch unbekannt. Das sollte unter vier Augen und nicht am Telefon besprochen werden. Unser Thema hingegen ist klar: der uneindeutige Verlust, ein noch wenig bekanntes, aber sehr wegweisendes Konzept in der Psychologie.

.....

Zu Beginn Ihrer Tätigkeit bei LiA kannten Sie das psychologische Konzept des uneindeutigen Verlustes noch nicht. War es für Sie ein Augenöffner?
Ja, unbedingt. Endlich gab es einen Begriff, der die schwierigen Gefühle von Angehörigen von Menschen mit Demenz umfasste!

Woher kommt dieses Konzept?
Es stammt von der Amerikanerin Pauline Boss. Sie war lange Professorin und Clinical Supervisor of Marriage and Family Therapy an der Universität in Minnesota. Sie gilt als Expertin für unlösbares Leid. Boss zeigt, wie durch therapeutische Strategien die seelische Widerstandskraft, die Resilienz, der Betroffenen erhöht werden kann, wenn sie sich mit einem traumatischen Verlust konfrontiert sehen und keinen Ausweg erkennen. Ihr Konzept des «ambiguous loss», des uneindeutigen Verlustes, bezieht sich auf sehr unterschiedliche Schicksale.

Sie kommen auf der Beratungsstelle sehr viel mit dem Thema Demenz in Berührung. Sie sprechen somit täglich mit Angehörigen, deren geliebte Person noch lebt, aber nicht mehr der Mensch ist, der er einmal war.

Genau. Das Phänomen des uneindeutigen Verlustes bezieht sich auf zwei unterschiedliche Erscheinungsformen von Verlusterfahrungen: Zum einen gibt es die Gruppe der Menschen, die jemanden verloren haben, ohne den Leichnam beerdigen zu können, wie beispielsweise die Opfer eines Flugzeugabsturzes. Zum anderen bezieht er sich auf die Gruppe von Menschen, die einen Angehörigen psychisch verlieren, wie dies beispielsweise bei der Demenz der Fall ist. Die Erkrankten sind zwar körperlich anwesend, aber ihr Geist und manchmal auch ihre Persönlichkeit schwinden langsam dahin. Das ist bei der Alzheimer-Demenz so. Das ist eine besonders grosse seelische Belastung für die Begleitenden. Eine ehemals vertraute Person wird einem fremd, ohne dass man sich emotional endgültig von ihr lösen könnte. Es entsteht ein Prozess des immerwährenden Abschiednehmens, eine schmerzliche Abfolge von kleinen und immer mehr Unwiederbringlichkeiten.

Das leuchtet ein. Wie kann das Konzept von Pauline Boss in dieser Not helfen?
Boss zeigt Techniken und therapeutische Strategien, mit deren Hilfe die Betroffenen lernen, ihr Schicksal anzunehmen und trotz allem eine gesunde Einstellung zum Leben zu finden. Da empfehle ich den Menschen, die bei mir Rat suchen, gerne auch als zusätzliche Unterstützung das Buch *Da und doch so fern* von Pauline Boss. Es richtet sich an Angehörige von Menschen mit Demenz. Es ist eine Art Selbsthilfebuch mit nützlichen psycho-edukativen und selbstreflektiven Abschnitten, das die Schweizer Ärztin Irene Bopp Kistler und die Journalistin Marianne Pletscher herausgegeben haben.

Es gibt einen präzisen Einblick in das, was Pauline Boss erarbeitet hat.

Erzählen Sie mehr vom «ambiguous loss» ausserhalb von neurodegenerativen Erkrankungen.
Beispiele sind die Opfer des Tsunamis von 2004, die nicht mehr zu identifizierenden Opfer des Anschlags vom 11. September oder verschwundene Kinder. Wenn wir in der Zeit zurückdenken, waren auch viele Kriegswitwen vom uneindeutigen Verlust betroffen. Ihre Männer kehrten nie mehr aus dem Krieg zurück, gleichzeitig traf auch nie eine Todesnachricht ein. Ein Leben zwischen Trauern und Hoffen.

Zurück zum unlösbaren Leid, das bei LiA am runden Tisch immer wieder zu reden gibt.
Die Diagnose Demenz verändert ganz viel. Der demente Mensch wird langsam, aber kontinuierlich ein anderer. Damit verändert sich auch der Alltag seiner Angehörigen: Die Aufgabenverteilung ist nicht mehr dieselbe. Die Verantwortungsfelder werden anders verteilt. Vor allem aber verändert sich die Beziehung. Und das ist eben das, worüber die Angehörigen hier in der Beratungsstunde klagen. «Er ist nicht mehr der, der er war!»

Nehmen wir ein Beispiel: Was geschieht, wenn eine Frau nach einem langen gemeinsamen Leben ihren Liebsten an die Demenz verliert?
Eine lange Beziehung hat immer ein gesellschaftlich geprägtes Gefüge, aber auch ein von den beiden Individuen geprägtes. Beide geraten durch die Krankheit ins Wanken. Wer passt sich wem an? Wer ist wofür

zuständig? Wer kann was besser? Wer übernimmt welche Rolle? All diese Fragen sind während Jahren geklärt. Und ganz unabhängig davon, ob diese Fragen für das Paar gut geklärt sind oder nicht, unabhängig davon, was Aussenstehende mit Blick auf das Paar sagen – das alte Gefüge gibt Sicherheit. Was schon so lange ist, wie es ist, gibt Stabilität. Man weiss, wie der andere tickt. Wenn jetzt der Mann an Demenz erkrankt, ist dieses Fundament erschüttert. Und dies nicht vorübergehend, sondern fortschreitend. Es wird immer schlimmer.

Was passiert in dem Moment mit den Frauen?
Sie erleben eine Rückwärtsentwicklung. Sie sind konfrontiert mit einer Verabschiedung bei gleichzeitiger Anwesenheit. Das bringt mit sich, dass die betroffenen Frauen Aufgaben übernehmen müssen, mit denen sie vorher nie zu tun hatten. Und sie müssen die Beziehung selber regulieren. Das ist schwierig, weil der Partner ja da ist! Es ist ganz anders, wenn der Liebste gestorben ist. Das ist zwar auch sehr traurig, aber die Sache ist klar: Ich muss nun alleine klarkommen. Oder ich muss mir Unterstützung suchen.

Das ist ja eben das Uneindeutige an der Situation: Der Mann lebt noch, aber er ist nicht mehr die vertraute Person. Was ist zusätzlich erschwerend?
Häufig ist es so, dass der erkrankte Mann gar nicht einsieht, dass er zum Beispiel nicht mehr Auto fahren sollte. Oder dass es schwierig ist, wenn er nach wie vor die Buchhaltung macht. Er will die Aufgaben unter Umständen gar nicht abgeben, denn diese Aufgaben sind Teil seiner Sicherheit. Das heisst für die Frau, dass

sie sein Selbstbild aufrechterhalten und gleichzeitig ihre Rolle in die seine integrieren muss.

Was für eine Herausforderung!
Eine betroffene Frau hat mir in einem Beratungsgespräch einmal gesagt: Ich bin Witwe, aber mein Mann lebt noch (siehe auch das Gespräch mit Hanni Holzer, S. 153). Knapper kann man nicht zusammenfassen, was der uneindeutige Verlust mit sich bringt. Im Grunde sind die uneindeutigen Witwen ja sehr in Trauer über all die fortschreitenden Verluste. Aber gesellschaftlich gesehen wird ihnen die Trauer nicht zugestanden. Das ist das Problem.

Gesteht sich die betroffene Frau die Trauer selbst zu?
In der Regel nicht, denn der Ehemann ist ja anwesend. Da besteht viel Aufklärungsbedarf. Es muss klar werden, dass die Diagnose Demenz eigentlich ein andauerndes Verlusterlebnis mit sich bringt, und das in ganz feinen Scheiben. Die Gesellschaft reagiert in der Regel am Anfang, nach der Diagnosestellung, relativ tolerant auf die Erschütterung und Trauer der Angehörigen: «Ja, das ist bitter. Das ist schlimm.» Aber bald folgen Sätze wie: «Du hast ihn ja noch. Noch ist er da!» Dass dieses Dasein mit einer Verabschiedung des bisher gelebten Lebens einhergeht, wird oft zu wenig verstanden. Es gilt anzuerkennen: Es ist ein Trauerprozess.

Ist es das, was bei LiA an erster Stelle stehen muss: die Würdigung der Trauer?
Genau. Es geht darum, das Thema überhaupt anzusprechen. Die Leute kommen ja nicht zu mir mit dem

Wunsch zu trauern. Sie sagen auch nicht: Ich bin eigentlich eine Witwe. Sie kommen mit einer Schwere. Sie sind erschöpft, entkräftet, oft auch verzweifelt. Sie sind nahe am Wasser gebaut. Zu Beginn frage ich immer: «Was kann ich für Sie tun?» Das reicht meist schon aus, dass sie das Taschentuch hervornehmen und zu weinen beginnen. Und dann geht es darum, anzuerkennen, dass diese Tränen berechtigt, richtig und nötig sind.

Das ist wohl ein wichtiger erster und auch naheliegender Schritt. Aber der ist vielleicht gar nicht so leicht zu tun?
Dieser Erkenntnisprozess, dass jemand gegenübersitzt und anerkennt, dass es da um ein langsames Sterben geht, ist ein wichtiger Meilenstein. Manchmal braucht es mehrere Beratungsstunden dafür.

Und dann?
Dann schauen wir im Detail an, was bereits verloren gegangen ist. Was ist es genau, was zu betrauern ist? Danach suchen wir nach passenden Ritualen. Die spielen ja auch bei der «normalen» Trauer eine wichtige Rolle. Sie helfen, mit Schwerem umzugehen, einen Abschluss zu finden. Diese Frauen können nicht wie andere an eine Beerdigung gehen oder Kondolenzkarten verschicken. Aber es gibt andere Möglichkeiten, die kleinen Verluste zu betrauern.

Können Sie uns ein Beispiel geben?
Eine Frau merkt: «Mein Mann kann nicht mehr alleine essen. Wir können uns nicht mehr gegenübersitzen. Er kann sein Schnitzel nicht mehr selber schneiden. Ich

muss jetzt helfen. Ich muss ihm alles klein schneiden und darauf achten, dass er das Messer nicht in den Mund steckt.» Mit anderen Worten, das gemeinsame Tischdecken, das Geniessen auf Augenhöhe, die anregenden Tischgespräche, die Entspannung beim Essen – alles passé. Das kommt einem grossen Abschied aus dem gemeinsamen Alltag gleich. Ich ermuntere dann die Frau, ein Ritual zu finden, dass diese Schwelle markiert und den Abschied verdeutlicht.

Wie kann ein solches Ritual aussehen?
In erster Linie muss das Ritual der Frau entsprechen. Es kann ganz unterschiedlich sein. Vielleicht geht das Paar ein letztes Mal ins Lieblingslokal und bestellt das Lieblingsessen. Oder die Frau schreibt ihre Trauer auf und verbrennt das Blatt danach. Was auch immer. Ich erarbeite das mit den uneindeutigen Witwen individuell. Es geht darum, diese Krankheitsetappen wahrzunehmen, zu benennen, zu betrauern und zu gestalten. Es sind wie Bausteine eines grossen Puzzles. An einem Rand des Puzzles ist die Diagnosestellung. Am anderen der Tod.

.....

Das ist ein seelischer Kraftakt, den viele im gesellschaftlichen Schatten leisten. Es sind die stummen Geschichten von Heldinnen und auch Helden.
Lea Simeon, Bettina Ugolinis wissenschaftliche Mitarbeiterin bei LiA, bringt uns ein Blatt voller statistischer Zahlen an den Tisch. Daraus entnehme ich, dass in der Schweiz schätzungsweise 148 000 demenzkranke Menschen leben. Jährlich kommen

28 100 Neuerkrankungen hinzu. Die Menschen mit Demenz leben in der Regel nicht alleine. 444 000 Angehörige sind mitbetroffen. Bildlich gesprochen füllen die Leidenden und ihre Nächsten in der Schweiz 20 grössere Fussballstadien!

In Deutschland geht man von 1,3 Millionen Menschen aus, die von dieser Alterskrankheit betroffen sind. Im Vergleich zu Deutschland und Österreich leben in der Schweiz mehr Demenzkranke in Heimen. Und doch sind es auch hierzulande 6 von 10 demenziell Erkrankten, die versuchen, in ihren eigenen vier Wänden zurechtzukommen, teilweise mit der Unterstützung spitalexterner Dienste, aber immer auch mithilfe der Angehörigen. Die Männer werden mehrheitlich von ihren Partnerinnen gepflegt, gefolgt von ihren Töchtern. Angehörigenpflege ist offenbar immer noch eine weibliche Aufgabe mit grossem gesundheitlichem und finanziellem Risiko. Auch dazu hat Bettina Ugolini viel zu sagen. Doch zurück zu unserem Thema des uneindeutigen Verlustes.

.....

Wir haben jetzt viel von Demenz gesprochen. Gibt es andere neurodegenerative Krankheiten, die ähnliche Trauerformen mit sich bringen? Parkinson zum Beispiel? MS?
Parkinson würde ich schon dazu zählen. Diese Krankheit verursacht zwar zunächst körperliche Symptome und zeigt erst später geistige Verluste. Worauf Pauline Boss mit ihrem Konzept des uneindeutigen Verlustes

aber vor allem abzielt, ist die drastische Beziehungsveränderung bei gleichzeitiger Anwesenheit. Und das haben wir bei MS nicht, oder erst in einer ganz späten Phase.

Nun haben wir ein ziemlich düsteres Bild der Demenz gezeichnet. Dieses entspricht nicht ganz dem Fachdiskurs über diese Krankheit. Viele Expertinnen und Experten betonen, wie wesentlich die Emotionalität bei Demenz ist und wie sensibel die Betroffenen bis zum Schluss wahrnehmen, was um sie herum geschieht. Nun könnte man sich damit trösten, dass immerhin die Gefühlswelt erhalten bleibt, und die macht ja einen wesentlichen Teil der Paarbeziehung aus.
Ja, das ist manchmal so. Es gibt Paare, bei denen sich der erkrankte Partner so verändert, dass eine andere Form der Emotionalität möglich wird. Vielleicht ist er weniger kontrolliert. Vielleicht ist er sanfter als früher, weicher und zärtlicher, weniger beherrschend. Nur dürfen wir bei all dem Trost nicht vergessen, dass sich die Rolle der Frau ebenfalls stark verändert. Sie steckt in einer verwirrenden Gleichzeitigkeit von Liebes- und Pflegebeziehung. Wenn die Pflegebeziehung zunimmt und sich die partnerschaftliche Beziehung dadurch reduziert, fällt auch der emotionale Teil schwerer. Ich rede von Körperlichkeit, Sexualität und Zärtlichkeit. Der Frau drängt sich ja die Frage auf: «Mit wem bin ich jetzt in einer Beziehung? Mit meinem Mann? Oder mit meinem Patienten?»

Das leuchtet mir ein. Heisst das nun, dass Sie bei LiA den Frauen, die zu Ihnen kommen, früh raten,

professionelle Pflegehilfe zu organisieren, damit sie nicht zur «Rund-um-die-Uhr-Pflegerin» ihres Mannes werden?
Auf jeden Fall. Ich bin sehr dafür, dass sich die uneindeutigen Witwen Pflegeunterstützung holen und sich auch sonst begleiten lassen. Zwar braucht längst nicht jede von ihnen Psychotherapie. Aber es braucht Menschen, die das Konzept des «ambiguous loss» verstehen und wissen, wie seelisch und sozial anforderungsreich der Alltag mit einem dementen Partner ist.

Und es braucht sicher auch andere Menschen, die vielleicht psychologisch nicht so geschult sind, aber trotzdem sehen, dass da eine Frau ist, die sich mal wieder mit ihrer besten Freundin treffen will, eine Frau, die ohne Gewissensbisse zum Friseur gehen möchte oder einfach nur eine Nacht lang ruhig schlafen können muss.
Ja, Entlastung ist ein grosses Thema. Und es ist auch ein schwieriges Thema.

Warum?
Die Betroffene muss dafür ihre Ersetzbarkeit anerkennen. Das gelingt nicht immer, trotz der Last und trotz des Wunsches nach Freiraum. Es ist ein Weg, den man erst mal beschreiten können muss. Das ist nicht selbstverständlich. Wir müssen sehr genau hinschauen und herausfinden, worin die Belastung besteht. Wenn der uneindeutige Verlust das Problem ist, dann hilft eine Bügelhilfe oder eine Entlastung durch die Spitex nämlich nicht unbedingt. Die helfen bei Arbeitsüberlastung oder bei pflegerischen Fragen. Oftmals wird den Hilfe-

suchenden vorschnell einfach eine Lösung übergestülpt. Aber auch die Frauen selbst neigen dazu, einfach mal die Ärmel hochzukrempeln und relativ gedankenlos loszulegen mit dem, was herausfordernd zu tun ist. Es wäre besser, eine Zäsur zu setzen, innezuhalten und zu überlegen: «Was kommt da auf mich zu? Und was brauche ich, damit wir gemeinsam mit den Schwierigkeiten zurechtkommen?»

Innehalten, eine schwierige Aufgabe, wenn es so viel zu tun gibt.

Aber eine wichtige! Sonst rutschen die Frauen in eine 60-Stunden-Woche-Tätigkeit hinein, und das für fünf bis sechs Jahre. Sie üben dann einen Job aus, für den sie sich erstens nie beworben haben, für den sie sich zweitens nie qualifiziert haben und für den sie drittens nie entlöhnt werden.

Wir reden über körperliche Anwesenheit bei geistiger Abwesenheit. Wir sprechen über den uneindeutigen Verlust, den Frauen an der Seite ihres dementen Mannes erleiden. Was löst das bei den Frauen aus?

Das Erste, was eintritt, ist eine grosse Verunsicherung. Und dann wird wichtig, welche psychologischen Ressourcen die Frau aus ihrer Geschichte mit ihrem Mann mitbringt. Wie resilient ist sie? Wie steht es um ihren Selbstwert? Hat sie gelernt, mit Krisen umzugehen? Wie stabil ist ihr soziales Netz? Es braucht auch eine Portion gedankliche Schärfe, Analysefähigkeit. Intelligenz ist eben auch wichtig. Klugheit hilft, wenn die Seele gefordert ist. Ich kenne alles: Frauen, die depressiv werden, die eine Erschöpfungsdepression erleiden, die verbittern, aber auch Frauen, die ihr Schicksal meistern und mit einem Gewinn an Lebens- und Welterfahrung einen uneindeutigen Verlust bewältigen.

Das Leben vor der Diagnose spielt also eine entscheidende Rolle?
Ja, unbedingt. Und die Beziehungsqualität natürlich. Wenn ich in grosser Liebe zu meinem Mann verbunden war, gibt mir das ein anderes Polster für das Anspruchsvolle, das bevorsteht. Anders ist es, wenn ich schon vor 30 Jahren dachte, ich sollte mich trennen, es aber nie gewagt habe. Es gibt dazu zwar keine Forschung. Aber es liegt auf der Hand, dass das Vorleben entscheidend ist.

Wenn wir von Vorleben sprechen, müssen wir auch von den späteren Lebensjahren sprechen.
Das ist richtig. Eine uneindeutige Witwe befindet sich meist selber in ihren letzten Lebensjahren. Es wäre anders, wenn sie 30 Jahre alt wäre und sich sagen könnte: «Das sind nun anspruchsvolle fünf oder sechs Jahre, und danach sieht alles wieder anders aus.»

Wir reden natürlich nicht im luftleeren Raum über den uneindeutigen Verlust. Wir leben in einer Gesellschaft, in der Kontrolle, Fortschritt und Geistesgegenwärtigkeit grossgeschrieben werden. Wäre die Situation in einer anderen Gesellschaft weniger schlimm?
Es gibt einen grossen Unterschied zwischen unserer westlichen und der östlichen Welt. Es fällt uns in unserer Gesellschaft vermutlich schwerer, mit Einbussen

umzugehen. Pauline Boss nennt es «Mastery», was man mit Beherrschbarkeit oder Kontrolle übersetzen könnte. Sie meint damit das Gefühl, am Steuer des eigenen Lebens zu sitzen, autonom und selbstbestimmt zu sein. Das ist in unserer westlichen Welt sehr wichtig. Bei einem uneindeutigen Verlust widerfährt einem etwas, was sich der Kontrolle entzieht. Und es gibt keinen klaren Abschluss. Auch diese sind in unserer Gesellschaft wichtig. In östlichen Kulturen ist das anders. In der buddhistischen oder hinduistischen Tradition stehen eher Vorstellungen von Übergängen vom einen Leben in ein anderes im Vordergrund. Ebenso ist der Wunsch nach Beherrschbarkeit nicht so ausgeprägt. Es existiert dort schon noch so etwas wie Schicksalsgläubigkeit, also die Vorstellung, sich den Herausforderungen zu stellen und das, was ist, zu integrieren. Das alles ist für die Bewältigung eines uneindeutigen Verlustes nicht schlecht.

Die haben also etwas, was wir nicht haben.
Welche soziale Haltung wäre für die uneindeutigen Witwen stützend?

Das Wichtigste ist, dass man den Betroffenen die Trauer zugesteht. Das bedeutet die Anerkennung ihrer anspruchsvollen Lebenssituation. Wir müssen lernen zu sehen und auch zu äussern, dass die uneindeutige Witwe sich von einer vertrauten Beziehung verabschieden muss und gleichzeitig bemüht ist, eine neue Beziehung aufzubauen. Und das zum gleichen Mann! Wichtig ist auch, dass die Frauen gefragt werden, wie es ihnen geht. Das findet sehr selten statt. Meist wird gefragt, wie es dem Mann geht.

Bei all dem stellt sich bestimmt immer wieder die Sinnfrage. Wie gehen Sie in der Beratung damit um?
Wir machen uns auf die Suche nach dem Schönen im Schlimmen. Wir fragen nach dem Gewinn im Verlust. Und den gibt es immer, auch wenn zunächst die Augen nicht offen dafür sind: Das Herz wird nicht dement. «Wo sind neue Begegnungen möglich mit Menschen, die mir guttun? Welche unerwartete schöne Erfahrung mache ich durch die Erkrankung meines Mannes? Was erfahre ich auch an Schönem durch die Veränderung meines Mannes, den ich so noch nicht kannte?» Schnelle Sinngebung ist aber schwierig. Meistens ist sie retrospektiv.

Das erinnert mich an die Schönheit des Yin-Yang-Symbols. Es ist der weisse Punkt im schwarzen Feld, das Gute am Schlechten. Was sind wegweisende Coping-Strategien?
Coping-Strategien sind immer sehr individuell. In der Beratung müssen wir da äusserst achtsam sein. Pauline Boss empfiehlt etwa, die Idee von Beherrschbarkeit zu relativieren, denn es gibt nun mal Dinge, die sich unserer Kontrolle entziehen. Wir müssen Schritt für Schritt lernen, damit umzugehen. Gleichzeitig ist es wichtig, die Aspekte im Auge zu behalten, die beeinflussbar bleiben. Beispielsweise entscheide ich, welche Unterstützung ich organisiere. Ich bin dem Unkontrollierbaren also nicht einfach hilflos ausgesetzt. Zudem ist es wichtig, dass die eigene Rolle als Lebenspartnerin erweitert wird. Ich bleibe ich. Aber es kommt eine neue Rolle dazu: die Rolle der Pflegenden, die Rolle der Betreuenden. Es geht also um die Kunst, mit der Gleich-

zeitigkeit der verschiedenen Rollen leben zu können und die alte Rolle zu verabschieden: Die Ehefrau, die ich war, kann ich nicht mehr sein. Ich muss mich mit einer neuen Identität anfreunden. Das ist Arbeit am eigenen Selbst. Und das bedeutet harte Arbeit.

Ich vermute, dass das noch nicht alles ist.
Richtig. Hinzu kommt, dass die betroffene Frau lernen muss, mit Uneindeutigkeit und Ambivalenz umzugehen. An einem Tag schweigt ihr Mann sie nach einer Frage an und betrachtet sie mit leerem Blick. Am nächsten gibt er ihr eine schlüssige Antwort. Es gilt zu erkennen, wann man sich auf Augenhöhe befindet und wann der Moment günstig ist. Und gleichzeitig gilt es zu akzeptieren, dass das gleich wieder anders sein kann. Zudem muss die Bindung revidiert werden. Das bedeutet, Teile des anderen loszulassen.

Haben Sie ein Bild dafür?
Die Frau kann sich etwa sagen: «Er ist jetzt nicht mehr der intellektuelle Überflieger, der Schnelldenker, der mir kognitiv überlegen war. Er ist jetzt der, für den ich vieles entscheiden muss. Aber er hat immer noch die schönen Hände, in die ich mich vor Jahren verliebt habe.» Das ist echt Arbeit, und dies in der besagten 60-Stunden-Woche!

Wo bleibt die Hoffnung?
Hoffnung trägt sehr in der Trauer. Hoffnung auf eine Genesung von einer demenziellen Erkrankung gibt es allerdings nicht. Noch nicht. Und doch ist nicht alles hoffnungslos. Es gibt die Hoffnung auf ein würdiges

Leben mit der Krankheit. Es gibt die Hoffnung, dass man das gemeinsam schafft. Und dann gibt es auch die Hoffnung auf das Danach.

Wie kann die Hoffnung auf das Danach denn aussehen?
Ich werde wieder mehr Zeit für mich haben. Ich werde wieder meinem Hobby frönen können. Ich kann unsere Wohnung wieder anders gestalten. Die Freunde spielen wieder eine andere Rolle. Und je nachdem werde ich auch wieder anders lieben können.

Anders lieben?
Das ist gar nicht so selten. Es gibt die Selbsthilfegruppen von pflegenden Angehörigen. Da begegnen sich Männer und Frauen, die in der gleichen Situation sind und natürlich ein ganz besonderes Verständnis füreinander haben. Da kann Amors Pfeil schon mal treffen.

Das ist sicher ein Mutsprung, sich eine neue Liebe zu erlauben.
Das ist es. Es ist ein Zugeständnis, dass man auch ein eigenes Leben hat. Dabei spielt natürlich auch die Offenheit der sozialen Umgebung eine wichtige Rolle, und die fehlt sehr oft. Dann fallen Bemerkungen wie: «Sie tröstet sich aber schnell!»

Was passiert denn, wenn der Verlust eindeutig wird? Was ändert sich, wenn der Mann stirbt und die Frau eine eindeutige Witwe wird?
Da erlebe ich eine hohe Kompetenz der betroffenen Frauen. Ich glaube, dass diese jahrelange Vorbereitung,

dieser jahrelange Umgang mit den schrittweisen kleinen Verlusten meist dazu führt, dass am Schluss ein gutes Loslassen möglich ist.

Das ist nicht erstaunlich, und doch kann man sich ja denken, dass es nicht leicht ist, seinen Mann und gleichzeitig seinen 60-Stunden-Woche-Lebensinhalt zu verlieren …
Wenn ich sage, dass die Frauen mit dem Tod ihres Mannes relativ gut fertigwerden, dann meine ich, dass sie gelernt haben, mit seinem sukzessiven Verschwinden zu leben. Der Verlust der Aufgabe erfolgt in der Regel früher. Er passiert nämlich dann, wenn der Mann ins Heim kommt. Das ist eine grosse Hürde. In dem Moment müssen die Frauen ihre Rolle erneut abgeben und ihre Aufgabe an andere Menschen, meist ebenfalls Frauen, delegieren. Dann stellen sich die Fragen: «Was ist nun meine Rolle in der Institution? Wer bin ich nun noch?» Nur die allerwenigsten können ihren Mann nämlich bis zum Tod zu Hause pflegen.

Die erschwerte Trauer ist ein Hauptthema beim uneindeutigen Verlust. Reden wir zum Schluss noch über andere verbotene Gefühle. Was begegnet Ihnen da bei LiA?
Ich könnte fast sagen, dass es nichts gibt, was es nicht gibt. Jeder Mensch erlebt die Begleitung auf seine ganz eigene Weise und wird manchmal von seinen Gefühlen überrascht. Dazu gehört ganz sicher die Scham. «Niemals hätte ich gedacht, dass ich mich einmal für meinen Mann schämen würde – und das tut mir so leid.» Oder auch das Gefühl des Ekels. Wem ist man körperlich

näher als dem eigenen Mann? Mit der Veränderung durch die Erkrankung entsteht aber häufig eine emotionale Distanz, die in bestimmten Situationen zu Ekelgefühlen führen kann. Viele Frauen quälen sich dann mit Schuldgefühlen dem eigenen Mann gegenüber. In meiner Arbeit ist es deshalb sehr wesentlich, all diesen überraschenden Emotionen Raum zu geben und sie unbewertet zuzulassen.

.....

Wir kommen zum Schluss. Der Termin mit dem hilfesuchenden alten Mann steht an. Es ist anzunehmen, dass es für ihn ein Kraftakt war, die Beratungsstelle aufzusuchen. Für Männer seiner Generation ist es nicht leicht, sich einzugestehen, dass es so nicht mehr weitergehen kann – und das gegenüber einer um Jahrzehnte jüngeren Frau. Vielleicht ist er ja von einem uneindeutigen Verlust betroffen? Vielleicht geht es bei ihm um überraschende, für ihn ungewohnte oder sogar beängstigende Emotionen?

Bettina Ugolini wird sich jedenfalls Zeit nehmen für ihn, ganz Ohr sein, den richtigen Ton finden, in ihrem gerontologischen Wissensschatz kramen und dem Senior mit Rat und Tat zur Seite stehen. Vielleicht wird er spüren, dass diese Alterspsychologin von Kindesbeinen an ein Flair für alte Menschen hat, weil ihre Grosseltern für sie Leuchttürme waren.

«Früher hatte die Witwe in Schwarz zu trauern, und zwar lange Zeit»

Die Geschichte der territorialen Verschiebungen, der Kriege und Schlachten hat sie stets weniger interessiert als die Geschichte des Alltags. Ihr Blick auf das Unspektakuläre, auf das, was im Schatten der Gesellschaft vor sich ging, führte sie schnell von den grossen Machthabern hin zu den eher Machtlosen, zum Beispiel zu den Frauen. **HEIDI WITZIG**, 75, promovierte Historikerin, Mutter, Grossmutter und Witwe, hat unter anderem die Historie der Witwen erforscht. Ich treffe sie für einen «Drei-Generationen-Blick»: Was hiess es für unsere Grossmütter und Mütter, den Mann zu verlieren? Und was bedeutet es für heutige Frauen über sechzig, zur Witwe zu werden?

Sie empfängt mich mit jugendlichem Schwung in ihrer Winterthurer Stadtwohnung: grosse Fenster, farbige Wände, karge Möblierung mit erlesenen Designstücken, viel Licht. Schon bei der Zubereitung von zwei Latte macchiato in der blitzblanken Küche kommt Heidi Witzig in Fahrt und erzählt von ihrem Engagement in der «Grossmütter-Revolution», einem Zusammenschluss von Feministinnen. Es ist eine Bewegung von Frauen für Frauen, genauer: von alten Feministinnen für alte

Frauen und deren Alltag. «Es geht um ein zivilgesellschaftliches Engagement, das vom Migros-Kulturprozent unterstützt wird.» Seit Beginn dieser genialen Revolution, die eher die Evolution im Blick hat, ist die Historikerin dabei. Ihre Mitstreiterinnen sind, wie Heidi Witzig auch, politisierte 68erinnen, die sich nun für soziale Gerechtigkeit im Alter einsetzen.

.....

Ist es denkbar, dass Ihre Grossmutter da auch mitgemacht hätte?
Nein! Um Gotteswillen! Von der Mutter über die Grossmutter bis zur Urgrossmutter waren sie alle fromm, demütig und ergeben. Meine Grossmutter sagte einmal: «Ich habe mein Leben lang nicht tun können, was ich wollte.» Meine Mutter lebte die Überzeugung, dass die Frau ins Haus gehört und der Mann nach draussen. Dann läuft es gut in der Ehe. Sie hatte fünf Kinder, ein grosses Haus, ein Dienstmädchen und war stolz auf den beruflichen Erfolg ihres Mannes.

Und dann hat diese Frau eine so aufmüpfige Tochter wie Sie bekommen!
Ja, und ich wollte sogar ins Gymnasium. Meine Mutter war entsetzt, mein Vater hingegen unterstützte mich. Ich bin die Älteste und eine Vatertochter. Nach mir kamen meine vier Brüder zur Welt. Ich erinnere mich an die erste Abstimmung zum Frauenstimmrecht, 1959. Mein Vater unterbreitete mir den Stimmzettel und sagte: «Heidi, du darfst jetzt JA schreiben.» Meine Mutter war strikt dagegen, dass Frauen sich in die Politik ein-

mischten. Eine meiner ersten Lektionen war: Auf Männer kannst du bauen, du kannst ihnen vertrauen.

Was hätte denn der Mama gefallen?
Meine Mutter hätte sich sicher gewünscht, dass ich so lebe wie sie: gut heiraten, einen grossen Haushalt führen, Kinder bekommen, angesehen sein.

Und Ihre Grossmutter, die sagte, sie hätte nie das machen können, was sie wollte? Da scheint doch der Wunsch nach Selbstbestimmtheit durch.
Meine Grossmutter sagte immer, sie sei nicht zufrieden mit ihrem Leben. Eine unerwünschte Schwangerschaft und eine Muss-Heirat. Aber ich nahm ihr diesen Selbstbestimmungswunsch nicht so recht ab. Sie war nämlich streng pietistisch. Sie hat mich sehr gemocht, aber weibliches Selbstbewusstsein habe ich von ihr ebenso wenig lernen können wie von meiner Mutter.

Ihr Leben und das Leben anderer Frauen Ihrer Generation unterscheidet sich also stark von demjenigen Ihrer weiblichen Vorfahren. Sie sind so gesehen eine Pionierin, gemeinsam mit vielen Ihrer Peers, die sich ebenfalls in der «Grossmütter-Revolution» engagieren. Darunter gibt es sicher auch viele Witwen, denn das Durchschnittsalter der Revolutionärinnen ist Mitte siebzig.
Sie haben recht, die meisten von uns sind Mitte siebzig, so wie ich. Als wir begannen, waren wir Mitte sechzig. Nun kämpfen wir dafür, dass unsere Pflege gesichert ist, wenn wir hinfällig und pflegebedürftig werden. Was braucht es da? Welche Wohnformen haben für unsere

Generation Zukunft? Wie sieht die neue weibliche Hochaltrigkeit aus? Dank des Migros-Kulturprozents haben wir dazu auch Studien in Auftrag geben können. Da läuft im Moment auf der kulturellen, sozialen und politischen Ebene ziemlich viel.

Sie und Ihre Mitstreiterinnen machen sich stark für ein würdiges Alter im reichen Land Schweiz.

Ja, und da geht es nicht in allererster Linie um die Witwenfrage, sondern viel allgemeiner darum, dass wir in einem sehr reichen Land leben. In diesem reichen Land tut sich die Schere auf zwischen den Reichen und den weniger gut Betuchten. Die Reichen, die Golden Agers, schaffen neue Märkte – etwa für Kosmetik, Chirurgie, Reiseunternehmen und Versicherungen. Gerade die Propaganda für private Pflegeversicherungen und private Altersversicherungen ist stark. Wir sagen Nein dazu. Wir wollen eine gute Grundversicherung, und zwar für alle! Wir wehren uns, politisch und vehement.

Anders als die meisten Ihrer weiblichen Vorfahren haben Sie das Know-how dazu.

Ich bin 1944 auf die Welt gekommen, das heisst am Ende des Zweiten Weltkrieges. Ich bin in der kriegsverschonten Schweiz in Zeiten der Hochkonjunktur aufgewachsen. Ich gehöre der ersten Generation Frauen an, die einigermassen schichtunabhängig Bildungschancen erhielt. In der Kantonsschule Frauenfeld bildeten wir Mädchen ein knappes Drittel. Was für ein Fortschritt! Im Jahr 1963 habe ich mein Studium an der Universität Zürich aufgenommen. Da waren Frauen noch ziemlich allein auf weiter Flur, und in der Geschichte tauchten die Frauen gar nicht erst auf. Es war schrecklich. Nun bin ich ja eher eine «Feuerfrau» und ziemlich unerschrocken. Nach dem Studium machte ich keinen Hehl aus meinem Unbehagen und aus dem, was ich zu erobern gedachte. Als dann eine Kollegin und ich begannen, neuere Geschichtsforschung zu betreiben, und als wir etwas später sogar die Unterstützung des Nationalfonds bekamen, war das natürlich grossartiges Neuland, das wir im Sturm eroberten. Eine wunderschöne Situation! Später lernte ich auch enorm viel von der Mutter meines langjährigen Partners, die als Frauenrechtlerin der ersten Stunde allen Anfeindungen zum Trotz eine Stimmrechtsgruppe gründete und mit dieser Gemeinschaft Selbstgestricktes verkaufte, um Inserate fürs Frauenstimmrecht zu bezahlen. Lernen konnte ich aber auch viel von einer Freundin in der Frauenbefreiungsbewegung (FBB). Immer wenn wir nicht mehr aufhören konnten mit Reden und Analysieren, sagte sie plötzlich: «Seht, wie die Blätter sich im Wind bewegen, wie die warme Luft uns umstreicht, ach, wie wohlig!» Das brachte mich jeweils wieder in das Hier und Jetzt.

Wir sprechen von Frauen wie uns, die der heutigen Grossmüttergeneration angehören. Schauen wir nun aber eine Generation zurück. Schauen wir auf unsere Mütter, auf Frauen, die in den Jahren 1915 bis 1930 zur Welt kamen.

Wir reden erstmal von der Schweiz. Das ist wichtig, denn wir haben ja keinen Krieg erlebt. Wir sind die Verschonten. Die Müttergeneration, die ihre Kinder – also uns – nach dem Krieg bekam und den wirtschaftlichen Aufstieg erlebt hat, lebte in unserem Land wie auf einer Insel. Das landesweite Bewusstsein lässt sich so skizzieren: «Dank unserer Neutralität, dank unserer Armee, dank General Guisan sind wir unversehrt durch zwei Kriege gekommen. Gott sei Dank!» Dieser Dankbarkeitsgedanke hat unsere Müttergeneration sehr geprägt. Die Männer kamen zurück aus dem Aktivdienst, sie waren wieder da, sie sind nicht wie in den Nachbarländern scharenweise im Krieg umgekommen. Die Mittelschicht war breit, die Familienlöhne wurden eingeführt und die Schweizer Hausfrau wurde «geboren». Sie war ein kulturelles Superprodukt, eine Errungenschaft mit dem Imperativ: «Sei froh, dass du nicht in Deutschland oder Frankreich lebst, sei froh, dass du zu Hause bleiben darfst!» Meine Mutter war sehr geprägt von diesem Privileggedanken. Ich bin sicher, dass es auch wegen dieses Bewusstseins so lange gedauert hat, bis das Frauenstimmrecht in der Schweiz eingeführt werden konnte. Die Mütter konnten es sich leisten, bei ihren Kindern zu bleiben, einen Haushalt zu führen. Und alle Jahre wieder pilgerte man an die MUBA und leistete sich etwas Neues für das traute Heim. Die Männer verdienten genug. Auf breiter Ebene lernte man das «Schöner Wohnen» und servierte Apéros am Nierentisch. Es fühlte sich an wie die Spitze des zivilisatorischen Fortschritts. Und es gab wenig Toleranz für Andersdenkende: Eine Frau, die nicht jeden Morgen Gott dafür dankte, eine Schweizer Hausfrau sein zu dürfen, die passte nicht, die musste gehen.

Und zwar am besten in ein Land, in dem die Frauen einen ganz anderen Alltag zu bewältigen hatten.

Genau. Die Frauen in den kriegsversehrten Ländern mussten die Ärmel hochkrempeln und in die Stiefel steigen! Nicht zu vergessen, viele von ihnen waren Witwen, Kriegswitwen. Sie mussten allein klarkommen, ihre Kinder aufziehen, gegen Armut kämpfen und da und dort soziale Missachtung aushalten. Sie mussten viel, sehr viel arbeiten und aufbauen. Das betraf nicht nur die deutschen Trümmerfrauen. Ich denke, dass diese Frauen sehr viel früher entscheidende Autonomieerfahrungen machen konnten und sich genau deshalb auch früher für die Emanzipation der Frau einsetzten.

Reden wir von der Witwenschaft in der Generation Ihrer Mutter. Wie muss ich mir das Leben dieser Frauen vorstellen?
Es kam sehr auf die materielle Situation an. Die Alters- und Hinterbliebenenversicherung (AHV) wurde 1948 eingeführt. Von dieser AHV konnte aber niemand leben, sie war erstmal nur ein finanzieller Zustupf. In der Generation meiner Mutter war es noch sehr üblich, dass Reiche untereinander heirateten. Die Frau kam aus gutem Haus und ihr Mann hatte ebenfalls Geld. Nach dem Tod des Mannes bekamen die Kinder einen Vormund, der das Erbe der Kinder bis zu ihrer Volljährigkeit verwaltete. Die Witwe konnte mehr oder weniger über ihr Geld verfügen. Eine Generation davor hätte auch die Witwe einen Vormund bekommen, denn man wollte unbedingt verhindern, dass die Witwe das Vermögen verprasst. Es sollte in der Familie bleiben. Die Reichen waren also finanziell gut dran. Sie lebten auch im eigenen Haus.

Reden wir auch über die ungeschriebenen Gesetze, die gesellschaftlich für unsere Mütter galten.
Die Witwe hatte zu trauern. Sie hatte zu zeigen, dass sie Witwe ist, und zwar lange Zeit: ein Jahr Schwarz, ein Jahr Halbschwarz. Natürlich trug sie auch gut sichtbar seinen Ehering, und Festivitäten waren ihr während der Trauerzeit selbstverständlich untersagt. Man trauerte auf dem Friedhof, in der Kirche und in den eigenen vier Wänden. Auf dem Büchergestell oder auf der Kommode musste das gerahmte Bild des Verstorbenen stehen. Um ihn rankte sich alles, er war eigentlich noch da. Solange sie eine treue Witwe war, hatte sie ein bestimmtes gesellschaftliches Ansehen. Es wurde ihr zugestanden, gemeinnützig aktiv zu sein und nach den Trauerjahren ihren sozialen Radius zu erweitern.

Man bedauerte sie. Man achtete sie. Wie stand es um die ärmeren Witwen dieser Generation?
Wenn wir von den bäuerlichen Verhältnissen oder den Verhältnissen in Handwerker- oder Gewerbefamilien sprechen, gibt es eine Gemeinsamkeit: Der Mann allein verdiente nicht genug. Alle mussten mitanpacken, damit es reichte. Das blieb auch nach dem Tod des Mannes bzw. des Vaters so. Für die erwachsenen Kinder war klar, dass sie die Mutter finanziell unterstützen mussten. Nicht selten konnte so die Familienwirtschaft auch ohne das Familienoberhaupt weitergeführt werden. Vorausgesetzt allerdings, dass alle tüchtig mithalfen und die Konjunktur gut war.

Bei Ihrer Schilderung wird klar, dass diese Witwen in einen aktiven Alltag und in eine Erwerbsgemein-

schaft eingebunden blieben. So waren sie möglicherweise psychisch gesünder als ihre reichen Leidensgenossinnen unter dem Diktat der strengen Trauergesetze, die sie isolierten.
Das ist durchaus möglich. Solange die Familienwirtschaft funktionierte, war die verwitwete Mutter aufgehoben. Ein klassisches Szenario: Die älteren Kinder mussten beim Tod des Vaters sofort im Betrieb arbeiten und der Mutter das Geld abliefern. Das jüngste Kind, ein gescheiter Sohn, durfte studieren und zum Beispiel Lehrer werden. Für diese aufwändige Ausbildung kamen auch die älteren Geschwister auf. Der Jüngste wurde also Lehrer und schaffte den Aufstieg in den gebildeten Mittelstand. In der Zwischenzeit wurde seine Mutter alt und gebrechlich und somit arbeitsunfähig. Es stand dann für alle ausser Frage, dass die Mutter in den Lehrerhaushalt kam. Der Lehrer hatte vom Familienclan profitiert und musste sich nun dafür revanchieren. So sah die Logik damals aus.

Reden wir auch über die Lebenserwartung. Heutige Frauen im Pensionsalter überschreiten im Durchschnitt die Mittachtziger. Wie alt wurden unsere Mütter im Durchschnitt?
1930 betrug die mittlere Lebenserwartung 60 Jahre. Bis 1970 stieg sie auf gut 69 Jahre für Männer und 75 Jahre für Frauen. In den Familienbetrieben arbeiteten die Frauen hart mit, und das so lange wie möglich. Die Idee des Lebensabends kam eigentlich erst mit der Einführung der AHV im Jahre 1948 auf. Damals lag die Lebenserwartung für Frauen bei 68 bis 70 Jahren. Durchschnittlich blieben also nicht mehr viele Jahre im

Ruhestand. Meine Grosseltern waren zu dem Zeitpunkt schon alt. Sie kamen in den Ruhestand mit den Gedanken: «Geniesse die paar Jährchen, die du noch hast! Sitz auf dem Bänkchen, erinnere dich, leg die Hände in den Schoss!» Dieser Imperativ, eine Erlaubnis zur Musse, war neu. Wenn wir nochmals an das Szenario der Witwe denken, die im Lehrerhaushalt ihres jüngsten Sohnes unterkommt: Sie wurde mit grosser Wahrscheinlichkeit von der Schwiegertochter umsorgt und unterstützt und machte sich, so gut es ging, noch im Haushalt nützlich. Ihr Motto: «Dann bin wenigstens noch für etwas da.»

Das tun ja auch die Frauen von heute, die ihre Ressourcen zur Verfügung stellen. Es gehört wohl zur «condition humaine», nicht zur Last fallen zu wollen. Zu den Müttern unserer Mütter, zu unseren Grossmüttern: Gehen wir von Geburtsjahrgängen zwischen 1895 und 1910 aus.
Dazu fallen mir die Turnachkinder ein, ein Buch von Ida Bindschedler. Ida Bindschedler wurde 1854 geboren. Sie wuchs in einer behüteten grossbürgerlichen Umgebung in Zürich auf und liess sich zur Lehrerin ausbilden. Das war im vorletzten Jahrhundert sehr aussergewöhnlich und nur einer Tochter aus gutem Hause möglich. Ida Bindschedler unterrichtete nach einer zusätzlichen Ausbildung und nach einem Sprachaufenthalt in Paris 24 Jahre lang an der privaten Mädchenschule Tobler in Zürich. Dann wurde sie herzkrank, zog zu ihrer Freundin nach Augsburg und verarbeitete dort ihre Erinnerungen an ihre Zürcher Kindheit in den Jugenderzählungen *Die Turnachkinder im Sommer* und

Die Turnachkinder im Winter. Die Bücher machten sie neben Johanna Spyri zur wohl bekanntesten Schweizer Jugendbuchautorin. Nehmen wir also, wenn wir über unsere verwitweten Grossmütter sprechen, zunächst einmal die reichen Leute. Betrachten wir das Milieu der Turnachkinder. Die alleinstehende Grossmutter lebte in einer grossen Villa. Sie hatte zwei Dienstmädchen und eine Köchin. An den grossen Familienfesten versammelte sich die ganze Verwandtschaft bei der Grossmama. Sie lebte allein und war selbstbestimmt. Sie hatte viel Geld und war eine Matriarchin.

Hatte sie somit mehr Macht als vor dem Tod ihres Mannes?
Ja. Er war der Patriarch. Nun, als Witwe, herrschte sie.

So war es bei den sehr reichen Leuten. Erzählen Sie vom Milieu Ihrer Grossmutter.
Meine Grossmutter war verheiratet mit einem Techniker der BBC, der Brown, Boveri & Cie. in Baden. Sie war stolz darauf, hatte er doch den sozialen Aufstieg aus der Familie eines Dachdeckers geschafft. Als Witwe konnte sie von seiner beruflichen Vorsorge profitieren und natürlich auch von der AHV. Wäre sie nicht bald darauf ebenfalls gestorben, hätte sie im eigenen Haus weiterleben können. Sie wäre zwar keine Matriarchin gewesen, aber sie wäre materiell gesehen problemlos durchgekommen, wenngleich sie nach dem Tod meines Grossvaters wohl ihren Lebenssinn verloren hätte.

Wie hätte sich das psychologisch gezeigt?
Sie hätte nur im Lehnstuhl gesessen und vor sich hin

getrauert. Schwarz gekleidet natürlich, für den Rest ihres Lebens.

Weil das die gesellschaftliche Erwartung an sie gewesen wäre?

Ich denke schon, dass sie diese Erwartung verinnerlicht hätte. Sie hätte gesagt: «Ich bin niemand mehr!» Für die meisten mittelständischen Frauen in der Generation unserer Grossmütter stellte sich die Frage, wer sie ohne Mann sind, denn mit dem Mann war auch der Status weg. Die Frauen hatten in der Regel keinen Beruf erlernt. Sie waren keine Matriarchinnen und hatten das Alleinsein nie gelernt. Da und dort waren die Enkelkinder der einzige Lichtblick.

Solche Frauen verwalteten also einfach noch ihr Restleben. Mit welcher Lebenserwartung durften sie in der ersten Hälfte des vergangenen Jahrhunderts rechnen?

Die Frauen, die um die Wende ins 20. Jahrhundert geboren wurden, konnten von einer durchschnittlichen Lebenserwartung von rund 55 Jahren ausgehen. Wir müssen aber immer im Auge behalten, dass es sich bei diesen Angaben um Durchschnittswerte handelt, die geprägt waren von einer hohen Säuglings- und Kindersterblichkeit. Natürlich gab es auch in dieser Generation schon Frauen, die lange lebten. Sie waren aber in der Regel gebrechlicher als die 90-Jährigen von heute. Wir müssen also immer auch die Lebensqualität mitbedenken. Mit dem Fortschritt der Medizin wurde der Tod im Kindbett seltener und die Kindersterblichkeit ging massiv zurück. Das zeigte sich in der steigenden Lebenserwartung.

Was unsere Grossmütter von uns massiv unterscheidet, ist auch, dass wir nach dem Pensionsalter noch eine planbare Lebensspanne vor uns haben und nicht einfach eine kurze Wartezone vor dem Ende.
So ist es. Zudem erleben heutige Witwen sehr häufig einen regelrechten Autonomieschub. Sie erfinden sich noch einmal neu.

Wie haben Sie sich vor 15 Jahren, als ihr Mann starb, noch einmal neu erfunden?
Mein Partner und ich hatten mit unserer Tochter in einer Wohngemeinschaft gelebt, zusammen mit einem anderen Paar und dessen Sohn. Als mein Partner starb, war unsere Tochter bereits aus dem Haus, und die Wohngemeinschaft löste sich auf. Meine «Neuerfindung» bestand darin, dass ich lernte, allein zu leben und mich weiterhin beruflich und gemeinschaftlich zu engagieren.

So profitiere ich nun von Ihrer «Neuerfindung». Wie schön! Reden wir von den Grossmüttern, die nicht im Mittelstand lebten und verwitweten, vielleicht sogar früh verwitweten.
Wir müssen immer bedenken: Waren sie Mitglied einer Familienwirtschaft, ja oder nein? Wenn es keine Krankheit, keinen Unfall und keinen Konjunktureinbruch gab, ging es den meisten Witwen, die Teil eines bäuerlichen Betriebs, einer Handwerksfamilie oder eines gewerblichen Unternehmens waren, gut. Diese Grossmütter waren geübt im Umgang mit Verzicht und Entbehrung. Das gehörte dazu. Die Krise begann, wenn eines der Kinder dem Alkohol verfiel und ein anderes

verunfallte. Solche Schicksale waren nicht selten. Es sind schreckliche Geschichten. Solche Witwen, aber auch Witwer hausten dann sozial isoliert am Stadt- oder Dorfrand in einer verfallenen Hütte. Als armselige Existenzen vegetierten sie dahin. Man kannte diese Figuren und liess sie in Ruhe, solange sie einen in Ruhe liessen. Irgendwie gehörten sie dazu, waren aber einsam. Ein anderes Szenario: Manche Kinder unserer Grossmütter waren in Aufbruchstimmung und wanderten nach Amerika aus, natürlich ohne die Mutter. Wenn sie verwitwete, war sie ohne Verwandtschaftsnetz. Das gab es weniger häufig, aber es gab es. Solche Frauen wurden armengenössig und von der Gemeinde in einem Armenasyl versorgt. Auch das war ein schlimmes Schicksal.

Woran starben denn unsere Grossmütter? Die Demenz war ja seltener, weil viele dieser Frauen deutlich weniger lang lebten als heute.

Wenn wir von den armen Frauen in der Grossmüttergeneration sprechen, ist die Todesursache nicht so entscheidend. Sie waren meist ausgezehrt und altersschwach. Entkräftet sind sie so der erstbesten Infektion erlegen. Oder denken wir an eine Bauernfamilie oder Gewerbefamilie: Die Ernte war miserabel oder die Erträge fielen aus. Der Hunger stand vor der Tür. Man wusste schon im Herbst, dass im Januar die Vorräte ausgehen würden. Bei Tisch war dann klar, dass zuerst die Arbeitsfähigen essen, dann die Kinder, die noch gross und stark werden müssen. Von der alten Witwe wurde erwartet, dass sie sagt, sie habe keinen Hunger. Die Entkräftung der alten Frauen war oft dem Hungern geschuldet. Sie hatten keine Widerstandskräfte mehr, die Hygiene war schlecht und wenn sie starben, war es der Herrgott, der sie heimgeholt hatte. Es war der normale Lauf der Dinge.

Die Beziehung zum Tod war wohl generell eine ganz andere?

Unbedingt! Das galt auch für die Kinder. Zum Lebenslauf unserer Grossmütter gehörte es häufig, auch ein Kind zu verlieren. Der Tod war eingebettet in feste konfessionelle Vorstellungen: Die Reformierten erwartete das Jüngste Gericht und dann die Gabelung Himmel oder Hölle. Die Katholiken glaubten, dass das irdische Leben nur eine Durchgangsstation sei und Gott allein sage, wie lange sie dauert. Wer stirbt, wird begraben, die Seele kommt ins Fegefeuer, dann folgt das Jüngste Gericht und dann entscheidet sich: Himmel oder Hölle?

Und so war es für unsere Grossmütter klar: Es gilt ein gottgefälliges Leben zu führen.

Selbstverständlich, das war sozusagen in sie eingeschrieben.

Und woran starben die Frauen aus der Generation unserer Mütter am häufigsten?

Diese Frauen starben seltener an Entkräftung. Einzig im Tessin gab es auch nach dem Zweiten Weltkrieg noch grosse Hungerkrisen. Wir müssen uns vergegenwärtigen, dass in den Achtziger- und Neunzigerjahren die Gerontologie begann, medizinisch Fuss zu fassen. Das Alter wurde medizinisch interessant. Man begann sich um die Gesundheit der alten Menschen zu kümmern. Man fragte sich: «Kann man da noch was machen?» Man hörte auf, die Altersgebrechen einfach hinzunehmen, sondern begann sie zu behandeln. Man hörte damit auf, Schmerzen einfach zu ertragen. Schmerzmittel zu nehmen war nicht mehr nur erlaubt, sondern auch empfohlen. Wer seinen Schmerz behandelte, galt nicht mehr als Schwächling. Das alles führte zu einer guten Altenbetreuung. Aber die Zeit der Massenoperationen mit Gelenkersatz war noch nicht gekommen.

Wie skizzieren Sie die Beziehung unserer Mütter zum Tod?
Sie waren konfessionell weniger eng eingebunden als ihre Mütter und befragten sich lieber selber: «Woran glaube ich? Wie stelle ich mir das Jenseits vor? Wie will ich bestattet werden?» Die kirchlichen Botschaften hatten für unsere Mütter stark an Verlässlichkeit eingebüsst. Sie waren auch deutlich weniger gottesfürchtig als ihre Mütter. Der Glaube wurde persönlich gefärbt und ging sozusagen in die eigene Verantwortung über.

Das alles hatte sicher auch damit zu tun, dass die eigenen aufmüpfigen Kinder sie zu politischen, philosophischen und auch religiösen Diskussionen herausforderten.
Das ist gut möglich. Und es entstand eine neue Leitbildmacht: die Naturwissenschaft. Das ist auch für viele von uns heute noch so. Es macht die Sache nicht einfacher!

Bleiben wir noch bei der Müttergeneration. Neben der Naturwissenschaft fand auch die populäre

Psychologie Eingang in den gelebten Alltag. Da wurde beispielsweise die Trauer zum Forschungsgegenstand und die Schweizer Sterbeforscherin Elisabeth Kübler-Ross zur Bestsellerautorin.
Stimmt. Aber ich bin fast sicher, dass diese Schriften in den breiten Kreisen noch nicht wirklich rezipiert wurden. Wenn ihr Partner starb und unsere Mütter in dieser existenziellen Krise steckten, suchten sie die Antworten nicht in der modernen Forschung, sondern immer noch in der Kirche. Auch wenn unsere Mütter nicht mehr häufig zur Kirche gingen, hielten sie sich doch an den Pfarrer. Der kam, es gab die dreitägige Aufbahrung, die Abdankung und den Friedhofgang. Das brachte damals auch manche Frauen in Bedrängnis: Da wurde ihr Mann mit einem Ritual und mit Worten begraben, die für ihn eigentlich nicht mehr stimmig waren, weil er längst nicht mehr so gläubig war. War das richtig so?

Zur Trauer gesellten sich auch noch Zweifel. Die Frauen wurden unsicherer. Das alles machte den Abschied nicht leichter. Für uns, für die Töchtergeneration, ist alles noch viel offener und optionaler. Wir müssen uns fragen: «Wie wollen und wie können wir uns von unserem Liebsten verabschieden?»
Oh ja, ich erinnere mich. Mein Mann starb vor 15 Jahren an Lungenkrebs. Er bekam damals von seinem Hausarzt ein Sterbemittel, das er kurz vor dem Ersticken selbst einnahm. Er war schon lange aus der Kirche ausgetreten und eine kirchliche Bestattung kam gar nicht infrage. Wir hatten sechs Monate Zeit, den Abschied zu diskutieren. Mein Mann sagte: «Ich überlasse

alles dir. Für mich ist dann Schluss, Ende, aus. Aber du musst weiterleben.» Wir hatten Zeit, uns alles zu überlegen, und beauftragten einen «Ritualmeister». Es war mir wichtig, dass es ein Mann war. Der kam dann auch und sprach lange mit uns. Dann, als mein Mann starb, liess der Ritualmeister trotz unserer Meldung nichts mehr von sich hören. Ich war ein einziges Nervenbündel. Meine Schwägerin nahm sich den Selbsternannten dann zur Brust und er entschuldigte sich mit Überlastung. Es war schlimm und ich machte mir Vorwürfe: «Gottfriedstutz, den hast du selber ausgewählt, und es ist nicht gut gekommen!» Die grosse Freiheit, machen zu können und zu müssen, was ich will, ist mir nicht gut bekommen. Es hat mich lange danach noch beschäftigt.

Unsere Generation gestaltet den grossen Abschied selber. Das kann gut gehen oder auch nicht, wie in Ihrem Fall. Wir haben die Wahl, und das ist ebenso eine Errungenschaft wie eine Überforderung. Ist das der Fluch der Freiheit?
Das ist ganz generell ein Merkmal unserer Generation: Wir können so viel wählen. Das ist zweifelsohne ein zivilisatorischer Fortschritt. Aber uns fehlen weitgehend die Referenzpunkte. Deswegen verlassen sich die meisten von uns, wenn es existenziell wird, immer noch auf die Kirche und sagen sich: «Die können das, die machen das, die haben Erfahrung mit den grossen Übergängen.» Dazu gibt es ein gesellschaftliches Einverständnis.

Es ist natürlich auch so, dass sich die Kirchen sehr gewandelt haben innerhalb dieser drei Gene-

rationen, die wir nun beleuchtet haben. Die Geistlichen sind an der Partizipation der Hinterbliebenen interessiert. Der Abschied wird in der Regel sehr persönlich gestaltet.
Da hat sich zum Glück sehr viel verbessert. Ich war kürzlich an einer Beerdigung mit einer Frau, deren Mann gestorben ist. Der Pfarrer hat sehr einfühlsam gesprochen. Es war stimmig und schön und somit auch tröstlich.

Wir sind eine psychologisierte Generation, wir psychologisieren den grossen Verlust. Das unterscheidet uns von den Witwen in früheren Zeiten. Wir haben viel Wissen über das Wesen der Trauer. Viel hat sich verändert.
Schauen Sie uns beide an! Wir sind beide schwarz gekleidet. Wir müssten nicht schwarz gekleidet sein. Wir tun es, weil es uns gefällt, weil wir es heute gerade so wollen. Wir sind frei von den Trauergesetzen früherer Generationen. Wir dürfen ausgehen. Wir meinen auch nicht, alles alleine schaffen zu müssen. Wir können uns professionelle Hilfe holen, wenn es zu schwer wird. Wir haben auch eine Sprache für unsere Gefühle. Sie tragen die beiden Eheringe, wie einst meine Grossmutter. Aber das tun Sie, weil Sie es schön finden, stylish. Es ist freiwillig, und doch stehen Sie damit in einer jahrhundertealten Tradition.

Ja, und beides ist für mich stimmig. Was spiegelt sich in der Ratgeberflut zu Tod und Trauer?
Vor allem spiegelt sich darin die Individualisierung. Wir haben beide unsere Männer an einer aggressiven

Krebserkrankung verloren. Wir leben beide in der reichen Schweiz. Wir sind beide Mütter, Grossmütter und Berufsfrauen. Und doch kann Ihre und meine Trauer sehr unterschiedlich aussehen: «Was ist mein Schmerz? Wovon bin ich erlöst? Wie gestalte ich den Abschied? Wie offen rede ich über das, was mich bewegt? Was hilft mir durch die Krise?» All das sind Fragen, die heute individuell beantwortet werden müssen. Das ist anspruchsvoll. Diese Herausforderung schaffen nicht alle. Wer sie meistert, wird reifer und stärker. Wer es nicht schafft, wird vielleicht eine verbitterte, gehässige alte Schachtel.

Wer es schafft, kommt weiter. Wer nicht, bleibt stehen. Herrscht somit selbst im Bewältigungsprozess das Leistungsprinzip?
Ich würde es «Reifungsprinzip» nennen. Das Gebot heisst: Du musst den Verlust in deinen persönlichen Entwicklungsprozess integrieren können! Diesen Druck hatten weder unsere Mütter noch unsere Grossmütter. Sie hatten mit anderen Schwierigkeiten zu kämpfen.

Bleiben wir bei den Unterschieden zwischen diesen drei Frauengenerationen: Heute verwitwen wir in der Regel später, wir verwitwen gebildeter und folglich meistens ökonomisch unabhängiger, wir sind informierter und meist auch gesünder. Ist das nicht ein Beweis dafür, dass die guten alten Zeiten gar nicht so gut waren?
Auf jeden Fall! Als Feministin bin ich zwar geneigt zu betonen, dass es noch viel zu tun gibt. Aber es ist auch vieles erreicht. Die Fortschritte in Sachen Selbstbe-

stimmung sind enorm. Worauf wir aber ein Auge werfen müssen, ist die Schere zwischen Arm und Reich, die sich nach der Pensionierung auftut. Es sind nicht in erster Linie die Witwen, die arm dran sind, sondern die ledigen alten Frauen.

Da gibt es noch einiges zu tun, wie Sie sagen. Nun, wir sind nicht nur Witwen, sondern auch Mütter und Grossmütter. Was sollte für die nächste weibliche Generation noch besser werden, sollten ihre Partner vor ihnen sterben?
Erstmal ist das Scheidungsrisiko heute um vieles grösser als das Verwitwungsrisiko. Die Generation unserer Töchter ist die erste Generation, die von Jugend an weiss, dass sie sehr alt werden wird. Das ist ein wichtiger Punkt, der sich von unserer Lebenssicht unterscheidet. Ein zweiter: Diese Generation hatte die bisher besten Bildungschancen. Die Durchlässigkeit im Bildungssystem ist enorm und die meisten Frauen haben heute solide Berufsausbildungen. Das ist toll. Es scheint aber unsicher, ob sie auch alle Arbeit finden werden. Das ist unsicherer als zu unserer Zeit. Es wird weniger Arbeit geben und die Arbeitswelt wird sich stark wandeln. Ich höre von vielen Jungen, dass sie nicht daran glauben, dass auch sie noch in den Genuss einer Altersrente kommen werden. Ich persönlich teile diesen Pessimismus nicht. Unser Sozialsystem ist gut aufgestellt. Die Entsolidarisierungstendenzen in unserer Gesellschaft sind nicht mehrheitsfähig. Das heisst, dass sich der Ruf nach Privatisierung der Alterssicherung hoffentlich nicht durchsetzen wird.

Werden wir von unseren Kindern noch unterstützt werden, wenn wir sehr alt und gebrechlich geworden sind?

Rein geografisch gesehen werden wir nicht mehr so viel Nähe haben. Wir werden gelernt haben zu skypen. Unsere Töchter werden uns nicht pflegen können und wohl auch nicht wollen. Sie werden ihre Kinder noch später bekommen als wir und beruflich sehr eingespannt sein. Das waren wir ja auch bereits für unsere alten Eltern. Aber vielleicht lebten wir näher bei ihnen. Wir müssen uns also ernsthaft überlegen, wie wir uns für das hohe Alter vorsehen.

Vorausschauen und planen ist wichtig. Nicht nur für Witwen, aber immer wieder auf eine besondere Weise auch für Witwen. Sie haben genau das am vergangenen Silvester auf eine unvergleichliche Art getan.

Ich war eingeladen und wusste, dass alle Eingeladenen zu zweit kommen würden. Ich würde die einzige Single sein, die ungerade Zahl in der Runde. Ich überlegte mir, wie es für mich sein würde, wenn es Mitternacht schlägt und alle Paare sich umarmen und küssen und ich dann allein mit dem Champagnerglas in der Runde stehe. Kein einfacher Moment für eine Alleinstehende, im wahrsten Sinn des Wortes. So beschloss ich im Voraus, dass ich meine eigene Hand küssen und mir alles Gute wünschen würde. Das habe ich dann auch wirklich getan, und es war schön. Danach küssten mich natürlich auch all die anderen. Aber ich war meine erste Küsserin.

.....

Heidi Witzig lacht laut auf bei ihrer Kussgeschichte, einer wunderbaren Lektion zur Selbsthilfe. Andere Alleinstehende wären vielleicht erst gar nicht zum Fest gegangen, um dem schwierigen Mitternachtsmoment zu entgehen. Nicht so die muntere Historikerin und «GrossmütterRevolutionärin». Sie hat in ihrem Leben alle Zivilstände durchlebt: ledig, verheiratet mit dem ersten Mann, geschieden, 25 Jahre Konkubinat mit dem zweiten Mann, ein Jahr verheiratet und seit 15 Jahren verwitwet. Nun ist sie frisch verliebt. Gleich nach diesem Gespräch wird sie nach Irland reisen zu ihm, einem Mann, der schon als Jugendlicher um sie warb, damals aber abblitzte. Kürzlich, 60 Jahre später, hat es aber gefunkt. Alles zu seiner Zeit!

«Den Witwen geht es finanziell oft gut in unserem Land»

RENATE SALZGEBER ist teilpensioniert. Sie ist 63 Jahre alt, Dozentin für Soziale Arbeit an der Fachhochschule Bern, verheiratet und Mutter von zwei erwachsenen Kindern, die beide ihr Studium abgeschlossen haben. Sie wohnt in einer Alternatividylle im Grünen am Rande eines Vorortes der Stadt Zürich. Wir sitzen an einem grossen Tisch im modern eingerichteten Holzbau mit Blick in den herbstlichen Garten. Da baggern zwei Männer einen Graben in den Rasen. In der Siedlung wird das Heizungssystem umgebaut. Das macht Lärm und Dreck, stört unser Gespräch aber nicht.

.....

Was interessiert Sie an Geschlecht und Geld?
Geschlecht und Geld sind für mich nur sekundär. Mich interessiert grundsätzlich die Rolle der Frau in der Gesellschaft. Das hat mich schon immer interessiert.

Sind Sie eine Feministin?
Ja, ich bin eine Feministin im alten Sinn. Ich komme aus einer einfachen Familie, in der die Rolle der Frau nie zur Debatte stand, und das obwohl mein Vater der einzige Mann in der Familie war. Ich war die Älteste in einem Drei-Mädchen-Haus. Erst in der Mittelschule

wurde die Frauenfrage für mich aktuell. Und sie liess mich nicht mehr los, auch im Studium nicht.

Ein Studium für ein Mädchen aus einfachen Verhältnissen, Ende der Siebzigerjahre. Wie war das für Ihre Familie?
Sie wollten das nicht. Sie haben es bekämpft, und das hat mich natürlich noch mehr auf das Thema gestossen. «Warum muss ich kämpfen? Wieso ist das Leben für Mädchen so anders als für Jungen? Was muss da geändert werden?» Ich habe dann Ökonomie studiert, Volkswirtschaft. Schnell kam da natürlich die ökonomische Unabhängigkeit der Frau auf, ein Grundthema, das mich bis heute beschäftigt.

Ein Dreh- und Angelpunkt in vielem, was Frauen angeht...
Nach dem Studium war ich an etlichen Arbeitsmarktstudien beteiligt. Dabei stiess ich auch bald auf die Lohnungleichheit. So rutschte ich immer mehr in den Sozialbereich, in die Sozialforschung und Sozialpolitik und dann, als ich im Sozialdepartement der Stadt Zürich arbeitete, begann mich das Thema Armut zu beschäftigen.

Sie waren Sozialhilfeexpertin?
Ja, ich habe in Zürich die Sozialstatistik mitentwickelt. Später dann, als ich Dozentin wurde, war dies das Zentrum meiner Forschung und Lehre: soziale Sicherheit im weitesten Sinne, Sozialpolitik und Sozialhilfe im Speziellen.

Sie sind verheiratet. Was haben Sie selber für Ihre soziale Sicherheit getan?
Ich war immer erwerbstätig. Das war für mich eine Voraussetzung dafür, dass wir Kinder haben konnten. Wir haben uns die Aufgaben geteilt. Ich weiss, dass ich privilegiert bin.

Was ist ihre Reaktion auf das Thema unseres Gesprächs: «Witwen in der Armutsfalle»?
Wieso Armutsfalle?

Sie schütteln den Kopf.
Ich verstehe nicht, wie Sie darauf kommen. Nur vom Zivilstand her abgeleitet, stecken Witwen im Allgemeinen nicht in der Armutsfalle. Den Witwen geht es oft gut in unserem Land. Das meine ich natürlich rein finanziell. Sie sind – im Vergleich zu anderen Frauen – gut gestellt.

Erklären Sie das bitte!
Wenn eine Frau sich scheiden lässt, haben die Leute schnell das Gefühl, die Frau sei selber schuld. Wenn eine Frau ledig ist, denken sich viele auch ihren Teil. Das ist zwar besser geworden, aber die Vorurteile sind noch nicht verschwunden. Doch eine Witwe kann nichts dafür, dass sie eine alleinstehende Frau ist. Ihr Status ist gesellschaftlich gesicherter.

Ein Schutzbonus, Vater Staat schützt die arme Hinterbliebene?
Ja, genau. Das patriarchalisch aufgebaute soziale Sicherungssystem hat immer dafür gesorgt, dass es den Wit-

wen nicht so schlecht geht. Wenn eine Frau es verdient hat, abgesichert zu werden, dann die Witwe. Das galt jedenfalls beim Aufbau des sozialen Sicherungssystems im 20. Jahrhundert. In den letzten 20 Jahren hat sich das leicht verändert.

Nun geht es uns in diesem Buch ja nicht nur um zivilstandsbezogene Witwen, sondern allgemeiner um Frauen, die ihren Liebsten oder auch ihre Liebste verloren haben. Wie ist es, wenn eine Frau mit ihrem Partner oder ihrer Partnerin im Konkubinat gelebt hat?
Dann ist es anders, weil das Konkubinat im sozialen Sicherungssystem lange nicht vorkam und auch heute einer Ehe noch nicht in allen Bereichen gleichgestellt ist. Zum Beispiel erhalten Konkubinatspartnerinnen oder -partner vom Staat keine Witwenrenten. Möglicherweise erhalten sie eine Hinterlassenenrente aus der Pensionskasse, das hängt vom Reglement ab. Diese Frauen sind wirtschaftlich gesehen viel weniger abgesichert. Abhängig vom Zivilstand gibt es also Unterschiede, doch es gibt andere Themen, die mir wichtiger scheinen als der Zivilstand an sich.

Was sind das denn für Themen?
Wie alt sind die Frauen beim Tod ihres Mannes? Sind oder waren sie berufstätig? Haben sie minderjährige Kinder? Das sind die wichtigsten Faktoren. Wenn Sie etwa von einer verwitweten Frau reden, die 35 Jahre alt ist, zwei kleine Kinder hat und die letzten sieben Jahre ausschliesslich Hausfrau und Mutter war, dann hat sie ein Problem. Sie hat ein zusätzliches Problem, wenn sie

im Konkubinat lebte, aber sie hat oft auch ein Problem, wenn sie verheiratet war. Die wirtschaftliche Situation ist also vor allem von den drei Faktoren Alter, Betreuung von minderjährigen Kindern und Erwerbstätigkeit abhängig. Und dann noch vom Zivilstand.

Heisst das, der Staat geht beim Schutzgedanken immer von alten Witwen aus?
So ist es, oder zumindest von älteren Witwen. Die Höhe der Rente – sowohl von der AHV wie von einer Pensionskasse – wird durch die Beitragsdauer und durch die Höhe des durchschnittlichen Einkommens des Partners bestimmt.

So als würden nur alte Männer sterben?
Ich habe das vielleicht etwas pauschal gesagt. Man hat schon mitgedacht, dass Männer auch während der Erwerbsjahre sterben könnten. So gibt es die Regel, dass die Witwenrente aus der AHV höher ausfällt, wenn der verstorbene Partner noch nicht 45 Jahre alt war. Auch Pensionskassen zahlen je nach Situation Witwenrenten aus.

Was für Situationen sind das?
Sowohl die AHV als auch die Pensionskassen zahlen eine Witwenrente, wenn die Frau zum Todeszeitpunkt noch minderjährige Kinder betreut oder wenn sie älter als 45 Jahre ist und mindestens fünf Jahre verheiratet war. Einige Pensionskassen sind auch etwas grosszügiger. Je länger ein Mann gearbeitet hat, je länger er in die Pensionskasse einbezahlt hat, je besser er verdient hat, desto höher ist die Witwenrente.

Heisst das, die Abhängigkeit vom männlichen Einkommen ist enorm? Und wenn der Mann jung stirbt und sein Pensionskassenkapital mager ist, hat man einfach Pech gehabt?
Ja, ganz klar. Vor allem dann, wenn die Frau die eigene Erwerbstätigkeit reduziert oder aufgegeben hat, zum Beispiel wegen der Kinder. Bei einem Konkubinat ist die Situation vielleicht noch schwieriger. Von der AHV bekommt die Frau nämlich gar keine Witwenrente. Wenn man die Lebenspartnerin bei der Pensionskasse eingetragen hat und das Konkubinat mindestens fünf Jahre gedauert hat, zahlen die meisten Pensionskassen eine Witwenrente. Es ist daher ganz wichtig, dass Konkubinatspaare das wissen und den Partner oder die Partnerin registrieren lassen. Sonst ist man arm dran.

Man sollte also wissen, dass man der Pensionskasse mitteilen muss, wenn man schon länger mit jemandem zusammen ist und die gleiche Adresse hat. Was ist mit einem Liebespaar ohne Papiere?
Wenn das Paar nicht zusammenlebte und sich nicht registrieren liess, hat die Witwe Anrecht auf gar nichts.

Auch dann nicht, wenn zum Beispiel in einer Patientenverfügung festgehalten wird, dass XY die Lebens- und Liebespartnerin ist?
Nein. Man muss die Beziehung anmelden und eintragen lassen, das ist ganz wichtig. Leider wissen das nicht alle oder wollen es nicht wissen. Wer denkt schon gerne an den möglichen Tod, wenn beide jung und verliebt sind?

Wir müssten also jetzt bereits über Präventionsmassnahmen reden?
Ja. Es gibt natürlich Ratgeber zu dem Thema, aber die meisten Menschen lesen diese Bücher nicht. Zur Prävention ist zu sagen: Care-Arbeit ohne oder bei nur geringer Erwerbstätigkeit ist eine grosse Armutsfalle. Die Rolle des Familienmodells ist hier ganz wichtig.

Sehen Sie, jetzt sind wir doch bei der Armutsfalle!
Ja, es gibt solche Fälle. Aber das liegt nicht nur am Zivilstand, sondern am gelebten Familienmodell und am Aufbau unseres Rentensystems. Die Renten sind extrem abhängig von der eigenen Erwerbstätigkeit, und das sowohl beim Mann wie bei der Frau. Hätten wir ein universalistischeres Rentensystem für die gesamte Alters- und Hinterlassenenabsicherung, wäre das ganz anders. Ein Beispiel wäre, wenn das AHV-System die ganze Rente sichern würde, sowohl im Alter wie im Falle einer Verwitwung. Das ist ein universalistisches System. Da gibt es eine Minimalrente und eine Maximalrente. Die Minimalrente bekommt man immer, egal wie lange man einbezahlt hat.

In was für einer Situation könnte eine verwitwete Frau sich befinden, in der der gesellschaftliche Schutz nicht greift und sie verarmt? Können Sie uns ein Beispiel nennen?
Das ist grundsätzlich dann der Fall, wenn sie keine Ausbildung hat, wenn sie vor dem Tod des Partners länger nicht gearbeitet hat oder nur zu einem sehr tiefen Lohn oder in einem kleinen Pensum. Und wenn sie einen Mann hatte, der zum Beispiel am Schluss seines

Lebens arbeitslos war oder der erst kurze Zeit gearbeitet hatte, einen Mann, der auch keine Ausbildung hatte oder ebenfalls wenig verdiente oder der noch jung war. Am schlimmsten ist natürlich, wenn all diese Faktoren zusammenkommen. So eine Frau ist nach dem Tod ihres Ehepartners arm dran. Natürlich sind die beiden auch zu Lebzeiten schon armutsgefährdet. Sie haben wahrscheinlich kein Erspartes und sind also ein armes Paar. Doch bei der Verwitwung wird es erst richtig eng. Klar gibt es dann meistens eine Witwenrente aus der AHV, aber die wird sehr niedrig sein und der Betrag aus der Pensionskasse wird auch sehr mager ausfallen. Auch wenn die Verwitwung erst im Rentenalter eintritt, wird es diese Frau schwer haben.

Jetzt nehmen wir einmal an, die beiden haben zwei erwachsene Kinder, die im Gegensatz zu ihren Eltern gut verdienen. Müssen diese Kinder ihre verwitwete Mutter unterstützen?
Nein, das müssen sie meistens nicht. Grundsätzlich gibt es zwar eine Verwandtenunterstützung, aber die wird selten eingefordert. Ist die Frau noch nicht pensioniert und hat sie zu wenig Geld, kann sie Sozialhilfe beantragen. Die Sozialberatung wird sie unterstützen und ihr helfen, einen Job zu finden. Erwachsene Kinder müssen gemäss Bundesgericht die Mutter nur dann unterstützen, wenn sie sehr wohlhabend sind. Es ist nicht klar geregelt, was das heisst. Erst ab einem Einkommen von rund 200 000 Franken (und wenn das erwachsene Kind verheiratet ist) wird dies möglicherweise näher geprüft. Aber das ist in jedem Kanton anders. Wenn die Mutter beim Tod ihres Mannes schon im Rentenalter ist, hat

sie, wenn sie sehr wenig Geld besitzt, Anspruch auf Ergänzungsleistungen. Zusammen mit den Renten aus der AHV und vielleicht aus der Pensionskasse ist der Lebensunterhalt damit gedeckt. Wenn die Mutter in ein Pflegeheim kommt und diese Mittel dann doch nicht ausreichen, müssen die Krankenkasse und der Kanton oder die Gemeinde die restliche Finanzierung übernehmen. Die Kinder werden nur dann zu Zahlungen verpflichtet, wenn ihnen die Mutter vorher Geld oder sogar ein Haus geschenkt hat. Dann bekommt die Mutter nämlich nur gekürzte Ergänzungsleistungen, und die Differenz müssen die erwachsenen Kinder zahlen.

Ich möchte noch einmal betonen, dass wir auch an die jungen Witwen denken müssen.

Tatsächlich: Wenn wir nur die finanzielle Situation von Witwen anschauen, müssen wir nach Alter unterscheiden. Wir haben 2017 einen Kennzahlenbericht zur Sozialhilfe verfasst mit dem Schwerpunkt «Haushaltsformen». Das heisst, wir haben untersucht, welche Haushaltstypen – von alleinlebenden Einzelpersonen bis Familien mit vielen Kindern – ein hohes Risiko haben, von der Sozialhilfe abhängig zu werden. In diesem Zusammenhang ist uns aufgefallen, dass jüngere Witwen im Vergleich mit anderen verwitweten Frauen überproportional häufig auf Sozialhilfe angewiesen sind. Am schwierigsten ist die Phase, in der die Frauen kleine Kinder haben und leider immer noch oft aufhören zu arbeiten oder ihr Arbeitspensum auf ein Minimum reduzieren. Gleichzeitig ist ihr Mann auch noch jung und hat noch kein grosses Pensionskassenkapital erwirtschaften können. Wenn er stirbt, bleibt neben einer relativ kleinen Witwenrente aus der AHV und vielleicht aus der Pensionskasse oft nur noch der Weg zur Sozialhilfe, um den Lebensunterhalt zu decken.

Mal allgemeiner gefragt: Welche Gruppe von Frauen ist am häufigsten von der Sozialhilfe abhängig?
Das sind ganz klar die ledigen oder geschiedenen alleinerziehenden Mütter. Das ist eklatant. Zum Beispiel in der Stadt Biel sind 40 Prozent aller Alleinerziehenden in der Sozialhilfe. 40 Prozent! Stellen Sie sich vor, wie viele Kinder von dieser Ressourcenknappheit betroffen sind. Wenn wir also von Armutsbetroffenen reden, kommt mir diese Gruppe zuerst in den Sinn, lange vor den Verwitweten. Doch wie gesagt: Die jung verwitweten Frauen haben ebenfalls ein erhöhtes Sozialhilferisiko. Das sind – zum Glück – aber nicht so viele. Zum Teil ist der Sozialhilfebezug für diese Frauen allerdings sehr belastend. Sie werden rasch mit Forderungen konfrontiert und müssen etwa in eine billigere Wohnung ziehen, einen Job suchen und so weiter. Nach dem Verlust des Partners und der so abrupt veränderten Lebensperspektive ist es für sie und auch für die Kinder oft schwierig, gleich noch mehr in ihrem Leben ändern zu müssen.

Das kann ich gut nachvollziehen. Die Kinder, die gerade ihren Vater verloren haben, sollten zumindest in der gleichen Schule und in ihrer gewohnten Umgebung bleiben dürfen. Die Mutter sollte in ihrer Nähe bleiben können und nicht arbeiten gehen müssen, wenn sie das vor dem Tod ihres Mannes auch nicht getan hat.

Aus diesem Grund melden sich viele Betroffene erst gar nicht bei der Sozialhilfe an. In dieser Situation kann man tatsächlich von einer Armutsfalle reden. Eine verwitwete Mutter meldet sich nicht bei der Sozialhilfe, weil sie deren Druck fürchtet.

Das Risiko, als Frau im Laufe des Lebens alleine dazustehen, ist gross. Habe ich Sie richtig verstanden: Die wichtigsten Präventionsmassnahmen gegen die Armut sind eine gute Ausbildung und die fortlaufende Nähe zum Arbeitsmarkt?
So ist es. Aber ich weiss natürlich auch, wie schwierig die Vereinbarkeit von Arbeit und Familie immer noch ist. Das ist eine Belastung, die man am ehesten durchhält, wenn man einen wirklich interessanten Job hat. Sonst ist die Versuchung gross, doch lieber zu Hause bei den Kindern zu bleiben, wenn es finanziell drin liegt – vor allem, wenn Haushalt und Kinderbetreuung hauptsächlich bei der Frau liegen.

Was könnten die Männer zu einer besseren Absicherung beitragen?
Auch sie müssen sich um ein anderes Familienmodell bemühen. Sie sollten einen substanziellen Teil der Hausarbeit und der Kinderbetreuung übernehmen. Dazu müssten sie ihr Arbeitspensum etwas reduzieren. Das gehört natürlich auch zur Prävention.

Alter, Geschlecht und Geld. Da ist vieles in Schieflage. Das haben Sie mit einem wissenschaftlichen Team im Forschungsbericht 12/16 *Beiträge zur sozialen Sicherheit* unter dem Titel *Geschlechts-*

***spezifische Unterschiede bei den Altersrenten* in Erfahrung gebracht. Darin ist zu lesen, dass jede zweite Rentnerin in der Schweiz ohne Pensionskasse ist. Es klafft also eine riesige Lücke zwischen den Geschlechtern – oder ist es sogar schon ein breiter Graben?**
Ich würde trotz allem doch eher von einer Lücke reden. In den letzten Jahren gab es viele Fortschritte, zum Beispiel das Splitting in der AHV und die Erziehungsgutschriften oder auch der Pensionskassenausgleich bei Scheidungen, der seit dem Jahr 2000 zur Pflicht wurde. All das hat viel dazu beigetragen, dass der Graben zur Lücke geschrumpft ist.

Der Reihe nach: Beginnen wir mit dem Splitting und den Erziehungsgutschriften bei der AHV.
Das Splitting bei der AHV bedeutet, kurz gesagt, dass das Lohneinkommen, das während der Ehe erzielt wurde, gleichmässig auf beide Partner verteilt wird, unabhängig davon, wer es erzielt hat. Und dieses Einkommen ist dann massgebend für die Höhe der AHV-Rente, die die Eheleute je separat ausbezahlt erhalten. Eine Frau, die weniger gearbeitet hat als ihr Mann, bekommt also die gleiche Rente. Das ist natürlich ein grosser Fortschritt zugunsten vieler Frauen, die ein Leben lang dem Mann den Rücken freigehalten haben, damit er seiner Arbeit nachgehen konnte.

Erziehungsgutschriften sind Zuschläge auf das erwirtschaftete Einkommen. Das Einkommen wird also für jedes Jahr, in dem sich Kinder unter 16 Jahren im Haushalt befanden, erhöht. Bei Verheirateten wird das auf beide Eheleute aufgeteilt. Sie bekommen also eine höhere Rente, als es ihrem tatsächlichen Einkommen entsprochen hätte. Dies ist ein gewisser Ausgleich dafür, dass Ehepaare ihr Arbeitspensum aufgrund der Kinderbetreuung reduzieren mussten.

Und was hat es mit der Neuerung in der Pensionskasse auf sich?

Die Pensionskasse, also die berufliche Vorsorge, ist ein persönlich angehäuftes Sparvermögen. Es gehört der Person, die das Geld einbezahlt hat. Wenn der Mann arbeitet und die Frau nicht oder nur sehr wenig, hat nur der Mann eine Pensionskasse und bekommt im Alter eine Rente – die Frau hat hingegen keine Rente aus der Pensionskasse. Solange die Eheleute verheiratet bleiben, ist das nicht so erheblich – sie verfügen dann gemeinsam über die Rente aus der Pensionskasse. Aber wenn sich diese Eheleute scheiden lassen, war es früher so, dass die Frau nichts von dieser Rente hatte. Heute ist das anders: Wenn es zu einer Scheidung kommt, hat die Frau einen Anspruch auf die Hälfte des Geldes, das während der Ehezeit vom Mann in die Pensionskasse einbezahlt worden ist. Dieser Vorsorgeausgleich war ein grosser Schritt in Richtung sozialer Gerechtigkeit zwischen den Geschlechtern.

Reden Sie darum von einer Lücke und nicht von einem Graben?

Ja, wir reden in der Wissenschaft vom sogenannten Gender Pension Gap oder GPG. Der geschlechtsspezifische Rentenunterschied beträgt in der Schweiz 37 Prozent. Mit anderen Worten: Die Frauen haben durchschnittlich 37 Prozent weniger Rente als die Männer. Der grösste

Anteil dieses Unterschiedes betrifft die Verheirateten. Aber da müssen wir natürlich schon sehen: Wenn eine Frau verheiratet ist und die Pensionskasse auf ihren Mann lautet und in die gemeinsame Haushaltskasse fliesst, haben beide etwas davon. Also wird der GPG etwas überzeichnet. Wenn wir die Verheirateten nicht einbeziehen, liegt der GPG noch bei 21 Prozent und somit deutlich tiefer. Auch das ist nicht unerheblich, aber eben doch eher eine Lücke als ein Graben.

.....

Mir beginnt der Kopf zu rauchen ob all den Details, die es zu bedenken gibt. Vielleicht hilft ein Zuckerstoss, um konzentriert zu bleiben. Renate Salzgeber hat ein paar Schokoladewaffeln bereitgestellt. Ich bediene mich und trinke einen grossen Schluck Wasser. Draussen baggern die Männer weiter, obwohl es schon etwas dämmert. Drinnen lasse ich mir von der Expertin zeigen, wie es um die GPG-Zahlen in den anderen deutschsprachigen Ländern Europas steht. Ich erfahre, dass Österreich etwas besser dasteht. In Deutschland hingegen ist der Gender Pension Gap deutlich höher als in der Schweiz.

.....

Ich habe die Verhältnisse in unseren deutschsprachigen Nachbarländern nicht im Detail studiert. Was man aber sicher sagen kann: Je universalistischer ein Rentensystem ist, also je weniger es vom persönlichen Verdienst abhängig ist, desto kleiner ist der GPG. Eine Art Grundrente verkleinert also den Unterschied.

Das wirft komplexe arbeitspolitische Gesellschaftsfragen auf. Verstehe ich Sie richtig, dass diese GPG-Zahlen im Prinzip noch nicht viel über die Armutsbetroffenheit von Frauen aussagen?
Ja, man muss aufpassen, wenn man den GPG mit Armut gleichsetzt. Das hängt nämlich vom Niveau der Rente, also von der Kaufkraft der Rente ab. Dazu gibt der GPG keine Auskunft. In Estland ist er beispielsweise sehr tief. Man ist versucht, zu denken, dass die Renten egalitär sind und somit alles wunderbar ist. Allerdings sind sie so niedrig, dass man nicht davon leben kann. Es sind im Alter also alle arm dran, Frauen wie Männer.

Zurück nach Mitteleuropa: Hier hat sich in den Frauenleben viel getan. Immer mehr Frauen sind gut ausgebildet, immer mehr Frauen bleiben im Arbeitsmarkt, auch wenn sie Mütter werden. Ist der GPG ein verschwindendes Problem?
Es ist ein kleiner werdendes Problem, ja. Grundsätzlich glaube ich, dass es zusehends besser wird. Aber vergessen wir nicht die immer noch eklatante Lohnungleichheit zwischen Männern und Frauen. Das Erwerbseinkommen ist, wie wir nun schon ein paar Mal erwähnt haben, rentenbildend. Das ist noch eine Grossbaustelle! Wichtig sind auch flexible Kitas, die sich den Arbeitszeiten der Mütter und Väter anpassen können. Nicht alle haben einen Nine-to-five-Job. Auch Tagesschulen muss es noch mehr geben. Es gibt einiges zu tun. Aber wir sind auf dem Weg!

Was wird auf diesem Weg manchmal vergessen?
Dass eine feste Beziehung keine Absicherung ist. Jeder

und jede muss wissen, dass er oder sie für sich selbst verantwortlich ist. Wir wissen ja, wie viele Beziehungen in die Brüche gehen, bevor der Tod sie scheidet. Man muss sich selber wappnen. Diesbezüglich gibt es einen Backlash bei den Jugendlichen. Viele fallen in alte Rollenbilder zurück und sichern sich nicht genügend ab. Das finde ich schade.

Kehren wir nochmals zurück zu Witwen im letzten Lebensdrittel. Was wissen Sie über den Unterschied zwischen verwitweten Frauen ohne Kinder und verwitweten Müttern?
Ich will mich nicht auf die Äste rauslassen, aber verwitwete Frauen ohne Kinder, die sich heute in ihrem letzten Lebensdrittel befinden, waren in der Regel erwerbstätig. Sie sind mit grosser Wahrscheinlichkeit bessergestellt als früher, zumindest finanziell. Kinder können in dieser Lebenssituation natürlich eine andere Ressource sein. Meine Mutter zum Beispiel ist jetzt 90 Jahre alt und frisch verwitwet. Sie hat ein Leben lang Care-Arbeit geleistet und war kaum erwerbstätig, nämlich erst, nachdem wir drei Töchter ausgeflogen waren. Der Vater hat nie sehr viel verdient. Nach seinem Tod hat sie nun ein minimales Einkommen. Sie bekommt ja nur einen Teil der Pensionskasse des Vaters, und die war schon vorher nicht so hoch. Also wird es knapp für sie.

Schön blöd – sie hat drei Kinder grossgezogen, vermutlich ihre alten Eltern gepflegt und nun viele Jahre lang ihren kranken Mann unterstützt. Am Schluss bekommt sie die Rechnung präsentiert.

Ja, doch da helfen nun die Ergänzungsleistungen. So ist sie trotz allem finanziell abgesichert.

Viele beanspruchen diese Leistungen gar nicht, obwohl sie Anrecht darauf hätten. Warum?
Für mich als Wissenschaftlerin ist es immer etwas schwierig, wenn man mit Beispielen kommt.

Für mich als Journalistin sind Beispiele wunderbar, weil sie vieles auf einfache Art klarmachen.
Wenn ich meine Mutter und andere Frauen ihres Alters anschaue, dann sehe ich: Sie wissen das nicht. Sie haben keine Ahnung vom System. Zum Glück gibt es die Pro Senectute. Die machen hervorragende Arbeit. Aber wenn die betroffenen Frauen sich dort nicht melden und informieren, bleiben sie aussen vor. Diese Frauen haben zum grossen Teil noch nie einen Computer bedient. Sie wissen zu wenig, wie man zu den Informationen kommt. Das wird sich bald ändern, sehr bald.

Reden wir von der Witwenrente, die eine Frau erhält, wenn der Mann vor dem AHV-Alter stirbt. Was kann die ausbügeln?
Eine Witwenrente kann schon helfen, finanziell über die Runden zu kommen.

Ist sie genügend hoch?
Die Witwenrente beträgt 80 Prozent der Altersrente. Ob das reicht, kann man nicht pauschal sagen, weil die Höhe der Witwenrente abhängig davon ist, wie viel vorher einbezahlt worden ist. Wie erwähnt, gibt es einen Zuschlag, wenn der Verstorbene noch nicht 45 Jahre alt war.

Was können verheiratete Männer tun, um ihre Frauen vor grossen finanziellen Einbussen zu schützen, sollte ihnen etwas zustossen? Ich weiss, Sie gehen von der ökonomischen Autonomie aller Erwachsenen aus. Aber wenn wir jetzt auf Paare blicken, die sich für eine traditionelle Rollenteilung entschieden haben, was müssen Männer da bedenken?
Das hängt von der Situation ab. Es gibt zum Beispiel Lebensversicherungen, die das Risiko, früh zu sterben, für die Überlebenden etwas abdecken. Der Mann kann auch schauen, dass er testamentarisch nur seine Familie begünstigt. Viel kann er aber nicht tun.

Und wie können Konkubinatspartner vorsorgen?
Sie können ein Testament machen und ihre Konkubinatspartnerin einsetzen. Sonst erben die Familienangehörige und die Partnerin erhält nichts. Ausserdem kann man, wie gesagt, die Konkubinatspartnerin bei der Pensionskasse eintragen lassen, damit sie allenfalls eine Rente kriegt. Von der AHV gibt es für Konkubinen keine Witwenrente.

Was ist zu bedenken, wenn man einfach als Liebespaar lebt?
Auch Liebespaare müssen für klare Erbverhältnisse sorgen. Sie müssen sich mit der Situation auseinandersetzen – auch wenn das vielleicht schwierig ist. Sie müssen unbedingt ein Testament machen und die Liebespartnerin begünstigen. Wenn Kinder da sind, müssen auch diese testamentarisch bedacht werden. Sonst erben die Geschwister des Verstorbenen oder die El-

tern, wenn sie noch am Leben sind. Und vielleicht können sich Liebespaare mit der Zeit doch als Konkubinat verstehen und sich bei der Pensionskasse des anderen anmelden …

Wie ist das bei einer eingetragenen Partnerschaft bei homosexuellen oder lesbischen Paaren?
Die werden gleich behandelt wie Ehepartner. Auch sie müssen sich in einem Testament gegenseitig begünstigen und sich bei der Pensionskasse eintragen lassen.

Da gibt es bestimmt noch Informationslücken, die viele Frauen teuer zu stehen kommen können.
Oh ja! Das muss Frau und Mann wissen.

Es gibt aus bekannten Gründen sehr viel mehr Witwen als Witwer. Mir scheint, dass dieser Zivilstand immer noch im Schattenbereich unserer Gesellschaft liegt oder mit Stereotypen behaftet ist: alte trauernde Frauen, die ihr Restleben verwalten und die, wie Sie gesagt haben, besonders geschützt werden müssen. Was ist zu tun, damit Witwen in ein anderes Licht kommen?
Das ist schwierig zu sagen. Ich habe mich immer mit der Frage beschäftigt, was zu tun sei, damit andere alleinstehende Frauen den Verwitweten gleichgestellt werden. Grundsätzlich bin ich fest davon überzeugt, dass wir uns, wenn es um soziale Sicherheit geht, an den weiblichen Lebenssituationen orientieren müssen und nicht so sehr am Zivilstand. Das brächte mit sich, dass auch der Witwenstatus differenzierter wahrgenommen würde.

Welche politischen Forderungen haben Sie?

1. Gleiche Ausbildungschancen für Mädchen und Jungen;
2. Lohngleichheit;
3. anspruchsvolle Teilzeitstellen für Frauen und Männer;
4. Wiedereinstiegsmöglichkeiten ins Erwerbsleben auch jenseits einer Altersgrenze von 45 Jahren – unabhängig davon, ob die Person arbeitslos geworden ist oder aufgrund der Familiensituation eine Zeitlang nicht erwerbstätig war.

Das wäre alles sehr wirkungsvoll für die soziale Absicherung in schwierigen Lebenssituationen von allen Einwohnerinnen und Einwohnern der Schweiz – sowohl für Frauen wie für Männer. Das ist mir sehr wichtig. Und dann liegt mir auch das Image der alleinstehenden Frau am Herzen, und zwar ganz generell, ob ledig, geschieden oder verwitwet. Denn dieses unterscheidet sich schon erheblich vom Image des alleinstehenden Mannes. Der alleinstehenden Frau scheint etwas zu fehlen. Der alleinstehende Mann hingegen hat einen interessanten Nimbus. Wie ungerecht!

.....

Es dunkelt ein. Draussen im Garten kehrt Ruhe ein, die Arbeiter haben Feierabend. Renate Salzgeber lädt in ihre geräumige Wohnküche zum Tee ein. Wir kommen auf andere Themen zu sprechen, etwa auf die Tatsache, dass auch gut ausgebildete junge Leute trotz allem Gerede über den Fachkräftemangel nicht leicht in den Arbeitsmarkt finden.

Wie hatten wir doch Glück in den Siebzigerjahren! Da flutschte man ganz ohne Assessment in interessante Arbeitswelten hinein. Hat sich dieser Vertrauensbonus nicht letztlich auch ausbezahlt? Schliesslich ist ja die Erwerbstätigkeit die beste Vorsorge.

«Rechtliche Klärung klärt auch die Beziehung!»

So ohne Weiteres gelangt man nicht zu ihr. Ich muss mich anmelden und in der Wartezone für Besucher erst mal einen Moment warten. Hier sitzt man weich und wird vom Nachmittagsprogramm des Schweizer Fernsehens berieselt: Ein Pfarrer schaut in einem Bergdorf zum Rechten. Danach sieht es zumindest aus. Genau kann ich es nicht wissen, denn der Film läuft tonlos. Die Bilder vermischen sich mit den Geräuschen im Foyer des Fernsehstudios Leutschenbach. Geschäftiges Kommen und Gehen. Ich warte auf die Juristin des Hauses: **GABRIELA BAUMGARTNER**, 56 Jahre alt, Rechtsexpertin für die Sendungen *Kassensturz* und *Espresso*. Im Wochentakt hat sie da unterschiedlichste Rechtsfragen zu klären: Welche Rechte haben Menschen, die von Inkassobüros und deren Geldeintreibern bedrängt werden? Wie rechtmässig ist ein Ablaufdatum für Geschenkgutscheine? Wie weit dürfen die Arbeitgeber die Daten der Arbeitnehmer kontrollieren? Und was, wenn ein Online-Anbieter sein Produkt nicht liefert, aber die Vorauszahlung schon einkassiert hat?

Der Pfarrer auf dem Bildschirm nimmt seinen Hut und hebt die Hand zum Abschied vom Bauern im

Holzhaus. In dem Moment kommt mir Gabriela Baumgartner eiligen Schrittes entgegen: «Entschuldigen Sie die Verspätung! Wir mussten noch einen Beitrag vertonen, weil der Moderator nachher wegmuss.»

Sie schleust mich durch den digitalen Türwächter und wir suchen uns eine einigermassen ruhige Gesprächsnische im Personalrestaurant.

.....

Gabriela Baumgartner, Sie sind Tag für Tag mit juristischen Fragen konfrontiert. Vielleicht stossen Sie dabei auch auf rechtliche Naivität. Sind Sie manchmal ungehalten, nach dem Motto: «Mensch, das sollte man doch wissen!»?
Nein, eigentlich nicht. Ich kann gut verstehen, dass man sich in der Lebenssituation X nicht für die Lebenssituation Y interessiert. Ich verstehe auch, dass man sich nicht präventiv mit allen Eventualitäten des Lebens auseinandersetzen mag. Was mir allerdings Mühe macht, ist, dass viele Menschen in rechtlichen Fragen so lange selber rumwursteln, bevor sie sich beraten lassen. Bei Gesundheitsproblemen gehen alle deutlich früher zur Expertin oder zum Experten! Dabei gibt es doch so viele niederschwellige und gute Informations- und Beratungsmöglichkeiten. Das Angebot ist so gross wie noch nie!

Das mag sein, aber das Angebot ist nicht allen bekannt. Was empfehlen Sie?
Ich empfehle beispielsweise das Angebot der Frauenzentrale, den *Beobachter* oder den *K-Tipp*. Diese Angebote

kosten etwas. Aber man hat einen hohen Nutzen für wenig Geld. Wer sich beraten lässt, spart Geld und Zeit. Ganz zu schweigen vom Ärger, den man vermeiden kann.

Wir wollen heute vom Tod sprechen, vom traurigen Ende eines geteilten Alltags. Daran mag in Zeiten von Verliebtheit und unbeschwertem Alltag niemand denken. Wie folgenschwer ist das?
Es kann sehr folgenschwer sein.

Inwiefern?
Es kommt sehr auf die Lebensform an. Es macht einen Unterschied, ob ich ledig in einer WG lebe oder verheiratet bin, ob ich das Konkubinat wähle oder Teil einer eingetragenen Partnerschaft bin. Im Todesfall gibt es je nach Lebensform und Zivilstand grosse Unterschiede. Es kann sein, dass dann eine Frau eine grosse Enttäuschung erlebt oder gar in eine Notsituation gerät. Etwas Ähnliches gilt natürlich auch für die Männer.

Sie raten also doch dazu, in der Lebenssituation X an die Situation Y zu denken?
Ja, eigentlich schon. Es ist zum Beispiel sinnvoll, sich bestimmte Fragen zu überlegen, wenn man mit einem Mann zusammenzieht. Das ist eine Grundregel. In gemeinsame vier Wände ziehen heisst: Hirn einschalten!

Aus psychologischer Sicht spielt der Zivilstand keine grosse Rolle: Der Verlust des geliebten Mannes ist immer traurig. Aus rechtlicher Sicht ist das anders. Was gilt für verheiratete Paare, wenn es ums Wohnen geht?

Wenn es sich um eine eigene Wohnung oder ein eigenes Haus handelt, ist die Witwe erbberechtigt. Sie kann das Erbe verwalten. Aber wir sehen immer wieder, dass die finanzielle Situation so ist, dass sie die Liegenschaft nicht alleine tragen kann.

Wann ist das so?
Frauen, die nicht immer gearbeitet haben oder gar nie erwerbstätig waren, haben beispielsweise nur eine kleine Rente. Die Liegenschaft gehörte dem Mann und überlastet die alleinstehende Frau nun finanziell, erst recht, wenn sie ihren Kindern deren Erbteil auszahlen muss. Das überschattet die Trauer zusätzlich, und ich höre dann oft den Satz: «Das ist das Einzige, was ich noch habe, und da fühle ich mich zu Hause!»

Ein doppelter Verlust: der Verlust des geliebten Mannes und der Verlust der eigenen vier Wände. Wie kann sich die Frau zu Lebzeiten des Mannes davor schützen?
Der Mann muss sich überlegen, wie er die Frau absichern kann. Dies kann je nach Situation durch einen Erbvertrag mit den Kindern oder mit einer Versicherung gelingen. Wenn die finanziellen Mittel begrenzt sind, muss man sich überlegen, ob man das Leben wirklich so einrichten möchte, dass im Todesfall noch ein weiterer einschneidender Verlust droht. Das Gleiche gilt natürlich auch für Mietwohnungen.

Wie bitte?
Ja, auch da kann es böse Überraschungen geben. Wenn beispielsweise die Wohnung gross ist, will der Vermie-

ter möglicherweise nicht, dass sie von nur einer Person bewohnt wird, also unternutzt ist. Das kommt bei Wohngenossenschaften ab und zu vor.

Lautet die Konsequenz: Das Überdenken der eigenen Wohnsituation gehört zum präventiven Pflichtprogramm?

Ja. Das Überdenken der Wohnsituation und der Vermögenssituation ist wichtig. Wenn ein Mann merkt, dass seine Frau weder ein grosses Vermögen noch eine ausreichende Rente hat, muss er sich fragen, wie er ihre Situation verbessern kann, sollte er vor ihr sterben. Hilft eine private Versicherung? Welche andere Massnahme ist sinnvoll? Das sind Fragen, die unangenehm sind und mit denen sich in Zeiten der Unbeschwertheit eigentlich niemand befassen mag. Aber der Tod meldet sich nicht immer an, und manche sterben vor der Zeit.

Der Gedanke an die eigene Endlichkeit ist für viele Menschen eine Hürde. Gibt es weitere Hürden?

Es fällt nicht immer leicht, punkto Finanzen genau hinzuschauen. Dadurch wird manchmal nämlich klar, dass man seinen Alltag verändern muss.

Wie sieht die Wohnsituation rechtlich aus für Menschen, die in einer eingetragenen Partnerschaft leben?

Sie sind sowohl wohn- wie auch erbrechtlich den verheirateten Paaren gleichgestellt. Wir wissen aber, dass homosexuelle Paare finanziell gesehen meist besser dastehen als heterosexuelle Paare.

Wieso denn?
Es entfällt das klassische Muster, nach dem die Frau die Kinder grossgezogen, bestenfalls teilzeitlich gearbeitet und dadurch eine schlechtere Rente hat.

Reden wir von den Konkubinatspaaren.
Um Paare, die im Konkubinat leben, steht es schlecht. Sie haben keine gesetzlichen Rechte und vom Gesetz her auch nicht viele Möglichkeiten, sich zu begünstigen. Wenn sie zusammen in einer Wohnung leben, die beiden gehört, stellt sich wiederum die Frage: Könnte die eine Hälfte das Ganze auch alleine tragen?

Aber könnte nicht testamentarisch festgehalten werden: «Meine Lebenspartnerin soll da weiterleben können, das ist mein Wille»?
Ein solches Testament wäre kaum umsetzbar. Zum einen, weil Konkubinatspaare keine gesetzlichen Erben sind, und zum anderen, weil beispielsweise ein Vermieter nicht an ein Testament gebunden ist.

Das muss man wissen. Ich kann mir vorstellen, dass viele davon ausgehen, dass ein Konkubinatsvertrag eine gute Absicherung sei für alle Fälle.
Ein Konkubinatsvertrag ist sehr zu empfehlen. Darin lässt sich das Zusammenleben regeln. Aber ein Konkubinatsvertrag ist keine Absicherung für den Fall, dass der Partner stirbt. Viele wissen das nicht.

Was raten Sie den Konkubinen, wenn es um ihre Wohnsicherheit geht?

In einem ersten Schritt muss man die finanziellen Möglichkeiten beider Seiten genau anschauen. Wenn einer der beiden finanziell nicht in der Lage ist, die Miete oder das Wohneigentum zu tragen, muss man schauen, ob allenfalls mit einer Privatversicherung oder über die berufliche Vorsorge oder eventuell erbrechtlich die nötige Sicherheit erwirkt werden könnte. Aber Achtung: Privatversicherungen können teuer werden! Ich empfehle eigentlich immer, eine Wohnsituation auszusuchen, die im Notfall allein getragen werden kann. Das ist ein Grundsatz von mir. Ich persönlich würde nie in eine Wohnung ziehen, die ich nicht allein bezahlen könnte.

Nebst dem Wohnen sind die Erbansprüche ein wichtiges Rechtsgebiet. Ich nehme an, die Verheirateten haben es hierbei wieder leichter.
Genau, das ist in der Regel unproblematisch: Ehefrauen sind erbberechtigt. Etwas komplizierter wird es, wenn Kinder aus einer früheren Beziehung oder Ehe da sind. Zudem treffe ich häufig ein familiäres Erbmissverständnis an: Viele gehen fälschlicherweise davon aus, dass die Kinder ihr Erbe erst antreten können, wenn ihr anderer Elternteil auch tot ist. Dem ist nicht so. Wenn ein Elternteil stirbt, sind die Kinder sofort auch erbberechtigt. Das ist ein oft folgenschwerer Irrtum, weil das hinterbliebene Elternteil von einem zu grossen Erbe ausgeht. Das kann zu Konflikten und Engpässen führen.

Wenn diese Engpässe absehbar sind, könnte nicht testamentarisch festgelegt werden, dass die

Kinder erst beim Tod des zweiten Elternteils erbberechtigt sind?
Dazu ist ein Erbvertrag nötig. Man muss sich solche Dinge gut und frühzeitig überlegen.

Wie geht man denn bei all diesen Fragen am besten vor?
Die wichtigste Frage ist ebenso persönlich wie einfach: «Was möchte ich eigentlich, wenn ich vor meiner Frau sterben sollte? Was möchte ich für sie?» Und dann überprüft man, ob das bei den vorhandenen Mitteln realistisch ist. Wenn nicht, sollte man sich beraten lassen.

Ich nehme an, das Gleiche gilt für homosexuelle Paare, die ihre Partnerschaft haben eintragen lassen?
Genau, das ist identisch. Auch bei diesen Paaren ist der Erbanspruch geregelt. Das ist ein zivilisatorischer Fortschritt. Schlechter sieht es wiederum für die Paare aus, die im Konkubinat leben. Diese leben zwar zusammen, sind aber gesetzlich gesehen nicht erbberechtigt. Nehmen wir an, der Mann stirbt. Nehmen wir weiter an, er hat kein Testament hinterlassen. Dann bekommen seine Geschwister, wenn er welche hat, oder die Eltern, sofern sie noch leben, alles, was da ist.

Und die Frau geht leer aus.
So ist es. Das muss sie bedenken. Man sieht an diesem Beispiel, dass das Familienrecht der gelebten Realität hinterherhinkt. Deshalb ist es wichtig, dass man sich genaue Gedanken macht und sich beispielsweise Vollmachten für bestimmte Situationen ausstellt. Vorsehung

ist gut, da es in bestimmten Situationen Konflikte geben kann, weil das Konkubinat gesetzlich nicht geregelt ist.

Wie genau kann man sich in dieser konfliktträchtigen Verbindung absichern, wenn man nicht heiraten will?

Wenn man fünf Jahre zusammengelebt hat und das nachweisen kann, gibt es die Möglichkeit der Begünstigung über die berufliche Vorsorgeregelung. Diese Begünstigung muss man der Pensionskasse mitteilen. Viele versäumen es. Es ist keine grosse Sache: das Reglement lesen, den Zusatz verlangen, die Partnerin begünstigen und unterschreiben.

Es gibt viele Paare, die keinerlei vertragliche Absicherung haben. Die sagen sich: «Wir lieben uns und wir brauchen keine schriftliche Bestätigung dieser Emotion.»

Schön! Das kann man natürlich sagen. Es ist eine Entscheidung. Man muss sich dann einfach nicht wundern, wenn man leer ausgeht, sollte der Geliebte sterben. Dann ist man von den Erbinnen und Erben abhängig, die einem grosszügig den schönen Wecker überlassen oder das Buch, das man gerne behalten möchte. Dann ist die Frau plötzlich abhängig von einer Emotion, nämlich von der Grosszügigkeit der Erbberechtigten. Ich bin so ein Beispiel.

Wie bitte, Sie als Juristin?

Ja. Mein Lebenspartner und ich leben nicht zusammen. Er hat Kinder aus erster Ehe. Ohne testamentarische Absicherung müsste ich seine inzwischen erwachsenen

Töchter fragen, ob ich aus dem Haus etwas herausnehmen darf.

Ich kann mir nicht vorstellen, dass ausgerechnet Sie sich nicht abgesichert haben.
Mein Lebenspartner hat ein Testament verfasst. Ich weiss natürlich nicht, was da drin steht. Ich meinerseits habe ihm Vollmachten für meine Konten ausgestellt. Im Moment bin ich dabei, den Vorsorgevertrag zu schreiben und eine Patientenverfügung auszuformulieren. Gesundheit ist ein weiteres sehr wichtiges Rechtsgebiet. Das wird oft vergessen. Dann kann es passieren, dass beispielsweise bei einem Notfall der eine Partner für den anderen keine wichtigen Entscheidungen treffen kann, weil nichts vorliegt. Man muss seine Wünsche schriftlich festhalten und dann durchsetzen, mit Pauken und Trompeten!

Mit Pauken und Trompeten?
Ja. Hässliche, äusserst belastende Szenen in den Spitälern sind nicht selten, weil es einfach nicht klar ist, wer zuständig ist: Die Ehefrau steht am Bett, die Freundin kommt dazu, und beide wollen nur das Beste für den Mann. Aber das Beste ist für beide etwas anderes. Was dann? Solche Situationen sind auch für das Pflegepersonal und die Ärztinnen und Ärzte sehr schwierig.

Gerade am Lebensende wiegen ja Versäumnisse besonders schwer. Unwiederbringlichkeiten können den Trauerprozess nachhaltig behindern. Bleiben wir bei den Gesundheitsrechten. Gibt es da bei den verheirateten Paaren keine Rechtsunsicherheiten?

Nein, denn das Erwachsenenschutzrecht sieht vor, dass die nächsten Angehörigen entscheidungsbefugt sind, wenn der Patient nichts anderes hinterlegt hat. Das ist in erster Linie die Ehepartnerin, der Ehepartner. In zweiter Linie sind es die Kinder. Die Regelungen sind klar.

Gibt es also so etwas wie eine Entscheidungshierarchie?
Ja, genau. Bei einem verheirateten Mann, der im Koma liegt, hat die Frau die Befugnis und die Last zu entscheiden, wie es weitergehen soll. Das Gleiche gilt für Paare mit einer registrierten Partnerschaft.

Stehen die Konkubinatspartnerinnen vergleichsweise wieder auf wackligen Füssen, wenn es um medizinische Entscheide geht?
Nein. Paare, die zusammenleben und einander Beistand leisten, sind nach dem neuen Erwachsenenschutzrecht entscheidungsbefugt. Das gilt aber nicht für Menschen, die in einer Wohngemeinschaft leben. Deshalb verlangt das Gesetz, dass ein Paar sich «Beistand leisten» muss, damit es entscheidungsbefugt ist. Schwierig wird es, wenn der Mann noch mit seiner Ehefrau zusammenlebt, aber bereits eine neue Beziehung hat. In diesem Fall würde die Ehefrau entscheiden. Wenn der Mann noch verheiratet ist und mit der neuen Partnerin im Konkubinat lebt, würde die Partnerin entscheiden. Wenn er aber keine Patientenverfügung hat, woher sollte das Spital wissen, mit wem er zusammenlebt?

Nehmen wir an, ein nur durch Liebe mit einer Frau verbundener Mann verunfallt schwer und

landet auf der Intensivstation. Die Frau wird nicht nach seinen Wünschen gefragt, obwohl sie genau wüsste, was im Sinne des Verunfallten wäre. Hat sie keine Chance, wenn niemand sonst da ist?
Ich doziere Gesundheitsrecht für Führungskräfte im Gesundheitswesen. Und da mache ich schon immer klar, dass die Ärztinnen und Ärzte in einem solchen Fall die Meinung der – rechtlich gesehen – ungebundenen Frau nicht einfach ignorieren dürfen, wenn sie sich als einzige Bezugsperson herausstellt. Aber die Überprüfung ihrer Aussagen ist diffiziler. Was wäre der mutmassliche Wille des Verunfallten? Wie lange kennen und lieben die beiden sich schon? Wie leben sie? Das ist ein Aufwand, den die Ärztinnen und Ärzte häufig nicht leisten können, wenn es eilt. So entstehen nicht selten traurige Geschichten, die noch trauriger sind, als sie sein müssten.

.....

Es wird lauter und lauter im Personalrestaurant. Wir rücken zusammen, um unsere eigenen Worte noch verstehen zu können, und Gabriela Baumgartner erzählt eine persönliche Geschichte von ihrem Liebsten in einer akuten Notsituation im Spital. Sie war im Engadin im Reiturlaub, als er sie anrief. Er werde jetzt gleich operiert, es sei ernst. Sie liess alles stehen und liegen und setzte sich in den nächsten Zug. Auf der Fahrt rief sie das Spital an. Sie wollte alles wissen, wie es ihm gehe, ob die OP schon vorbei sei. Die Antwort kam prompt: «Wir dürfen Ihnen nichts sagen. Kommen Sie vorbei!» – «Ich komme so schnell wie möglich, ich bin aber

noch drei Stunden entfernt. Sagen Sie mir bitte einfach, wie es ihm geht!» Zum Glück erinnerte sich die Juristin daran, dass ihr Partner schon früher einmal in dem Spital hospitalisiert worden war und dass sie in seiner Krankenakte als Vertrauensperson eingetragen war. Der Arzt konnte das nicht wissen, aber Baumgartners Argument zog und sie bekam die ersehnte Antwort. «Dieses Wissen hat mich gerettet. Niemand will diesen Stress, wenn man in Angst und Sorge ist.»

.....

Was hat diese Grenzerfahrung bei Ihnen bewirkt?
Ich heirate deswegen nicht. Man kann diese Situation nämlich auch sonst rechtlich regeln. In der Zwischenzeit bin ich in seiner Patientenverfügung vermerkt und auch im Vorsorgeauftrag als Vertrauensperson eingetragen. Wichtig ist, dass solche Dokumente richtig verfasst werden. Sonst sind sie ungültig.

Was heisst das?
Eine Patientenverfügung muss schriftlich verfasst werden und von Hand unterschrieben sein. Ein Vorsorgeauftrag muss vollständig von Hand geschrieben und auch von Hand unterschrieben sein. Und selbstverständlich müssen diese Dokumente so aufbewahrt werden, dass sie im Notfall auch greifbar sind.

Auch Vollmachten sind nicht in jedem Fall gültig. Ich habe beispielsweise erfahren, dass auf der Bank eine testamentarische Vollmacht nicht anerkannt wird.

Stimmt. Die Banken haben eigene Formulare, und nur die lassen sie gelten. Das sorgt häufig für Irritation. Ein weiteres Beispiel: Das Paar hat ein gemeinsames Konto. Dann stirbt der Mann und die Frau kommt nicht mehr ans Geld. Ich empfehle daher sehr, einen Banktermin zu vereinbaren, um sich zu informieren und beraten zu lassen. Dann kann das Nötige in die Wege geleitet werden, damit man im Todesfall nicht zusätzliche und auch unnötige Schwierigkeiten hat.

Was empfehlen Sie? Drei Konten, meines, seines, unseres?
Ja, ein gemeinsames Konto und je eines für die Frau und eines für den Mann.

Reden wir noch über Rechtliches zum Thema Rente (siehe auch das Gespräch mit Renate Salzgeber, S. 105). Ich nehme an, dass die Verheirateten und die Paare mit eingetragener Partnerschaft analog zu den anderen Rechtsgebieten die besten Karten haben.
Genau. Diese profitieren vom gesetzlichen Rentenanspruch, von der Witwer- oder Witwenrente. Unterdessen ist das auch bei registrierten homosexuellen Paaren so. Bei den Konkubinatspartnerinnen und -partnern zählt die schon erwähnte Fünfjahresregel. Ganz anders sieht es bei den «vertragslosen» Paaren aus. Will man den anderen im Todesfall begünstigen, sollte man eine Lebensversicherung abschliessen. Bei der Rente gibt es immer wieder Konstellationen, die zu denken geben.

Können Sie uns ein Beispiel nennen?

Nehmen wir an, die Frau arbeitet im Geschäft des Mannes. Dann stirbt er. Die Frage ist nun: Wie geht dieses Arbeitsverhältnis weiter? Wie hoch war eigentlich ihr Lohn?

Das heisst, informelle Arbeitsverhältnisse sind konfliktanfällig?

Ja, sie lassen zu viel Interpretationsspielraum offen. Der kann ausgerechnet dann zu allerlei Komplikationen und zu Umtrieben führen, wenn das Leben durch den Verlust des Mannes sowieso sehr schwierig geworden ist. Es lohnt sich, einen klaren Vertrag abzuschliessen, saubere Verhältnisse zu schaffen. Daran denken leider nicht alle in Zeiten der Sorglosigkeit. Wir erleben solche durch unklare Verhältnisse provozierte Konflikte häufig auch im Erbrecht. Ein Testament ist sozusagen die letzte Botschaft eines Menschen. Sie wirkt über seinen Tod hinaus und kann nachhaltig verletzend sein. Oft bleiben quälende Fragen: «Hat er das wirklich so gewollt? Hat er es nicht besser bedacht? Hat er sich nicht beraten lassen? Ist das wirklich sein letzter Wille? War ihm bewusst, dass er mich so benachteiligt?» Wer den Gedanken an die Endlichkeit ausblendet, der legt sich und anderen möglicherweise schwere Brocken vor die Füsse. Klare Verhältnisse zu schaffen ist Arbeit. Dabei spielt auch die Klärung der Liebesbeziehung eine wichtige Rolle: «Wie kann ich meine Ansprüche formulieren? Was darf ich einfordern? Was genau ist eigentlich mein Status in deinem Leben?» Das und mehr sind die Fragen, die auf den Tisch kommen müssen. Da vermischt sich Geld mit Wertschätzung.

Mit anderen Worten, es geht um ein Commitment.
So ist es. Ein Beispiel ist die Care-Arbeit. In der Regel übernehmen immer noch die Frauen den grösseren Part in Kindererziehung und Haushalt. Da gilt es über eine Entschädigung nachzudenken. Anerkennung ist gut, besser ist, wenn sie sich auch auszahlt. Das könnte mit einer dritten Säule geregelt werden.

Manchmal ist es besser, das Persönliche mithilfe von Profis zu regeln. Was empfehlen Sie?
Ich empfehle einen Ort, an dem mir nichts verkauft wird. Sowohl das Vermögenszentrum wie auch die Banken haben natürlich ein Verkaufsinteresse. Es empfiehlt sich diesbezüglich immer, eine Zweitmeinung einzuholen. Solche Beratungen machen beispielsweise der *Beobachter*, der *K-Tipp* und *Saldo*. Empfehlenswert sind auch Bücher zu den Themen Vorsorge, Konkubinat, Ehe, Erbschaft, letzte Dinge. Eine Frage, die bei allen möglichen Spielarten des Zusammenlebens nicht nur psychologisch, sondern auch rechtlich gesehen zentral ist, lautet: «Wie bleibe ich möglichst unabhängig?»

An welche Aspekte der Abhängigkeit denkt da die Juristin?
An alles Mögliche. Zum Beispiel wenn zwei zusammenziehen. Da denkt man ja häufig: «Super, ich bezahle nur die halbe Miete!» Es klingt nach Entlastung, ist aber de facto eine Abhängigkeit von der anderen Hälfte.

Abhängigkeit macht also verletzlich?
Ich weiss, dass nicht alle Frauen zustimmen, wenn ich das bejahe. Grundsätzlich ist Unabhängigkeit aber im-

mer ein guter Schutz. Eine Abhängigkeit ist nicht per se schlecht, aber sie muss geklärt sein.

.....

Vollmachten, Begünstigungen, Vorsorgevertrag und Pensionskasseneintrag – mir raucht der Kopf ob all den präventiven Wichtigkeiten. Das Stimmengewirr in der Cafeteria des Fernsehstudios tut das Übrige, um meine Gedanken zu vernebeln. Gabriela Baumgartner schlägt vor, alles in einer Liste übersichtlich zu notieren. Als Journalistin ist sie gewohnt, komplexe juristische Zusammenhänge so darzustellen, dass sie schnell verstanden werden. Sie hat auch sichtlich Spass daran. Morgen wird sie sich mit Inkassobüros beschäftigen, die auf dem Buckel verschuldeter Menschen Kasse machen, und drei Tage später einer Haftungsfrage zu einem Unfall auf einer Kunsteisbahn nachgehen. Daneben wird sie ihrer Leidenschaft, dem Tanz, frönen und ihre Liebe leben, so wie es ihr und ihrem Mann entspricht: als vertraglich ungebundenes Paar an zwei Wohnorten. Und das mit geklärten Fragen für die letzten Dinge.

Plötzlich allein …

Lebensform	Erbberechtigt?	Anspruch auf Renten der AHV und Pensionskasse?	Vertretungsberechtigt in Gesundheitsfragen?	Zu empfehlen
Verheiratet	Ja	AHV: ja Pensionskasse: ja	Ja	Patientenverfügung und/oder Vorsorgeauftrag
Eingetragene Partnerschaft	Ja	AHV: nein Pensionskasse: ja	Ja	Patientenverfügung und/oder Vorsorgeauftrag
Konkubinat (gemeinsamer Haushalt)	Nein; Begünstigung im Testament möglich	AHV: nein Pensionskasse: ja (bei den meisten Kassen und bei schriftlicher Begünstigung); Begünstigung in freiwilligen Vorsorgelösungen möglich	Ja	Konkubinatsvertrag, Patientenverfügung und/oder Vorsorgeauftrag, Testament
Lebensgemeinschaft (kein gemeinsamer Haushalt)	Nein; Begünstigung im Testament möglich	AHV: nein Pensionskasse: nein; Begünstigung in einzelnen freiwilligen Vorsorgelösungen möglich	Nein; Vorsorgeauftrag oder Patientenverfügung nötig	Patientenverfügung und/oder Vorsorgeauftrag, Testament

Diese Tabelle ermöglicht lediglich einen groben und stark vereinfachten Überblick. Es empfiehlt sich, sich bei Vorsorgefragen anhand der konkreten Umstände rechtzeitig beraten zu lassen.

Ich setzte den Fuss in die Luft
und sie trug ...

Hilde Domin

Teil II

Begegnungen mit verwitweten Frauen

Das Traurige neu erzählen

«Ich weiss nicht, ob meine Geschichte für Ihr Buch genügend interessant ist.» Diese Aussage hörte ich von vielen Witwen. Typisch? Ich habe mir diese Frage gestellt und mich gewundert. Haben sie nicht alle etwas Grosses geleistet? Sind sie nicht alle über einen schmerzlichen Verlust in unterschiedlicher Weise hinweggekommen? Sie alle haben weitergelebt, sind weitergegangen und lieben noch immer: ihre verstorbene Liebe, das Leben, die Menschen und die Welt. Und auch auf eine stille Art sich selbst. Sie hadern nicht, sind nicht verbittert, und manche von ihnen haben wieder zu einer neuen Liebe gefunden. Und das alles soll nicht der Rede wert, nicht interessant genug sein, wo doch Resilienz in aller Munde ist?

Allerdings: Wie soll das Erlittene nach Jahren von Neuem erzählt werden? «Von Neuem erzählen» klingt nach abgeschliffener Wiederholung, nach Abflachung. Und das könnte tatsächlich uninteressant sein. Etwas neu zu erzählen und doch bei der eigenen Wahrheit zu bleiben klingt hingegen wesentlich und wichtig. Also überlegte ich mir eine Methode, die den Frauen helfen sollte, ihre Verwitwung neu zu erinnern, neu zu bedenken, neu zu befragen, neu zu befühlen und einer Neugierigen wie mir auch neu zu erzählen.

Zunächst befragte ich mich selbst: Was sind Themen, die in diesem langen Prozess des Abschieds wesentlich sind? Was wird von aussen nie gefragt, spielt aber seelisch eine grosse Rolle? Was wird tabuisiert, was verschwiegen? Wo liegen die Denkbarrieren und Gefühlsverbote? Danach beschloss ich, den Witwen keinen Fragenkatalog zu schicken, sondern ihnen eine Woche vor unserer Begegnung Themenfelder zukommen zu lassen, und das mit einer kleinen «Spielanleitung»:

- Schneiden Sie die Themenfelder aus (siehe im Anhang des Buches).
- Legen Sie sie wie ein Patience-Spiel an einen Ort, an dem Sie oft vorbeikommen, und lassen Sie sich auf die Erinnerungen ein, die durch die Begriffe ausgelöst werden.
- Die leeren Felder sind für das gedacht, was Ihnen sonst noch wichtig ist.
- Es ist okay, wenn nicht alle Felder zu reden geben.
- Bestimmen Sie, womit Sie Ihre Geschichte beginnen möchten, wenn wir uns begegnen.
- Darüber hinaus müssen Sie sich nicht vorbereiten.

Ich danke allen sieben Witwen, dass sie sich auf dieses «Neuerzählen» eingelassen haben. Sie haben das auf sehr unterschiedliche Weise getan. Die einen beschrieben die «Patience-Kärtchen» mit ihren persönlichen Schlüsselbegriffen und nutzten sie als Erinnerungshilfe bei unserer Begegnung wie Spickzettel. Andere klebten die Themenfelder auf einzelne grosse Blätter und notierten darauf, was ihnen unter diesen Überschriften zur eigenen Geschichte in den Sinn kam. Eine Frau fühlte sich durch die Begriffe sogar so angeregt und ermutigt, in ihren «eigenen Keller» zu steigen, dass sie sich hinsetzte und stundenlang aufschrieb, was vorher zehn Jahre lang mehr oder weniger unter Verschluss geblieben war. So oder so, alle wussten bei unserer Begegnung, wo sie mit ihrer grossen Erzählung anfangen wollten, und alle versicherten mir, dass ihnen das «Neue» half, ihre alte Geschichte anders zu sehen und neu in Worte zu fassen. Jedes Gespräch dauerte zwei bis drei Stunden. Und jedes war lehrreich, authentisch, unverwechselbar, vertrauensvoll, berührend, überraschend und in jedem Fall interessant – mehr als genügend interessant.

«Ich war lange eine Witwe mit Mann. Nun bin ich eine ohne Mann»

HANNI HOLZER, 75 Jahre alt, Tochter, Mutter, Grossmutter und Ehefrau, hat ein ganzes Frauenleben lang für andere gesorgt. Ihren Mann, relativ jung an Demenz erkrankt, umsorgte und pflegte sie während 13 Jahren. Seit November 2016 ist sie verwitwet. Sein Tod war auch eine Erlösung.

.....

Sie wohnt an einem kleinen Strässchen in einem Basler Vorort, der sich durch die berühmte Kurve im nahegelegenen Fussballstadion einen Namen gemacht hat. Ein Eckhaus mit einem kleinen Vorgarten, auf den drei Stufen vor der Haustür liegen in einer Schale flache, als Marienkäfer bemalte Steine. Kinderbasteleien.

Ich klingle, sie öffnet die Tür und sieht etwas überrascht aus, als hätte sie eben ihre Küchenschürze abgelegt. Eine stattliche Frau, grauer Kurzhaarschnitt, gerötete Wangen, kräftige Stimme und ein ebensolcher Händedruck. «Sind Sie nicht eine Stunde zu früh?» – «Oh, das kann sein, tut mir leid. Ein Versehen. Ich komme gerne in einer Stunde wieder!» – «Nein, das macht doch nichts. Ich habe ja Zeit, kommen Sie rein! Das ist kein Problem.»

Hanni Holzer ist es gewohnt, sich auf andere einzustellen, Rücksicht zu nehmen. Sie ist das, was Soziologen, Feministinnen und Sozialversicherer eine Care-Arbeiterin nennen.

«Wo ist Ihnen wohler, hier gleich beim Eingang auf der Eckbank oder in der guten Stube?» Die Wintersonne scheint in die Stube. Ein grosser Tisch, ein schönes Tischtuch, Möbel vom Schreiner. Ich wähle die hölzerne Eckbank mit Tisch beim Eingang und in der Nähe der Küche. Da fühlt es sich nach Alltag an. Und auf dem Tisch liegen auch schon ein paar mit feinem Bleistift beschriebene Zettel. Gedächtnishilfen für das lange Gespräch. Zuoberst liegt der Zettel mit dem Begriff «Diagnose».

«Ich muss sagen, das war am schlimmsten. So ganz unerwartet kam die Diagnose zwar nicht. Aber man hofft natürlich, dass man sich täuscht. Der Vater meines Mannes hatte diese Krankheit auch. Damals sprach man noch von Arterienverkalkung. Der Bruder meines Mannes erkrankte daran, und auch einer seiner Onkel. Es lag also in der Familie. Und da wusste ich natürlich auch als Laie, dass es für meinen Mann ein erhöhtes Risiko gab, ebenfalls an Demenz zu erkranken. Während andere mit 60 nochmal richtig loslegen, war mein Mann mit 60 schon alt.»

«Was hat ihn älter erscheinen lassen?» Hanni Holzer hebt ihren Arm und weist in den Raum, der Vertrautheit und Geborgenheit ausstrahlt. Sie zeigt auf das Holztäfer an der Wand zur Küche, den Treppenaufgang, die Türfassungen, die Fugen. «Er war handwerklich sehr geschickt und renovierte unser Haus stetig. Er machte das gerne. Und dann hat er – Ende fünfzig – einfach damit aufgehört. Davor sagte er immer: ‹Wenn ich einmal pensioniert bin, mache ich eine kleine Velobude auf. Dann möchte ich Velos flicken.› Und er hatte schon dies und das dafür zusammengesammelt. Aber auch dieser Plan schien dann, als er pensioniert wurde, kein Thema mehr zu sein.

Und bei Tisch, bei Gesprächen sagten die Jungen immer öfter: ‹He, hör zu. Du musst uns halt zuhören!› Alle merkten, dass er vieles nicht mehr ganz mitbekam. So reifte in mir der Entschluss: Ich musste es wissen. Ich wollte keine Vorwürfe hören: ‹Wären Sie früher gekommen, dann hätte man noch etwas dagegen machen können!› Ich wusste ja eigentlich, dass gegen diese Krankheit nicht viel zu machen ist. An dem Tag, als ich in die Memory Clinic musste, um den Befund zu hören, war da eine Frau, die mich sogleich aufklärte und schon von der Spitex und von Alters- und Pflegeheimen zu sprechen begann. Sie redete und redete und redete unaufhörlich. Ich konnte ihr gar nicht richtig zuhören. Ich war am Boden zerstört. Das war doch alles noch so weit weg! Heute ist es besser, das weiss ich. Heutzutage sind Psychologinnen und Psychologen da, die wissen, was Menschen brauchen, die eben erfahren haben, dass sie ihren Partner oder ihre Partnerin an eine schlimme Krankheit verlieren werden. Ich erinnere mich noch ganz genau, wie ich wie betäubt aus dieser Memory Clinic gestolpert bin und mir im nächsten Laden ein Schoggistängeli gekauft habe. Das war meine Erste Hilfe!»

Bei der Erinnerung an die tröstliche Süssigkeit lacht Hanni Holzer laut und fährt sich danach über den Mund. Fast so, als hätte sie sich eben zu einer Sünde bekannt.

«Jetzt lache ich darüber. Damals hatte ich einfach das Gefühl, dass ich eine Stärkung brauche und mir etwas Gutes tun muss. Das ist nun 15 Jahre her und jetzt ist Peter seit gut zwei Jahren tot, gestorben an dieser Krankheit.»

Peter und Hanni. Die Holzers. Eine Familie mit drei Kindern. Er, Elektriker bei den Basler Verkehrsbetrieben. Sie, Mutter und Hausfrau und eine, die gerne auch für andere kochte.

«Als mein Mann erkrankte, war er noch keine 65. Schon mit 59 wurde er aber frühpensioniert. Zu viel Personal – das war die Begründung. Damals dachte ich mir nichts dabei. Später erfuhr ich durch die Blume, dass es ein paar Vorkommnisse gegeben hatte. Doch so oder so: Für mich war klar, dass ich weiter das tun würde, was ich gerne mache: für den ‹Mittagstisch› Essen zubereiten, für die ‹Gassenküche› kochen und noch so ein paar Sachen.»

«So ein paar Sachen … Waren Sie immer für andere da?» – «Ja, mein ganzes Leben lang. Das ist meine Art, das war für mich nie eine Frage. Für mich stimmte es. Auch jetzt noch – heute bin ich für die Grosskinder da.»

Ausgewählte Fotos ihrer sieben Grosskinder hängen fein säuberlich gerahmt über dem Tisch mit der Eckbank. Auf dem Sims am Fenster steht ein hölzernes Züglein, auf dessen Wägelchen hölzerne Buchstaben stehen, die, richtig zusammengestellt, wohl die Vornamen der Enkel ergäben. Nun sind sie durcheinandergeraten und die Buchstabenfolge ergibt keinen ersichtlichen Sinn. Hanni Holzer stellt ein paar Kekse auf den Tisch und kocht mir einen Pfefferminztee. Noch in der Küche stehend, fährt sie fort mit der Erzählung ihres Lebens.

«Als bei meiner Mutter Krebs diagnostiziert wurde, war ich gerade mal zwölf Jahre alt. Zwölf Jahre später hatte ich eine Saisonstelle in Silvaplana, aber es wurde bald klar, dass meine Mutter schon in einem fortgeschrittenen Krankheitsstadium war und dass es mich nun woanders brauchte, nämlich zu Hause. Wir waren fünf Kinder, und mein Vater, das muss ich schon so sagen, war mit der Situation überfordert. Als ich 25 Jahre alt war, starb die Mutter. Sie wurde 53 Jahre alt. Und ich war gefragt, um den Alltag meiner Geschwister zu organisieren und meinen Vater zu unterstützen. Der Peter, der wohnte gegenüber. Ich lernte ihn kennen, als die Mutter noch lebte.»

«Was waren Sie für ein Paar?» Hanni Holzer lacht. Sie lacht lange und laut, wischt sich ihren trockenen Mund ab und überlegt. «Ja, was waren wir für ein Paar? Ein normales Paar halt.» – «Wie sind denn normale Paare?» – «Wir haben geheiratet und drei Kinder bekommen. Er ging arbeiten und ich schaute zu Hause zum Rechten. Ich weiss nicht, was ich noch sagen soll.» Hanni Holzer überlegt. «Also charakterlich gesehen, habe ich den Ton angegeben. Das ist mir schon klar, das war so.»

Schon wieder lacht sie. Es ist das Lachen einer Frau, die auch über sich selber lachen kann. Es ist das Lachen einer Junggebliebenen, die weiss, was sie in ihrem 75 Jahre langen Leben alles geleistet hat. Keine Spur von Verbitterung.

«Wir haben uns gut ergänzt. Er war ein sehr lieber und sanfter Mann und ein guter Vater. Er war auch menschlich grosszügig. Wir haben ja dann meinen Vater bei uns zu Hause gehabt. Drei Generationen unter einem Dach, das war nicht immer leicht. Es war eine anspruchsvolle Aufgabe, es allen recht zu machen. Aber ich habe das nie hinterfragt. Es war, wie es war, einfach selbstverständlich.»

«Ihr Vater wäre nach dem Tod seiner Frau verloren gewesen?» – «Ja, absolut!» – «Wieso eigentlich?» Hanni Holzer ist erstaunt ob der Frage. Sie zupft am weissen Kragen unter ihrem grauen Pullover, rückt die Brille zurecht und sagt: «Eigentlich haben wir ihm nie die Chance gegeben, zu beweisen, dass er auch allein zurechtkäme. Er hatte aber auch wirklich zwei linke Hände. Mein Mann hingegen war handwerklich äusserst geschickt. Er wäre schon ohne mich zurechtgekommen. Aber es ist gut, dass er und nicht ich krank wurde. Für ihn wäre es schwieriger gewesen.»

Wir reden über «ein Bild, das bleibt». Ein Bild aus einer Zeit, als Hanni Holzers allmähliche Verwitwung begann. Es ist der Beginn des uneindeutigen Verlustes, den Angehörige von Menschen mit Demenz erleiden (siehe auch Bettina Ugolini, Seite 61).

«Das war die traurigste und schwierigste Zeit. Eigentlich. Mein Mann realisierte noch, dass in seinem Kopf etwas nicht mehr stimmte. Manchmal sagte er 30-mal am Tag: ‹Ich bin einfach verwirrt.› – ‹Peter, was heisst das, wie bist du verwirrt?› – ‹Weisst du, es ist, als hätte ich Bienen im Kopf. Jetzt werde ich wie mein Vater!› Ich wusste, was das hiess. Ich hatte ja Erfahrung. Zusammen mit meiner Schwiegermutter hatte ich Peters dementen Vater jahrelang gepflegt. Und nun würde also eine weitere lange Krankheitsgeschichte auf mich zukommen. Ich wusste das, als ich mir das Schoggistängeli kaufte.

Wir haben sofort die ganze Familie, die Bekannten und auch die Nachbarinnen und Nachbarn informiert. Sie alle sollten Bescheid wissen und es einordnen können, falls etwas Auffälliges passierte. Die Nachbarinnen und Nachbarn waren froh darüber.»

«Manchmal ist eine Diagnose, auch wenn sie dramatisch ist, zugleich eine Erleichterung. Mit einem klaren Befund wird Unerklärliches plötzlich erklärbar und es eröffnen sich Möglichkeiten zur Hilfe und Unterstützung. War das bei Ihnen auch so?» – «Ich war schlussendlich froh zu wissen, woran wir sind. Wir ahnten ja, dass etwas nicht mehr gut war. Nach der Diagnose wusste ich, womit alles zu tun hatte und dass mein Mann nichts dafür konnte, wenn er nicht mehr viel auf die Reihe bekam. Aber ehrlich gesagt, wird man halt doch ab und zu wütend. Oder ungeduldig. Man hat ja auch nur Nerven. Doch das Gute an seiner Krankheit war, dass er nie nachtragend war. Er vergass alles schnell wieder!»

Sie sitzt am Tisch und lacht verschmitzt. Kein Zweifel, bei den Holzers wurde immer viel gelacht. Humor ist, wenn man trotzdem lacht. Trotz einer fortschreitenden Krankheit. Trotz grosser Belastungen. Oder gerade wegen all dem. Hanni, eine Lebenskünstlerin? Sie überhört das verkappte Kompliment.

«Auch Krebs ist eine schreckliche Krankheit. Ich habe das bei meiner Mutter gesehen. Aber man kann bis ganz zuletzt miteinander sprechen. Ich hingegen war eine Witwe mit Mann. Das wurde mir in der Selbsthilfegruppe klar. Ich ging da neun Jahre lang hin. Das war wichtig. Ich hätte es ohne diese Gespräche mit Gleichbetroffenen nicht geschafft. Sie müssen sich vorstellen: Es geht bei dieser Krankheit Schritt für Schritt bergab. Es wird immer weniger. Erst beim Ankleiden. Dann beim Essen. Dann hörte mein Mann auf, an unserer Gemeinschaft teilzunehmen. Er wurde zu meinem eigenen Schatten, ging immer hinter mir her. Schritt für Schritt folgte er mir überallhin. Ich konnte ihn nicht mehr allein lassen. Er wäre verloren gewesen. Einmal ging er weg, aus dem Haus: Er war auf seiner verwirrten Suche nach mir.

Manchmal musste ich raus aus diesen vier Wänden. Walken oder für andere kochen. Luft schnappen. Kraft schöpfen. Das war mir sehr wichtig. Ich kenne Betroffene, die ihren kranken Angehörigen niemandem anvertrauen mochten. So war ich gar nicht. Meine Töchter schauten zu ihrem Vater, wenn ich es brauchte, und auch meine Nachbarin hütete meinen Mann regelmässig. Sehr früh habe ich mir Hilfe geholt. Ich hätte den Alltag mit all den Verlusten nicht allein ausgehalten.

Sie müssen sich das vorstellen – nichts mehr allein tun zu können, einen Mann zu haben, der wie ein Schatten ständig an einem klebt. Immerhin sprach er damals noch, und auch essen konnte er noch selber. Aber er konnte sich überhaupt nicht mehr orientieren. Er fand das Bad nicht mehr selbstständig und konnte sich auch nicht mehr vernünftig ankleiden. Und doch war nicht alles verloren. Ich erinnere mich, als wir in den Ferien Rummikub spielten. Das konnte mein Mann immer noch tipptopp. Wir waren sehr verwundert.

Fünf Jahre nach der Diagnose, als er seine Kinder nicht mehr erkannte, fanden wir eine Entlastungsmöglichkeit. Von nun an verbrachte er drei Tage die Woche in einem Tagesheim. Das war gut und er ging gerne hin. Ich finde, dass sie in diesen Institutionen auch Dinge bieten können, die Angehörige nicht vermögen. Und natürlich war ich froh, dass Peter ohne Widerstände hinging. Auch im fortgeschrittenen Stadium seiner Demenz war er stets lieb und sanft. Da hatte ich Glück. Es gibt andere Menschen mit Demenz, die böse, aggressiv oder sogar gewalttätig werden. Dieses Problem blieb mir erspart. Mein Mann war nur in der Zeit unmittelbar nach der Diagnose manchmal wütend und aggressiv. Da realisierte er, wie sehr er nachliess.»

Hanni Holzer spricht nun ohne Punkt und Komma. 13 Jahre Angehörigenpflege, 13 Jahre Mitleiden, 13 Jahre Fürsorge, 13 Jahre Neuorientierung, 13 Jahre ein Verlust nach dem anderen und 13 Jahre, in denen es auch immer wieder darum ging, gut zu sich selbst zu sein, gesund zu bleiben und das zu finden, was einem Kraft gibt.

Hanni Holzer hat eine grosse Erzählung. Nun braucht die stattliche Frau mit der klaren Stimme die kleinen Zettel als Erinnerungsstütze nicht mehr. Sie scheint es zu geniessen, dass eine Besucherin da ist, die alles ganz genau wissen will. Eine, die erfragt, was ausser der gelegentlichen Süssigkeit noch geholfen hat, und die dabei erfährt, wie wichtig die Grosskinder waren, die Selbsthilfegruppe, das Walken, das Kochen ausser Haus, das Tagesheim und später, viel später, drei Jahre vor Peters Tod: das Alters- und Pflegeheim.

«Erzählen Sie mir von den Nächten mit Ihrem dementen Mann ...» – «Oh, wenn Sie so fragen, kommt mir alles wieder in den Sinn. Wir hatten getrennte Schlafzimmer. Schon vor der Krankheit. Es hatte sich einmal so ergeben, als er erkältet war und ich mich nicht anstecken wollte. Ausserdem ging er immer früh zu Bett und ich spät. Als seine Erkältung ausgestanden war, haben wir beschlossen, das so beizubehalten. Also richtete er sich im obersten Stock ein. Doch das ging nach der Diagnose bald nicht mehr. Unser Sohn kaufte eine kleine Decke, die immer einen Ton abgab, wenn er aufstand, eine Art Alarm. Ein fürchterlich lauter Ton! Diese ständigen Alarmtöne jede Nacht wurden mir zu viel. Ich wollte und musste doch auch schlafen können!»

Peters Witwe zeichnet eine absteigende Treppe in die Luft. Mal geradeaus, dann bergab, dann wieder geradeaus, dann wieder bergab.

«Wenn es vorbei ist, vergisst man so viel. Aber so war es – ein stetiges Bergab. Was verloren ging, kam nicht wieder. Zum Beispiel die Einzahlungen: Das war immer seine Domäne gewesen. Ich hatte mich nie um unsere Rechnungen gekümmert. Das ging irgendwann natürlich auch nicht mehr. Mein Sohn hat mir dann geholfen. Heute würde ich das anders machen und mich selber einarbeiten. Es ist ja kein Hexenwerk.

In dieser Zeit verschrieb mir meine Hausärztin medikamentöse Unterstützung. Sie hat mich gut beraten. Sie hat geholfen. Auch die Leiterin der Angehörigengruppe legte uns immer wieder ans Herz: ‹Schaut gut zu euch. Euch braucht es!› Das hat mir geholfen. Aber wissen Sie, das schlechte Gewissen bleibt trotzdem. Ein schlechtes Gewissen hat man immer!»

«Wieso denn das? Erzählen Sie von Ihren Schuldgefühlen …» – «Ich fühlte mich zum Beispiel schuldig, weil ich wollte, dass er in die Tagesstätte geht. Und später, als er überall im Haus hinpinkelte und ich mir deshalb wünschte, dass er nun ins Alters- und Pflegeheim kommt, hatte ich auch ein schlechtes Gewissen.»

Peters Witwe will das eigentlich gar nicht erzählen. Sie möchte ihren Mann schützen, ihn nicht blossstellen, ihn nicht beschämen. Und doch: So war es halt.

«Schiebe ich meinen Mann nun einfach ab? Das war in der Selbsthilfegruppe ein Dauerthema. Diese Schuldgefühle! Alle hatten sie. Es ging allen gleich. Und doch, wenn man ehrlich ist: Wir zu Hause können unseren Angehörigen mit Demenz nie das bieten, was die Professionellen in den Heimen bieten können. Es ist enorm, was da geleistet wird.»

Peter Holzer kam drei Jahre vor seinem Tod ins Heim. Zehn Jahre nach der Diagnose Demenz. Zu der Zeit kannte er seine Frau nicht mehr und war auch verstummt.

«Die Fachleute hatten mir dazu geraten, meinen Mann relativ früh ins Heim zu geben, damit er sich noch an all das Neue gewöhnen könne. Er trat mit seiner Mappe ins Heim in Ormalingen ein, so als ginge er zur Arbeit. Er war immer pflichtbewusst und fürsorglich. Zu Beginn konnte er am neuen Ort den anderen Bewohnerinnen und Bewohnern noch einen Kaffee bringen. Das war schön. Er konnte noch etwas, was die anderen nicht mehr vermochten!

Körperlich hätte ich seinen Eintritt ins Heim noch nicht gebraucht, aber seelisch schon. Ich brauchte einfach wieder einmal ungestörte Zeit für mich. Jemand, der das nicht erlebt hat, kann es nicht wirklich nachvollziehen. Zumindest nicht bis ins Innerste. Deshalb war die Selbsthilfegruppe so wichtig. Ich würde sie allen Betroffenen sehr empfehlen. Natürlich ist jede Geschichte ein bisschen anders. Aber das Verständnis füreinander und die Solidarität untereinander waren so wohltuend. Es ist einfach nicht gut, mit dem Schweren allein zu bleiben.»

«Wann genau hörte Ihr Mann auf, Ihr Partner zu sein? Wann ging die Augenhöhe verloren?» – «Das ging nach der Diagnose sehr schnell. Ich würde sagen, dass ich nach drei, vier Jahren schon eine Witwe mit Mann geworden war. Für mich war das vielleicht etwas leichter als für andere betroffene Frauen. Ich hatte ja, wie gesagt, schon immer den Ton angegeben. Wer einen bestimmenden Mann hatte, erlebte eine andere Geschichte. Ja, so war es halt.

Unvergesslich ist mir der Moment, als mein Mann zum letzten Mal in seinem Leben Auto fuhr. Wir waren eine Woche in den Bergen in den Ferien. Auf dem Heimweg hielten wir an einer Autobahnraststätte an. Er fragte: ‹Fährst du heim?› Ich antwortete: ‹Ja, klar!› Von diesem Tag an setzte er sich nie mehr ans Steuer. Schon vorher hatte ich gespürt, dass ihn das Fahren sehr anstrengte. Ich war froh, dass er von sich aus das Steuer aus der Hand gegeben hatte. Ich weiss noch, dass ich genau spürte, dass dies ein weiteres letztes Mal war.»

Hanni Holzer lacht nun nicht mehr. Sie hält ein Papiertaschentuch in ihrer Hand. Es ist etwas zerknüllt. Aber die Witwe weint nicht. Vielleicht ist sie einfach etwas erkältet von der Gartenarbeit im noch winterlichen, grossen Garten hinter dem Haus oder von den ersten warmen Sonnenstrahlen, die einen zu leichter Kleidung verführen. Vor ihr auf dem Holztisch liegen noch einige Erinnerungszettelchen: «Der tiefste Punkt» steht auf einem.

«Es gab Zeiten, in denen ich dachte: ‹Ich halte es nicht mehr aus. So kann es nicht mehr weitergehen. Ich kann nicht mehr. Ich bin am Ende. Jetzt muss ein Alters- und Pflegeheim her!› Es gibt eines ganz in der Nähe. Man setzte uns auf die Warteliste und ich bekam das Versprechen, dass mein Mann der Nächste sein würde, der einen Platz bekäme. Aber ich musste dann mitansehen, wie andere ihm vorgezogen wurden. Andere, die sich später angemeldet hatten!

Zum Glück gab mir eine Demenzfachfrau dann die Institution in Ormalingen an. Ich bin ihr immer noch sehr dankbar für diesen Hinweis. Innerhalb von drei Tagen fand sie eine Lösung und mein Warten hatte ein Ende!

Ormalingen war ein guter Ort für meinen Mann. Klar, es war nicht gleich um die Ecke. Aber wir wussten, dass wir das schon schaffen würden. Ich hatte ja in der Zeit auch die Grosskinder zu hüten, und so besuchten wir den Peter halt gemeinsam. Wir fuhren jeweils mit dem Postauto hin. So waren zwei Dinge auf einmal erledigt: der Besuch bei meinem Mann und die Betreuung der Grosskinder!»

Diese Lösung passt zu Hanni Holzer: beherzt, praktisch und patent. Care-Management in Reinkultur.

«Die Kinder waren gerne dort. Wissen Sie, es gab im Heim ganz viele Bäbis für die alten Leute. Mein Mann war zufrieden und die Kinder waren es auch. Zu Beginn konnte mein Mann noch gehen. In Ormalingen lebte zudem eine Frau, die im selben Stadium erkrankt war wie er. Mit ihr ist er viel hin und her gegangen. Zu Hause erzählte ich manchmal zum Spass: ‹Meinem Mann geht es gut. Er hat eine Freundin.› Das fanden nicht alle lustig. Nicht alle haben das ertragen.»

Humor ist, wenn man trotzdem lacht. Doch nicht alle mögen trotzdem lachen, offenbar. Humor ist Hanni Holzers Überlebenshilfe, eine Brücke von einem Abschied zum anderen, von einem Verlust zum nächsten.

«Wissen Sie, den Tag, als er ins Heim kam, vergesse ich nie. Wie er über die Schwelle unseres Hauses trat und ich fühlte, er wird wohl nie wieder hierher zurückkehren, zurück in das Haus, in dem er so lange lebte, in dem er so viel flickte und verschönerte. Das ist nicht einfach. Einerseits. Und andererseits weisst du genau: Das muss nun so sein. Es ist der einzige Weg. Aber ich habe mich immer gefragt: Was spürt er noch? Was versteht er noch? Was denkt er noch? Was bekommt er noch mit?

Als wir in Ormalingen ankamen, Peter war damals 70 Jahre alt, begrüsste uns eine Pflegefachfrau, die wohl dachte: ‹Oh, da kommt ein noch jüngerer Mann. Mit dem kann ich bestimmt noch reden.› Doch das konnte er nicht mehr. Aber singen, oh ja, das konnte er noch: ‹Lueget vo Bärge und Tal›! Es war für Abwechslung gesorgt am neuen Ort. Es gab sogar eine Kegelbahn. So lange Kegeln noch geht, ist das Leben doch toll!

Dann, nach einem Jahr, konnte er nicht mehr gehen. Er wusste einfach nicht mehr, wie Gehen geht! Und er erkannte mich nicht mehr. Am Schluss ist es halt ähnlich wie bei Säuglingen. Etwa mit dem Essen: Wenn jemand mit dem Löffelchen in die Nähe seines Munds kam, öffnete er die Lippen. Wie ein Vögelchen im Nest, das den Schnabel öffnet, wenn ihm ein Wurm gebracht wird. Das war alles. Wenn ich seinen Kopf sanft zu mir drehte und sagte: ‹Schau ich bin da, ich bin bei dir!›, passierte nichts mehr. Gar nichts mehr.

Es war eigentlich gut, dass er sterben konnte. Aber es hätte nicht sein müssen – noch nicht. Das ist keine Kritik. Ich erzähle es einfach so, wie es war: Eine Podologin entfernte ihm ungefragt ein Hühnerauge. Sie hätte das eigentlich nicht tun dürfen, sie hatte keinen Auftrag dazu. Die Wunde entzündete sich und mein Mann musste Antibiotika einnehmen. Eigentlich wollten wir keine lebensverlängernden Massnahmen mehr, aber bei einer solchen Entzündung mussten halt trotzdem Antibiotika verabreicht werden. Er musste sich erbrechen und etwas vom Erbrochenen gelangte in seine Lunge. Und so entzündete sie sich. Es tat ihnen so leid. Sie entschuldigten sich. Vielleicht hätte er noch ein halbes Jahr leben können. Man weiss es nicht. Aber eigentlich hatte er nichts mehr vom Leben. Obwohl, auch das weiss man nicht wirklich.»

Peter Holzer starb an seiner Lungenentzündung am 7. November 2016 im Zentrum Ergolz in Ormalingen.

«Es war auch eine Erlösung. Ja, das muss ich sagen, das war es. Absolut. Obwohl es auch traurig war. Sie haben ein Totenbuch im Heim. Da kann jeder, der möchte, etwas hineinschreiben. Und sie entzünden immer eine Kerze, wenn jemand verstorben ist. Wir brachten die schönsten Kleider, um ihn einzukleiden, und die Leute im Heim bekränzten meinen toten Mann mit Blumen. Wir waren alle da an diesem Tag, die Kinder, die Grosskinder und ich.

Ich wusste, dass er ein Urnengrab wünschte. Es kamen viele zur Abdankung. Das wunderte mich sehr bei einem Menschen, der so lange so krank gewesen war. Aber meine Jungen meinten: ‹Die sind wegen dir gekommen!› Es war ein würdiger Abschied.»

Wir nehmen einen Schluck aus unseren Tassen. Hanni Holzers grosse Erzählung ist mit dem Tod ihres Mannes noch nicht zu Ende. Es ist die Geschichte einer Kümmerin, die Biografie einer Schwerarbeiterin. Sie hat gepflegt und gehegt, genährt und getröstet, getragen und ertragen, Rücksicht genommen und Vorsicht walten lassen. Sie hat viel gegeben, so, wie zahlreiche Frauen ihrer Generation, so, wie noch mehr Frauen aus früheren Zeiten. Und nun – ist sie aufgrund all der unbezahlten Arbeit ein Leben lang arm?

«Da sagen Sie etwas. Ja, da sagen Sie etwas. Also gut. Arm bin ich nicht. Aber Ferien kann ich mir eigentlich keine leisten, nicht mehr. Mein Mann hatte, wie gesagt, bei den Basler Verkehrsbetrieben gearbeitet und wurde mit 59 Jahren frühpensioniert. Er hatte eine gute Pension, aber eben nicht so viel, wie wenn er bis zum regulären Pensionsalter gearbeitet hätte. Ich selbst habe eine Witwenrente und die AHV. Und zum Glück wohne ich hier günstig. Es geht also schon. Ich bin froh, dass ich keine Schulden habe. Aber wir haben auch nichts Erspartes mehr. Wissen Sie, das Heim kostete auf der Pflegestufe meines Mannes 9500 Franken pro Monat. Natürlich mussten wir das nicht alles selber berappen. Wir bekamen Ergänzungsleistungen. Die Krankenkasse zahlte einen Teil und wir erhielten auch eine Hilflosenentschädigung. Ausserdem übernahm die Gemeinde einen bestimmten Betrag. Zum Schluss blieben aber trotz allem ungefähr 4000 Franken, für die wir monatlich aufkommen mussten. Nun können Sie verstehen, dass drei Jahre Heim schnell einmal alles Ersparte verschlingen, auch wenn wir in diesen Jahren einen Steuererlass hatten.»

Ich überschlage schnell das Ersparte der Holzers und kann mir vorstellen, dass sie es mit ihren drei Kindern und einem einzigen Einkommen gewohnt waren, zufrieden zu sein mit dem, was möglich ist, und gelernt haben, auch auf andere Ressourcen zu setzen.

«Ich habe früh gelernt, alles zu nehmen, wie es kommt. Bei meiner todkranken Mutter, bei meinem Vater, bei unseren drei Kindern, bei meinem dementen Schwiegervater und meinem dementen Mann. Nach Peters Tod war ich zunächst erleichtert. Aber dann, später, kam das Loch. Dann fehlte hier etwas.»

Hanni Holzer zeigt auf ihre Brust. Aber nur ganz schnell. Und dann blickt sie auf all die hölzernen Tschu-Tschu-Bähnchen auf dem Eckbanksims und erinnert sich wohl an das Lebendigste in ihrem Witwenleben: die Grosskinder. Die siebenfache Grossmutter wirkt gesund und stark. Keine Spur von der vielzitierten Kränklichkeit pflegender Angehöriger. Hanni Holzer zeigt sich wach, munter und unternehmungslustig. Und sie wagt Ungewohntes. Beispielsweise das lange Gespräch mit mir: Nie zuvor hatte sie mich gesehen, und nun vertraut sie mir so vieles an. Auch ihre Vorstellungen vom Jenseits, von der Welt, in der sich nun ihr Peter aufhält.

«Ich bin da zwiespältig. Ich weiss es einfach nicht. Niemand weiss es. Niemand kann es wissen. Ich bin schon religiös, christlich religiös, aber gleichwohl. Was denken Sie denn, wo Ihr Mann jetzt ist?» – «Ich weiss es auch nicht. Aber ich denke, dass es ein Leben nach dem Tod gibt, dass es weitergeht. In welcher Form es weitergeht, kann ich nicht wissen. Aber ich spüre meinen Mann immer wieder, und das recht deutlich.» –

«Ah ja? Nein, das könnte ich von mir nicht behaupten. So könnte ich es nicht sagen. Aber ich erinnere mich an den Tod meiner Mutter. Ich hatte sie ja gepflegt bis zuletzt, sie ist in meinen Armen gestorben. Es war auch eine Krankenschwester dabei. Sie hatte meiner Mutter das Kissen aufgeschüttelt, und in diesem Moment starb meine Mutter. Auf dem frisch aufgeschüttelten Kissen tat sie ihren letzten Atemzug. Und Sie glauben es nicht: In diesem Moment hatte meine Mutter so ein Strahlen im Gesicht. Ein so grosses Strahlen! Irgendetwas war plötzlich anders. Das war sehr schön, ich werde es nie vergessen.»

«Und wenn wir schon nicht alles wissen können: Was ist Ihre wichtigste Lektion nach all dem, was sie erfahren haben?» Hanni Holzer überlegt kaum eine Sekunde. «Einfach nichts aufschieben. Leben, jetzt leben. Und das tun, was Freude macht, jetzt und nicht später. Ich kann das auch von den Jungen lernen. Die können das besser!»

Es ist inzwischen 16 Uhr. Ein wichtiger Telefontermin steht an, der Hanni Holzer über den medizinischen Befund einer nahestehenden Person informieren soll. Die Diagnose könnte einschneidend sein. Ich verabschiede mich und kreuze meine Finger, bevor ich den Motor starte. Es soll gut ausgehen. Hanni Holzer hat schon genug gesorgt! Sie soll nicht noch einmal etwas nehmen müssen, wie es kommt.

«Es soll mir nie mehr jemand mit einer Deadline kommen!»

DEBORAH SUTTER, 34 Jahre alt, Yogalehrerin und Journalistin, ist seit dem 8. August 2016 verwitwet. Ihr Liebster, Chrigi, ein freischaffender Architekt, nahm sich nach elf Jahren Zweisamkeit das Leben.

.....

Sie wohnt da, wo die Füchse in die Stadt kommen, um sich aus den Mülltonnen Futter zu holen. Sie wohnt da, wo die Strassen gegen den Waldrand hin steiler werden, am Zürichberg. Sie wohnt in der Dachwohnung eines Mehrfamilienhauses, allein mit Lotti und Babettli, ihren beiden Katzen. Da wohnte sie vorher schon, als Chrigi noch lebte, als alles noch gut war, oder fast. Chrigis Mutter ermöglicht ihr den Verbleib in der geräumigen Wohnung, denn in Zürich sind die eigenen vier Wände teuer, sehr teuer. Besonders für eine junge Frau wie sie, die gerne reist, beruflich noch auf der Suche ist und in jungen Jahren etwas erlitten hat, was bodenlos macht.

Deborah Sutter, gross, schlank, hübsch, empfängt mich in Schwarz. Schwarze Jeans, schwarzer Pulli. Sie hat Tee gemacht und Früchte bereitgestellt. Sie will reden. Sie will reden, weil sie nicht möchte, dass anderen dasselbe passiert wie ihr. Und wenn es dennoch passiert, soll es nicht so passieren wie ihr, dass die Polizei einfach kommt und sagt, was geschehen ist, ohne dass jemand da ist, der sie auffängt, der dableibt, der von der menschlichen Seele etwas versteht. Jemand, der weiss, wie es sich anfühlt, wenn man gerade erfahren hat, dass sich der Geliebte an einem Baum im nahen Wald erhängt hat. Wir beginnen mit dem «Gefühl bei der Nachricht des Todes».

«Es fühlt sich eigentlich überhaupt nicht an. Als ich hörte, dass Chrigi gegangen war, ging auch ich, irgendwie. Ich stieg aus dem Körper, verliess mich, und was in meinem Magen war, kotzte ich in die Kloschüssel. Wenn ich mich richtig erinnere, habe ich lange nicht geglaubt, was man mir da sagte. ‹Das ist doch nicht möglich. Die irren sich!› Aber gleichzeitig glaubte es ein Teil von mir doch. Eigentlich befand ich mich in einem Schwebezustand. Das Erbrechen war das Realste in dem Moment. Dann war ich weg, weit weg von dieser Welt und von dem, was um mich herum geschah. Ich glaube, ich bin rumgetigert, von da nach dort, von links nach rechts.»

Deborah Sutter war nicht allein in jener Sommernacht, am 8. August 2016, als die Polizei bei ihr klingelte, um ihr zu sagen, dass sie den Vermissten tot aufgefunden hatte. Gabi war bei ihr, eine Freundin, die stundenlang mit ihr ausharrte, mit ihr auf dem Balkon sass, rauchte, Rotwein trank und auf Chrigi wartete. Chrigi, der am Morgen dieses Tages wortlos das Haus verlassen hatte, sich den ganzen Tag über nicht gemeldet, sein Handy nicht abgenommen und auch keine SMS beantwortet hatte. Gabi war da am Nachmittag, am Abend und bis tief in die Nacht hinein – bis es draussen wieder hell wurde. «Ich war zunächst unendlich froh um ihre Gesellschaft. Aber dann habe ich sie nicht mehr ertragen. Sie, die einzige Zeugin einer Nachricht, die ich nicht fassen konnte. Sie konnte mir nicht helfen.»

«Welche Hilfe hätten Sie in jener Nacht gebraucht?» – «Jemanden, der mich aushält. Jemanden, der mich hält. Jemanden, der mich auffängt. Jemanden, der sagt: ‹Pack deine Zahnbürste und dein Pyjama ein und komm. Wir machen schon mal ein Bettchen für dich bereit. Wir warten auf dich.›»

«Haben Sie damals schon gespürt, dass Sie Hilfe benötigen?» – «Ja, ich habe das bald gespürt. Ich habe herumtelefoniert, das Kriseninterventionszentrum angerufen, die Psychiatrischen Dienste der Stadt. Am anderen Ende der Leitung waren nette Stimmen, die mir sagten: ‹Wir haben leider erst nächste Woche einen Termin für Sie. Trotzdem: Ich wünsche Ihnen einen schönen Tag!› Ich dachte: ‹Spinnt ihr eigentlich? Geht es euch noch gut? Habt ihr auch nur den Hauch einer Ahnung, wie es mir gerade geht? Was wisst ihr schon? Was könnt ihr eigentlich?›»

Deborah Sutter verschränkt die Arme und schlägt die Beine übereinander. Wütend und trotzig sitzt sie da und erzählt, dass sie lange die Idee hatte, für solche Krisenmomente eine Trauer-Spitex zu initiieren. Keine schnelle Abfertigung mit beruhigenden Medikamenten, sondern menschliche Präsenz. Wenige Worte. Richtige Worte. Echtes. Eine gute Idee in einer Gesellschaft der Vereinzelung, finde ich. Längst nicht alle Menschen haben ihre Nächsten in der Nähe.

«Wie war das denn bei Ihnen? Wo waren Ihre Eltern? Ihre Freunde? Ihre Geschwister? Hatten sie keinen warmen Tee und ein Bett frei für Sie, für die junge Witwe?» – «Doch, doch, die waren schon für mich da. Ich bin denn auch in den ersten zwei Wochen mit Zahnbürste und Pyjama von Bett zu Bett, von Haus zu Haus getingelt. Ich wusste, dass ich es nicht aushalten würde in der eigenen Wohnung, in der nun nichts mehr war wie vorher, nie mehr so sein würde. Sie waren da für mich. Sie haben sich um mich gekümmert. Aber sie waren auch überfordert mit mir und dem, was mir zugestossen war. Auch sie waren in Trauer, auch sie befanden sich in einem Schockzustand. Ich habe immer wieder gemerkt: Eigentlich hält das niemand wirklich aus!»

«Was genau hätte man aushalten müssen?» – «Das Bodenlose. Den Stillstand. Den Abgrund. Das Dunkel. Die Leere. Ich weiss, dass das viel verlangt ist. Am ehesten konnte das meine Yogalehrerin, Julie. Sie hat gar nicht erst den Versuch unternommen, mich zu trösten. Sie hat mir einfach bestätigt, wie unfassbar und bodenlos alles ist. Sie hat mich nicht falsch getröstet.»

Wir reden über falschen Trost. Über Sätze, die das Herz verfehlen. Jetzt, zweieinhalb Jahre nach der Todesnachricht, lacht die mädchenhafte Witwe wieder. Sie lacht frech und laut, als wollte sie das ungelenk Gesagte für immer wegfegen: «Die Sonne geht wieder auf. Auch für dich, Deborah! Die Zeit heilt auch diese Wunde. Schau raus! Die Sonne scheint. Sie wärmt dich! Das Leben geht weiter, du wirst sehen, auch für dich! Denk nicht zu viel nach, Deborah. Du musst das nun einfach stehen lassen!»

Den letzten Satz hatte ihre besorgte Mutter gesagt. Heute räumt die Tochter ein, dass der Satz nicht falsch ist, aber zum falschen Zeitpunkt geäussert wurde.

«Viele Menschen neigten auch dazu, ihre eigene Geschichte über meine zu stülpen. Ich hatte keinen Nerv für andere Schicksalsgeschichten, wirklich nicht. Ich meine, die Chancen standen bei 50 Prozent, dass ich überhaupt weiterkomme.»

«Waren Sie suizidgefährdet?» – «Ja.» – «Sie wollten dem Liebsten nachsterben?»

Stille. Lange Stille.

«Ich wollte nicht ohne ihn sein. Ich wollte bei ihm sein. Und ich hatte auch das Gefühl: ‹Was ist denn das für ein Leben, das einem solche Sachen zuspielt? Hallo?› Wie sollte ich dem je wieder trauen können? Und ich dachte ausserdem, dass das mit dem Sterben in meinem Leben auch einmal abgeschlossen sein könnte.»

Deborah Sutter erzählt, dass sie als Elfjährige ihre Zwillingsgeschwister verlor, die zu früh zur Welt gekommen waren. Als sie 14 Jahre alt war, kam die Mutter ihrer besten Freundin bei einem Autounfall ums Leben. Eine andere Freundin starb, als sie 19 war. Und dann, an einem schönen Sommertag, erhängt sich ihr Liebster im Wald!

«Ich dachte nur: ‹Ernsthaft jetzt? Reicht es noch nicht? Muss das nun auch noch sein? Ja? Okay. Wenn das die Spielregeln im Leben sind, dann spiele ich nicht mit. Dann spielt mal schön ohne mich!› Dieses Gefühl hatte ich. Ich war recht lang in Gefahr, ein halbes Jahr vielleicht.»

Doch sie lebt. Sie lebt in einer Wohnung, die gemütliche Nonchalance ausstrahlt. Die Möbel sind eine

Mischung aus Erbstücken, Brockenhaus und Ikea. Manche Wände sind farbig gestrichen. Kerzen überall. Der Teekanne mit aufgemalter blauer Szenerie fehlt der Deckel. Ein Biedermeier-Bettchen neben dem Esstisch dient als Schlafstätte für Lotti und Babettli. Die zwei Katzen sind nicht unwichtig für Deborah Sutters Überleben und Leben. Während unseres Gesprächs sind sie ausser Haus, sie streunen wohl am nahen Waldrand.

«Wie haben Sie das erste halbe Jahr verbracht?» – «Ein Monat nach Chrigis Tod bin ich geflohen. Drei Monate Amerika, ziemlich ziellos, Fernziel Hawaii. Dort wohnt Julie, die Yogalehrerin, die mich am besten auffangen konnte. Ich bin durch das ganze Land gereist. Eine Freundin begleitete mich auf einem Teil der Wegstrecke. Später traf ich meinen Bruder und einen seiner Kollegen auf Hawaii. Gestartet bin ich in Chicago. Dort ging ich zu ‹Whole Foods›, einem Riesenreformhaus. Ich liebe Reformhäuser. Doch ich bin in Tränen ausgebrochen, weil mich nichts interessierte, weil ich auf nichts, auf gar nichts Lust hatte, weil mir nichts, gar nichts Freude machte. Ich hatte schon lange keinen Appetit mehr. Ich wurde dünn und dünner.»

Niemand im Eldorado des gesunden Essens sprach die weinende Frau an. Sie stand einfach da, tränenüberströmt, im grossen Laden, in der grossen Stadt, allein in der grossen, weiten Welt.

«Julie hatte mir zwar Adressen gegeben von Leuten, die ich hätte kontaktieren können auf meiner langen Reise. Manchmal habe ich jemanden angerufen und auch getroffen. Aber ich hatte immer das Gefühl, nicht dazuzugehören. Es trennte mich eine Membran vom Rest der Welt.»

Spirituelle Bücher und vor allem Podcasts waren Deborah Sutters Wegzehrung durch Amerika. Durch ihre Kopfhörer hindurch vernahm sie die Worte einer Frau, die wusste, was wirkliches Leiden bedeutet. Von ihr kaufte die junge Witwe ein Buch und schaute sich YouTube-Videos an. Sie fühlte: «Wenn mir jemand wirklich helfen kann, dann ist es sie!»

Als Deborah wieder aus Amerika zurückkehrte, empfahlen ihr Freunde und die Familie, sich in einer psychiatrischen Klinik helfen zu lassen. Also trat sie ein, blieb eine Woche, merkte aber bald, dass ihr die Psychiatrie nicht guttat:

«Du bist da auf der Akutstation zusammen mit anderen Menschen, die durcheinander sind. Du teilst an diesem seltsamen Ort das Zimmer mit jemanden, der ebenfalls durcheinander ist. Aber anders durcheinander als du selbst. Wenn du nur ein bisschen feinfühlig und durchlässig bist, spürst du zu viel. Du spürst, wie alle anderen um dich herum auch am Rad drehen, du spürst deren Unruhe, wenn sie die Gänge auf- und ablaufen. Ich brauchte in diesem Moment hingegen viel Ruhe.»

Sie fand diese Ruhe nicht im Hof der Klinik, wo die junge Frau mit den dunkelblonden Haaren stundenlang sass und einsam vor sich hin rauchte. Sie fand sie auch nicht nachts im Bett und auch nicht im Gespräch mit den Seelenfachleuten. Die ersehnte Ruhe fand Deborah Sutter vorübergehend bei den eigenen Eltern, die Verständnis zeigten und sie bei sich willkommen hiessen. Aber auch von dort musste die trauernde Tochter nach zwei Wochen wieder weg, um zu sich zu finden. Und so nahm sie ihre beiden Katzen zu sich und wagte den Schritt zurück in die eigenen vier Wände, in denen sie am 8. August 2016 die Nachricht erhielt, die sie komplett aus der Bahn geworfen hatte.

«Es fühlte sich an, als würde ich in einen Trümmerhaufen zurückkehren mit dem Wissen: ‹Da kann nichts mehr zusammengesetzt werden. Also muss ich neu anfangen.› Ich habe in dieser Zeit einmal die Woche mit der Frau aus Amerika telefoniert, deren Buch und Videos mir so geholfen hatten.»

«Worum ging es denn in diesen Ferngesprächen?» – «Es ging darum, die Membran zwischen mir und der Welt aufzulösen, in meinen Körper zurückzukehren, diese Schockstarre zu enteisen, das schwer traumatisierte und panische System zu beruhigen.»

«Das klingt sehr abstrakt. Was hat die Ungenannte denn geraten?» – «Bei den ersten Anrufen hat sie mir geraten, die Wohnung umzustellen und neu zu gestalten. Sie sagte, ich solle denn Geruch in der Wohnung verändern und die Wände streichen. Sie riet mir auch, abends Schubert zu hören. Sie empfahl mir zudem, *The Chronicles of Narnia* zu lesen, eine Serie von Fantasy-Romanen, in die ich mich flüchten konnte. Das war alles sehr hilfreich. Später ging es dann um weniger handfeste Dinge. Nach und nach haben wir begonnen, gemeinsam zu meditieren.»

«Meditation per Ferngespräch? Wie geht das?» – «Sie sprach mit mir: ‹Entspanne deine Füsse ... Spüre deinen Scheitel ... deine Hände ... Spüre deinen Atem ... Lausche den Geräuschen um dich herum ... Achte auf die Stille zwischen den Geräuschen ... Geh in die Stille hinein ... Geh mit deinem Körper in die Stille hinein ...› So habe ich mich langsam, sehr langsam ins Leben zurückgekämpft. Es hat ungefähr zwei Jahre gedauert. Erst im letzten Sommer verspürte ich wieder ein starkes Lebensgefühl, eine grosse Lust zu leben.»

«Ist in diesem Sommer etwas Besonderes passiert?» – «Nein, gar nicht. Da habe ich einfach begonnen, die Früchte meiner Arbeit an mir zu ernten.»

«Heilt die Zeit die Wunden?» – «Die Zeit allein heilt gar nichts. Es ist die Arbeit an sich selbst, die heilt. Die erfordert allerdings viel Zeit.»

Wir schälen zwei Mandarinen aus ihrer Schale und während wir die süssen Winterfrüchte geniessen, sprechen wir über die Trauer. Deborah Sutter zeichnet eine Spirale in die Luft und erklärt, dass sie den Eindruck habe, man komme in der Trauer immer wieder an denselben Themen vorbei, aber nicht auf demselben Niveau. Mir fällt dazu ein Spruch ein, der mir sehr gefällt. Er stammt von einem Kreativitätsspezialisten. Eine Freundin schenkte mir einmal ein Buch mit seinen Leitsätzen. Jede Woche schlage ich eine der Seiten auf, um mich zu inspirieren. Auf einer dieser Seiten steht:

Repetition is a form of change.
Repetition is a form of change.
Repetition is a form of change.

«Deborah, was würden Sie Chrigi sagen, wenn er wiederkäme?» – «Keine Ahnung.»

Stille.

Habe ich eine blöde Frage gestellt? Eine unpassende, eine unziemliche, eine, die das Vertrauen zur Journalistin zunichtemacht?

«Es gäbe ganz viel, das ich sagen würde», fährt Deborah Sutter schliesslich fort. «Aber vielleicht würde ich auch gar nichts sagen. Vielleicht würde ich sagen: Es tut mir so leid, dass es so gekommen ist.»

«Keine Wut?» – «Doch, manchmal schon. Aber das Mitgefühl ist stärker. Ich meine, so einfach macht das ja keiner. Seine Verzweiflung muss unendlich gross gewesen sein. Und das tut mir leid, sehr leid.»

Deborah Sutter weint. Und weit und breit kein Babettli, das ihr nun auf den Schoss hüpfte und sich streicheln liesse. Weit und breit kein Lotti, das ihr um die Beine striche.

«Sie bedeuten mir viel. Katzen bedeuten, nicht allein zu sein, Leben um sich zu haben, mich kümmern zu müssen. Es ist ganz banal: Sie müssen gefüttert und ihre Kistchen müssen gesäubert werden. Du kannst sie streicheln, sie sind warm und weich. Das ist schön. Ich hatte mal vier: Es gab früher noch zwei Kater, Hansjakobli und Tabourettli. Die Namen stammen alle aus Liedern des Berner Troubadours Mani Matter. Nun sind es noch die zwei. Babettli hatte ich gemeinsam mit Chrigi ausgesucht in der Hoffnung, das Büsi gebe ihm etwas Freude, würde ihm helfen.»

«Was wart ihr für ein Paar?» – «Für viele waren wir ein Paradepaar. Wir hingen nicht wie Kletten aneinander. Jeder hatte seine Welt. Oft hörten wir: ‹So sollte es sein, so wie bei euch!› Jeder von uns war sehr eigenständig. Ich hatte meinen Beruf und er seinen. Ich arbeitete tagsüber, er hing oft bis spät in die Nacht über seinen Plänen. Gemeinsam war uns das Interesse für Yoga und Meditation. Wir besuchten zusammen die Yoga-Retreats bei Julie. Wir hatten einen sehr respektvollen, liebevollen Umgang miteinander und verstanden uns auch in der Tiefe. Wir kannten uns seit unserer Kindheit.

Während elf Jahren waren wir ein Paar und hatten eigentlich vor, zu heiraten und Kinder zu bekommen. Vor Chrigi wusste ich nicht, dass man so lieben kann.»

Die junge Frau hat also nicht nur ihren Liebsten, sondern auch eine sicher geglaubte Zukunft verloren.

«Irgendwann muss er eine Abzweigung genommen haben. Was zeigt sich Ihnen da in der Rückschau?» Sie putzt sich die Brille, denkt nach. Sie atmet ein und aus, ein und aus. «Das ist schwierig zu beantworten. Doch als er einmal mit einem Freund Ketamin eingenommen hatte, brachte ihn das offensichtlich extrem durcheinander.»

Ketamin ist ein Narkosemittel. Es existiert in flüssiger Form oder als weisses, kristallines Pulver. Es wird geschnupft, geschluckt oder gespritzt. Die Sinneswahrnehmung verändert sich massiv. Es kann zu einer bruchstückhaften Auflösung der Umwelt und des Körperempfindens kommen. Die Gedanken reissen ab. Gefühle der Schwerelosigkeit und des Schwebens können auftauchen. Mehrfachtrips können zu depressiven Verstimmungen führen. Je öfter konsumiert wird und je höher die Dosen sind, desto gravierender werden die genannten Störungen.

«Chrigi konnte nicht mehr schlafen. Nach einer Woche suchte er psychiatrische Hilfe auf. Es hiess, er sei psychotisch, und innerhalb von zwei Monaten ist alles zusammengekracht. Es wäre aber falsch, einfach zu sagen: ‹Kein Wunder, der hat halt Drogen genommen!› Ich denke, dass da viel unter der Oberfläche schlummerte: Angst, alte Geschichten, Ungelöstes. Irgendwie wurde er in dieser Zeit unerreichbar für mich. Ich fühlte mich so dumm mit meinen ganz alltäglichen Wünschen: ‹Chrigi, bringst du bitte noch Milch mit?›»

So kam Chrigi ihr in kurzer Zeit Stück für Stück abhanden.

«Heute rede ich viel mit ihm. Wir stehen in Kontakt. Er ist manchmal auch da. Ich weiss nicht, wie das Leben nach dem Tod weitergeht. Ich weiss auch nicht, wohin es weitergeht. Aber dass es weitergeht, das weiss ich.» – «Warum wissen Sie das?» – «Es ist eine ganz starke Gewissheit.» – «Wie spüren Sie ihn?» – «Es ist, als wäre er da. Es ist eine spürbare Präsenz. Wenn ich etwas sage, kommt etwas zurück. Ich habe eigentlich keine Fragen. Es ist eher ein gemeinsames Trauern um das, was ist. Es ist etwas Weiches, Warmes.»

Weich und warm. Tröstlich.

«Was ist, wenn die Katzen sterben?» – «Die dürfen nicht sterben!» Noch streunen sie umher. Noch werden sie zum Fressen und Schlafen kommen, zum Schmusen und Schnurren.

Deborah Sutter zeigt mir die Nebenwohnung, in der sich ihre Yogaschule befindet. Ein hübscher Warteraum mit Stühlen, die nach kostbaren Erbstücken aussehen. Ein kleiner Übungsraum mit einem schmalen Fenster zum Himmel hin. Hier empfängt sie ihre Elevinnen und Eleven zum Training. Es ist ein Raum der Stille.

Weniger still ist ihre andere Arbeit, die Arbeit für eine Redaktion, die Beiträge erwartet, termingenau. «Ich mag diese Arbeit ebenfalls. Sie ernährt mich auch. Aber seit Chrigis Tod weiss ich, was wichtig ist und was nur dringend. Es soll mir keiner mehr mit Deadlines kommen!»

Deadlines! Was für ein schreckliches Wort im Zusammenhang mit Deborah Sutters Liebesgeschichte.

Wir sprechen über die Zukunft. «Neue Liebe, neues Glück?» – «Ja, schon. Seit Chrigis Tod habe ich mich einmal neu verliebt. Es war ein leises Herantasten. Ich arbeite daran, nicht wieder in das gleiche Muster zu verfallen.»

«Welches Muster denn?» – «Anderen immer helfen zu wollen. ‹Es geht dir nicht gut? Kein Problem, die starke Deborah ist hier!›»

Deborah Sutter ist stark. Sie hat sich ins Leben zurückgekämpft. Sie kann wieder im Wald spazieren gehen, ohne zu denken, dass man alle Bäume fällen müsste, damit sich nie mehr jemand daran aufhängen kann. Sie geht einmal pro Jahr mit anderen sensiblen Menschen in ein Retreat, in ein Seelenbad, das heilt, weil man anders miteinander spricht und genauer nachfühlt. Sie arbeitet täglich an ihrer Selbstwertverletzung, die entstand, als der Mann für immer ging und die Frau nicht genügte und die Liebe füreinander auch nicht, um am Leben zu bleiben. Sie ist stark und hält die Trauer aus, die sich spiralförmig in die Höhe windet und sich noch lange hochwinden wird.

«Wie lange noch?» – «Mindestens noch zehn Jahre, glaube ich. Ich will das auch. Denn es ist ein Zeichen meiner Liebe. Ich will Chrigi nicht vergessen, sondern einen Umgang mit ihm und unserer Geschichte finden und mit ihr heilen. Ja, das ist mein Tanz.»

Sie, die auf stille Weise mit ihrem Chrigi tanzt, ist auch stark, um das zu erzählen, was ihr immer noch viel Kraft abverlangt: den Todestag.

Die junge Frau muss Anlauf nehmen. «Ja, dieser Morgen. Wir hatten getrennte Schlafzimmer. Jeder schlief in seinem Bett. Die Nacht war schwierig gewesen, er hatte unruhig geschlafen. Ich wachte mehrmals auf und horchte: Was tut er? Wie geht es ihm? Was läuft im Zimmer nebenan? Einmal bin ich zu ihm gegangen und habe gefragt: ‹Chrigi, wie geht es dir?› ‹Gut!› Am Morgen war ich dann müde und wollte noch etwas schlafen. Es war mein freier Tag. Er sagte: ‹Guten Morgen!› Ich lächelte und winkte ihm zu. Es war oft so, dass ich morgens als Erstes meditierte und Yogaübungen machte und wir erst beim Frühstück miteinander sprachen. Ich hörte ihn dann aufstehen und fortgehen, und ich schlief wieder ein. Ich dachte an nichts Böses, obwohl die Wochen zuvor schwierig gewesen waren und ich oft an meine Grenzen gestossen war und gedacht hatte: ‹Nicht schon wieder, nicht schon wieder dieses befremdliche, überfordernde Verhalten!› Ich wollte ihn auch nicht bemuttern. Es war sehr anstrengend. Meine Arbeit war in dieser Zeit ebenfalls sehr herausfordernd. Ich war allein auf der Redaktion und plante eine Reportage aus dem Kosovo.

Heute noch plagen mich Schuldgefühle. Immer wieder denke ich an diesen Morgen zurück. Gedankenspiralen: Was wäre gewesen, wenn ich aufgestanden wäre und ihn umarmt hätte? Was, wenn ich mit ihm geredet hätte? Hätte ich es spüren müssen? Hätte ich etwas merken können? War ich zu egoistisch? Fragen über Fragen. Müssige Fragen, nagende Fragen, endlose Fragen.

Hätte Chrigi gesagt, dass es nicht mehr geht, dass er mich braucht, hätte ich alles stehen und liegen lassen für ihn. Aber das sagte er nicht.»

Deborah Sutter schlief an diesem Morgen aus, übte Yoga, frühstückte. Eine Unruhe verspürte sie erst, als die Spitex-Frau von der Psychiatrie an der Tür klingelte, weil Chrigi offenbar einen vereinbarten Termin verpasst hatte. Sie bat die Helferin, auf dem Balkon Platz zu nehmen. Chrigi käme sicher bald. Er kam aber nicht, und die Frau ging wieder.

«Ich versuchte ihn zu erreichen. Er nahm nicht ab. Ich sprach auf seine Mailbox. Keine Reaktion. Ich rief seinen Arzt an. Der riet, erst einmal abzuwarten und, wenn nötig, erst später die Polizei einzuschalten. Ich ging los und suchte ihn dort, wo ich ihn hätte vermuten können. Nichts. Ich hatte von Anfang an kein gutes Gefühl.»

Später, als Deborah Sutter den Arzt erneut anrief, schaltete dieser die Polizei ein. Sie ging trotzdem mit Julie, ihrer Yogalehrerin, essen. «Sorry, Julie, ich muss eine rauchen.» Und so kaufte sich Deborah Sutter ein Päckchen American Spirit Orange und fing am 8. August 2016 wieder zu rauchen an.

Wieder zu Hause, rief sie ihre Freundin Gabi an. Gabi kam, und die beiden Frauen setzten sich an diesem Sommerabend auf den Balkon, ihr Blick auf das Nachbarhaus und auf die Prunkbauten in der Stadtmitte gerichtet. Die Füsse auf dem Balkongeländer, rauchten sie, tranken Rotwein und warteten. Sie warteten auf Chrigi, der bald kommen und erzählen würde, wo er die ganze Zeit gewesen sei.

Um 23 Uhr schaute ein Polizeiteam vorbei, zur Wohnsitzüberprüfung. Dann, morgens um 2 Uhr, kamen zwei andere Polizisten vorbei und fragten: «Suchen Sie Christoph?» – Gabi antwortete: «Ja!» – «Ein Velofahrer hat ihn gefunden. Im Wald. Er hat sich erhängt.»

Die Beamten baten Deborah, zu unterschreiben, dass sie ihr sein Portemonnaie und sein Mobiltelefon in einem Plastikbeutel ausgehändigt hätten. Deborah unterschrieb. Dann wollte sie einfach, dass alle gehen. Die Polizei, Gabi, alle. Und sie selber am liebsten auch, jetzt wo Chrigi gegangen war.

«Das Versäumnis wiegt schwer!»

SYBILLE KELLER ist 77 Jahre alt. Ihr Mann starb während gemeinsamen Ferien auf einer Skipiste im Engadin einen Sekundentod. Das war im Jahr 1999. Damals waren die Kellers 31 Jahre verheiratet und Eltern von zwei erwachsenen Töchtern.

.....

Sie ist nicht zu übersehen auf dem Bahnsteig: flammenrotes, lockiges, aufgestecktes Haar, rostrote Fluseljacke, rote Lackstiefelchen und ein wachsam suchender Blick. Sehen so heute 77-Jährige aus? Sieht so eine Witwe, Grossmutter, Mutter und langjährige Geschäftsfrau aus, die mir vor Wochen in einem Kondolenzbrief geschrieben hatte: « Zum Tod habe ich nichts zu sagen, ausser dass er mich seit 20 Jahren foltert. Oft habe ich ihn mir herbeigewünscht, aber mich will er noch nicht besuchen!»

Wir steigen ein in ihr rotes Auto und fahren durch Stäfa. Sie ist offenbar gutes Timing und effiziente Organisation gewohnt: Der Backofen ist so eingestellt, dass sie mich am Bahnhof abholen kann und das Essen pünktlich bereit ist, wenn wir in ihrem Zuhause ankommen: Kürbissuppe mit Ingwer, Quiche mit Salat und Fruchtsalat zum Nachtisch. Der leckere Duft der Lauchquiche durchströmt ihr Appartement – Wohnung würde zu behäbig klingen für ihren komfortablen Singlehaushalt: moderne Architektur, langgezogener Balkon, grosse Fenster, städtischer Zuschnitt, Blick auf den See. Heute ist er nebelverhangen.

Wir beginnen unser Gespräch erst beim Kaffee. Sie sitzt auf dem Klavierhocker am Klavier. Eine Mozartsonate liegt auf der Notenablage.

«20 Jahre Folter. Wie fühlt sich Ihre Trauer denn heute an?» – «Meine Trauer wird eine Folter bleiben, weil ich zu spät erkannt habe, wie wertvoll mein Mann eigentlich für mich war. Ich habe zu spät erkannt, was ich an ihm hatte: einen grosszügigen, verständnis- und vertrauensvollen Menschen. Irgendwie hatte ich mich ihm immer überlegen gefühlt. Das war falsch. Er war ein Erfinder, ein ruheloser Chemiker, einer, der immer neue Ideen hatte. Ich habe zu sehr nur das Fehlende an ihm gesehen: die Liebe zu Büchern, den Sinn für Musik, das Interesse für klassische Kultur. Das alles sagte ihm nicht viel.»

«Gegensätze ziehen sich an, sagen die einen. Gleich und gleich gesellt sich gern, sagen die anderen. Was sagt Sybille Keller?» – «Wir waren sehr gegensätzlich. Sehr, sehr, sehr. Das haben auch alle unsere Freunde so gesehen. Wir haben uns ergänzt. Er liess sich nie in ein Klischee pressen, ich war hingegen ziemlich angepasst. Er war geduldig und ruhig, ich aufbrausend und spontan. Er konnte einstecken, ich nicht. Er war schnell im Denken, ich schlecht im Argumentieren. Er hatte ein grosses Verständnis für Menschen. Sein Motto war: Leben und leben lassen. Ich war weniger tolerant.» – «Sie machen sich etwas gar schlecht, finden Sie nicht?» – «Nein, überhaupt nicht, es war so.»

Die Mittagssonne hat nun den Nebel über dem See durchdrungen. Wie auf einem der üblichen Bilder zum Heiligen Geist durchstösst ein Strahl das milchige Weiss. Durch die weiten Fenster und die Glasbalustraden der grossflächigen Balkone ist jedes Lichtspiel zu sehen. Jede Wolkenformation. Jede Seefarbe.

In das alles hatte sich Sybille Keller auf Anhieb verliebt. Die im Zeichen des Löwen geborene Witwe wusste bei der Wohnungsbesichtigung innerhalb einer Minute: «Diese Wohnung möchte ich. Hier will ich in Zukunft sein.» Die freie Sicht auf den weiten See hatte es ihr angetan. Nach dem Preis fragte sie erst etwas später.

Die Kulturinteressierte sitzt sehr aufrecht am Klavier. In der Hand hält sie ein paar Notizen zu den Themen, die ihr wichtig sind.

«Kurz nach unserer Heirat haben wir eine eigene Firma gegründet, eine chemische Fabrik. Wir stellten Reinigungsmittel für die Industrie her. Ebenso wichtig war für meinen Mann, eine Familie zu haben. Er war ein wunderbarer Vater, er hat immer viel mit seinen Töchtern unternommen. Sie störten ihn nie, auch nicht im Geschäft. Wenn wir an einer Sitzung waren, durften die Kinder jederzeit anklopfen. Ihr Vater holte sie dann ins Besprechungszimmer und nahm sie auf seine Knie, solange sie klein waren. Er war immer so unkompliziert. Die Menschen waren ihm immer wichtiger als das Geschäft. Auch für die Mitarbeitenden war klar: Der Mensch kommt zuerst.»

«Und Sie, hatten Sie andere Prioritäten?» – «Nein, das nicht. Aber das Musische fehlte mir. Es fehlte mir immer. Doch wir hatten nun mal diese Firma, und da mussten wir uns reinknien. Am Ende des Monats waren die Löhne zu bezahlen und das Geschäft musste florieren. Ursprünglich war ich ja Kindergärtnerin, aber mit vierzig machte ich eine kaufmännische Ausbildung und war fortan für die Buchhaltung und das Personal zuständig. Und so bauten wir eine Firma nach der anderen auf.»

«Gleich mehrere Firmen?» – «Ja, mein Mann hatte irgendwann eine Kehrtwende vollzogen und war zum Grünen mutiert. Ich erinnere mich, wie ihm eines Morgens, als wir auf dem Weg in unsere Firma waren, die vielen Zeitungsbündel vor den Haustüren auffielen. ‹Dieses Material muss man doch nutzen können›, sagte er und erfand wenig später das Katzenstreu aus Altpapier, ohne jegliche Zusatzstoffe. So entstand eine weitere Firma. Wir kauften die entsprechenden Maschinen in England und eröffneten die Firma Bio-Catolet. Aber die Firma war nicht optimal gemanagt, und nach sechs Jahren mussten wir Konkurs anmelden. In der Schweiz hingegen war das neue Katzenstreu recht gefragt.

Mein Mann war ein Erfinder, ein wacher Geist, ein chaotisch-kreativer Mensch mit nur wenig Geschäftssinn. Einmal zum Beispiel reiste er nach Sibirien, um Lachse zu fischen. Natürlich endete seine Reise mit einem neuen Projekt: ‹Ich muss den Russen zeigen, wie man Lachs räuchert!› Drei Monate später war er tot.»

Die Erzählung vom Tod kommt plötzlich. Sybille Keller bricht ab. Es wird still am Salontisch. Und es wird still am Klavier. Ich schaue auf den Boden und verliere mich in der Ornamentik des Teppichs: safrangelbe Wellenlinien, eine farbige Blattreihe entlang den vier Seiten, umrahmt von orange- und lilafarbenen, kammartigen Bordüren. Im Zentrum eine blutrote Fläche, durchwirkt mit Mustern, die ebenso Pflanzen wie Tierwesen symbolisieren könnten.

«Als wir junge Eltern waren, konnten wir unser Kind für drei Wochen in Obhut geben und eine weite Reise machen. Wir fuhren mit dem Auto nach Istanbul und kauften dort in einem Bazar diesen Teppich. Ich liebe ihn. Er ist wichtig für mich. Darum liegt er auch noch da. Er war unsere erste grössere Investition. Wir lebten zu der Zeit noch in alten Möbeln aus dem Brockenhaus.»

Und nun lebt die grossgewachsene schlanke Frau in ihrem Wunschappartement mit Lift aus der Tiefgarage vor die Wohnungstür, mit Schrankzimmer und Grosswanne im Bad, mit Liege auf dem Balkon und Timer am Herd. Trotzdem: Prunk mag sie nicht.

«Alles in dieser Wohnung hat eine Geschichte. Eine Geschichte, die mir viel bedeutet. Die Tischsets sind alt und von der Grosstante, die Silberlöffel stammen aus verschiedenen Haushalten, die Leinenservietten gehörten einst einer Fabrikantengattin. Sie war die Patin meiner Mutter.»

An der Wand hängt ein Nostalgie-Schaukästchen mit ihrem ganz persönlichen Musée sentimental: Fotos der Enkelbuben, ein Bild vom Erfindermann in jungen Jahren, Körbchen, Töpfchen, bemalte Steine, Döschen, Reminiszenzen aus der Kinderzeit der beiden Töchter, ein Sammelsurium zum Seelentrost.

Wir reden vom Geld. «Als Buchhalterin wusste ich immer genau, was reinkommt und was rausgeht. Ungefähr zwei Jahre vor dem Tod meines Mannes ging ich zu einem Anwalt und schilderte ihm unsere Situation: ‹Mein Mann steckt alles in seine Firmen. Wir haben noch nicht mal ein eigenes Haus oder ein privates Auto.› Allerdings hatte ich schon ein Rustico im Tessin. Das hatte ich mir ausbedungen für mich und unsere beiden Kinder, falls etwas passieren sollte. Der Anwalt, ein bäuerlicher Typ mit schneller Auffassungsgabe, meinte unerschrocken: ‹Gehen Sie nach Hause, Frau Keller, und reissen Sie sich eine der Firmen unter den Nagel. Ihr Mann wird froh sein, wenn er sich eines Tages in ein gemachtes Nest setzen kann!› Zwei Tage später habe ich das auf dem Notariat in die Wege geleitet.» Nun lacht sie am Klavier.

«Aber es brauchte ja auch das Einverständnis Ihres Mannes, der dem Plan des hemdsärmeligen Anwalts zustimmen musste?» – «Oh ja, und das war schwierig. Mein Anspruch hat ihn sehr traurig gemacht. Er hat ihn verletzt. Er hat danach während ein paar Wochen nur noch das Allernötigste mit mir gesprochen. Er meinte nur: ‹Du hast das Vertrauen in mich verloren!› Und dann, knapp zwei Jahre später, war mein Mann tot und die Firma, die nun mir gehörte, meine finanzielle Rettung. Damals war ich 57 Jahre alt, unsere Töchter 27 und 24 und er bei seinem Tod erst 59.»

Wir sind wieder beim Tod angelangt. Doch diesmal weniger plötzlich, diesmal mit Anlauf, diesmal mit einer Vorgeschichte. Diesmal ohne Stille am Klavier.

«Wir mieteten uns in St. Moritz-Bad immer für zwei Monate eine Ferienwohnung. Ich war in dieser Zeit oft im Engadin, um mein Rückenleiden zu kurieren. Mein Mann kam jeweils am Wochenende hoch zum Skifahren. Das war auch an diesem Januarwochenende so. Er kam nach einer Konsultation beim Kardiologen nach St. Moritz. Am Morgen, wir sassen noch beim Frühstück, sagte er mit Blick auf die besonnten Berge: ‹Bei diesem Wetter muss ich raus auf die Skier!› – ‹Ich spaziere lieber, wir können uns ja um 12 Uhr im Bergrestaurant in der Corviglia oben treffen. Geh du schon mal vor. Ich mache hier noch etwas Ordnung.›

So machten wir es und verabschiedeten uns. Aber fünf Minuten später kam er zurück. Er hatte seine Handschuhe vergessen und sagte: ‹Übrigens, ich muss dich nochmal küssen.› Dann ging er. Zehn Minuten später war er wieder da. Er hatte die Sonnenbrille vergessen und sagte: ‹Und übrigens, lass dich noch einmal umarmen!› – ‹Jetzt hau aber ab, sonst bin ich noch vor dir auf dem Berg!› Das waren meine letzten Worte an ihn.»

Sybille Keller schaut mich an. Prüft mich mit ihren wachen Augen. «Nagt diese Situation noch immer an Ihnen? Diese letzten Worte, würden Sie sie gerne ungesagt machen, wenn Sie könnten?» Während ich sie das frage, fällt mir das wunderschöne Gedicht von Hilde Domin ein. Es heisst «Unaufhaltsam» und ich lernte es vor Jahren auswendig, als es mir bei einer Recherche über verbale Gewalt an Kindern unter die Augen kam:

Das eigene Wort, wer holt es zurück,
das lebendige – eben noch ungesprochene Wort?
Wo das Wort vorbei fliegt, verdorren die Gräser,
werden die Blätter gelb, fällt Schnee.
Ein Vogel käme dir wieder
nicht dein Wort,
das eben noch ungesagte,
in deinen Mund.
Du schickst andere Worte hinterdrein,

Worte mit bunten, weichen Federn.
Das Wort ist schneller,
das schwarze Wort.
Es kommt immer an,
es hört nicht auf, an zu kommen.
Besser ein Messer als ein Wort.
Ein Messer kann stumpf sein.
Ein Messer trifft oft
am Herzen vorbei.
Nicht das Wort.
Am Ende ist das Wort,
immer
am Ende
das Wort.

«Mein letzter Satz war flapsig gemeint», sagt Sybille Keller, die schon seit 20 Jahren verwitwete Frau. «Aber was mich quält, ist das Ungesagte.» – «Erzählen Sie!» – «Am Abend vor seinem Tod habe ich etwas nicht gesagt, was ich hätte sagen müssen. Es wäre schön, wenn ich es gesagt hätte. Aber ich habe es eben nicht gesagt. Wir sassen in einer Beiz und assen Pizza, wir, die Eltern zweier erwachsener Töchter. Ich sagte zu ihm: ‹Jetzt sind wir wieder allein, wie früher.› – ‹Das ist schön, ich liebe dich wie am ersten Tag.› – ‹Ganz genau so könnte ich das nicht sagen. Ich brauche dich!› – ‹Wir brauchen uns nun beide, je länger, je mehr, weisst du!›

Ich dachte, wenn ich ihm nun ein Kompliment mache und ihm sage, dass er der Beste ist und dass ich mir wünsche, dass er mich liebt bis ans Ende meiner Tage, schnappt er noch über vor Stolz. Dieses Versäumnis tut mir bis heute leid.

Einen Tag später hat er mich einfach hocken lassen. Und nun bin ich schon seit 20 Jahren allein.»

«Zweimal ist Ihr Mann zurückgekehrt am Tag seines Todes. Er hat Sie geküsst und umarmt. Glauben Sie, dass er eine Vorahnung hatte?» – «Ich weiss es nicht. Er hatte immer so gerne gelebt. Die Diagnose Angina Pectoris, die der Arzt kurz vor seinem Tod stellte, kannte mein Mann zu dem Zeitpunkt nicht. Ich bekam diesen Arztbescheid zwei Tage nach seinem Herzversagen.

Ich war an diesem Januartag am Mittag also auf der Corviglia. Mein Mann war um 12.30 Uhr noch nicht da, doch ich dachte an nichts Böses. Ich vermutete, dass er jemanden angetroffen haben könnte und noch einen Schwatz abhält. Ich wartete weiter. Um 13 Uhr versuchte ich ihn dann zu erreichen. Er nahm nicht ab. Um 14 Uhr wurde ich unruhig, ich war nun sicher, dass etwas nicht stimmte. Ich hoffte, dass er sich auf der Abfahrt nichts gebrochen hatte! Ich ging zu der Corviglia-SOS-Station. Da standen vier Männer beisammen: ‹Guten Tag, ich warte auf meinen Mann, und der kommt nicht. Wissen Sie etwas von einem Unfall?› – ‹Nein, es ist nichts passiert!›

Später erfuhr ich, dass es genau die vier waren, die zweieinhalb Stunden früher versucht hatten, meinen Mann zu reanimieren. Und sie hatten mich noch nicht mal nach dem Namen gefragt!

Nun, ich ging zurück in unsere Ferienwohnung. Ich war mehr oder weniger ruhig. ‹Vielleicht ist er ja zu Hause? Oder vielleicht ist etwas passiert und er ist direkt ins Spital gebracht worden?› So dachte ich hin und her. Ich wartete bis 16 Uhr. Nichts geschah. Ich nahm mir vor, noch bis um 16.30 Uhr zu warten und dann die

Polizei anzurufen, um zu sagen, dass ich meinen Mann vermisse. Dann klingelte das Telefon. Es war der Rega-Arzt: ‹Sind Sie Frau Keller?› – ‹Ja.› – ‹Ich muss Ihnen etwas Trauriges sagen. Ich habe Ihren Mann holen müssen. Er ist tot.›»

Sie erzählt das, noch immer aufrecht auf dem Klavierhocker sitzend. In den vergangenen 20 Jahren hat sie das schon oft erzählt, erzählen müssen. Das spürt man. Beim Wort «tot» schlägt sie beide Hände flach zusammen. Keine Gebetsgeste. So vital, wie sie das macht, sieht es eher aus wie ein Gestus für getane Arbeit.

«Der Arzt hat Ihnen das einfach so mitgeteilt?» – «Ja, und dann habe ich scheinbar lange nichts mehr gesagt. ‹Sind Sie alleine? Wo sind Sie, Frau Keller?› Ich habe ihm gesagt, dass ich in St. Moritz in einer Wohnung sei. Ich konnte kaum sprechen. Es hatte mir die Sprache verschlagen, und noch heute spüre ich, wie da etwas eingeschnappt war.»

Sybille Keller zeigt auf ihre Brust. Auf ihr Herz. Auf das Organ, das bei ihrem Mann an einem schönen Sonnentag in den Bergen, von einem Moment auf den anderen, aufhörte zu schlagen.

«Der Arzt hakte nach: ‹Frau Keller, sind Sie noch da? Möchten Sie nach Samedan kommen ins Spital?› – ‹Ja.› – ‹Fahren Sie nicht selber! Nehmen Sie ein Taxi! Kommen Sie! Ich sorge dafür, dass Ihnen jemand ein Medikament gibt und dass Sie Ihren Mann sehen können.›

Ich ging wie ferngesteuert zur Wohnungsbesitzerin und sagte tonlos: ‹Ich gehe jetzt ins Spital. Da liegt mein Mann. Er ist tot. Rufen Sie bitte ein Taxi für mich!› Ich weiss noch, dass es mich in diesem Moment vor Frost schüttelte. Die Frau hat das Taxi gerufen. Ich stieg ein und versuchte auf der Fahrt ins Spital meine Töchter zu erreichen. Das gelang nicht auf Anhieb. Die eine war in den Bergen. Der anderen habe ich via Vorgesetzten ausrichten lassen, sie solle mich anrufen, auch nachts, es sei wichtig, sehr wichtig. Um 22 Uhr rief sie an. Ich sagte ihr: ‹Ich muss dir etwas sagen, aber ich sage es dir nur, wenn du mir versprichst, dass du erst morgen hierhin fährst.› ‹Wieso das denn? Was hat er wieder angestellt?› – ‹Er ist im Spital in Samedan, aber er lebt nicht mehr.›

Sie kam am nächsten Tag und wir haben dann gemeinsam alles Formelle erledigt. Meine beiden Töchter waren fassungslos. Sie liebten ihren Vater sehr.

Die andere Tochter war an einem Firmenanlass in den Bergen und wurde per Helikopter umgehend nach Samedan geflogen. Noch am selben Abend kam sie ins Spital und blieb in der Nacht mit mir in der Wohnung. Sie war mir eine grosse Hilfe. Seelisch und auch mit all den Dingen, die bedacht werden mussten.»

Heute, 20 Jahre nach dem unerwarteten Adieu im Spital von Samedan, legt sich die Witwe immer noch seinen auberginefarbenen Pullover aus edlem Strick um ihre Schultern, um etwas von ihrem Mann zu spüren, um von ihm, dem ungesagt Besten, umfangen zu sein, um nicht ganz allein zu sein in der Nacht.

«Ich bedaure es so sehr, dass ich ihm nicht gesagt hatte, wie viel er mir bedeutete.» – «Glauben Sie nicht, dass er das auf seine Weise weiss, wenn Sie es denken und es so oft schon gedacht haben?» – «Ich bilde mir das ein, aber intellektuell kann ich mir nicht vorstellen, wie das möglich sein könnte.» – «Es könnte ja sein, dass es unseren Verstand übersteigt, was alles möglich ist.» – «Ich habe die kindliche Vorstellung, ihn noch einmal zu treffen und ihm all das zu sagen. Das wäre schön.»

«Wie stellen Sie sich das Jenseits vor?» – «Ich wünsche mir einfach, dass er auf einer Wolke sitzt und mich sieht. Auf alle Fälle möchte ich mehr lachen, mich fröhlicher geben, so wie er sich das immer gewünscht hatte. Ich habe ja wirklich keinen Grund, unzufrieden zu sein. Diesbezüglich hat mich eine unserer Töchter einmal hart zur Brust genommen und gesagt: ‹Kaum kommst du zur Tür rein, hast du etwas Negatives auf der Zunge!› Seither bemühe ich mich, meine Zufriedenheit auszustrahlen.»

«Ist Ihr Mann eine innere Referenz für Sie?» – «Ja, absolut, in jeder Beziehung – ausser im kreativen Chaos! Er sagte immer: ‹Es ist keine Zeit für Schlechtes in diesem kurzen Leben.› Er hatte eine ganz eigene Sachlichkeit und sagte mehrmals: ‹Wir sind Vorübergehende, eine Winzigkeit im Grossen und Ganzen.› Er war immer ganz gegenwärtig. Seine Haltung hat sich nicht immer günstig auf das Geschäft ausgewirkt.»

Sybille Keller weist auf den grossen Himmel über dem See. Nun scheint die Sonne milchig-weiss. Es ist Nachmittag geworden ob der langen Erzählung, die uns zurückführt zu diesem frühen Januarabend vor 20 Jahren ins Bezirksspital von Samedan.

«Man hatte mich erwartet im Spital. Man verabreichte mir beruhigende Medikamente und stellte mir eine Spitalfürsorgerin zur Seite: ‹Ihr Mann ist in der Kapelle aufgebahrt. Frau Keller, möchten Sie, dass ich mit Ihnen komme, oder möchten Sie allein zu ihm gehen?› – ‹Ich möchte gerne allein mit ihm sein.›

Ich sah ihn an und dachte: ‹Der ist doch nicht tot. Er lebt noch. Ich muss ihm einfach warm geben.› Ich berührte ihn ganz zart, wie ein kleines Kind. Er sah aus, als würde er nur schlafen, aber ich spürte, wie kalt er war, und ahnte, dass all meine Wärme ihn nicht mehr ins Leben holen konnte. Nie mehr!

Er war sehr schön hergerichtet. Die Fürsorgerin war sehr verständnisvoll. Ich war verzweifelt. Und sie hat mir die Verzweiflung nicht weggeredet. Sie hat mich ausgehalten.»

Einen Moment lang ist es still zwischen uns. Dann fragt Sybille Keller: «Ist diese Geschichte überhaupt genügend interessant für Ihr Buch?» Es ist nicht das erste Mal, dass sie das fragt, sie, die inzwischen erfahrene Geschäftsfrau, sie, die glückliche Grossmutter, sie, eine attraktive Frau mit der Ausstrahlung einer Dame von Welt, sie, die Witwe, die sich nach dem plötzlichen Tod ihres Mannes zurückkämpfen musste ins Leben. Und es ist nicht das erste Mal, dass ich antworte: «Mich interessiert Ihre Geschichte. Darum bin ich bei Ihnen.» Und etwas später fordere ich sie auf: «Erzählen Sie mir vom offiziellen Abschied, von der Abdankung!»

«Wir hatten es nicht versäumt, immer wieder mal über unsere Wünsche zu sprechen. Mein Mann konnte sich durchaus vorstellen, kremiert und danach als Asche im See verstreut zu werden. Das war mir nicht möglich. Auch die Kremation nicht. Ich wollte seinen Körper in einen Sarg gebettet wissen und eine richtige Grabstätte für ihn haben.

Der Arzt hatte mir vor seiner Beerdigung angeraten, ein halbes Temesta zu nehmen, um das alles durchzustehen. Ich befolgte seinen Rat und erinnere mich, dass ich ganz aufgeräumter Stimmung war. Wie unter einem Schleier. Der Organist hatte die ganze Feier auf Tonband aufgenommen und es mir später gegeben. Bis heute habe ich es nicht geschafft, das anzuhören. Mir graut davor.

Die Wirkung von Temesta war eine gute Erfahrung. Ich nehme das Medikament sehr selten immer noch. Wenn ich beispielsweise drei Nächte nicht richtig geschlafen habe, nehme ich eines, um mal sieben Stunden am Stück schlafen zu können.»

«Was hindert Sie denn manchmal am Schlaf?» – «Ich denke nicht immer an meinen Mann. Da sind auch Gedanken an meine Töchter oder an das Geschäft. Ich habe ja immer noch eine Firma und da steht ein Umbau an. Es gibt viel zu überlegen. Und manchmal überkommt mich auch die Angst vor der Zukunft.»

«Viel zu überlegen gab es sicher auch vor 20 Jahren, als Sie sehr unerwartet, alleine dastanden. Was war in dieser Zeit des Schocks hilfreich?» – «Die Arbeit! Ich stürzte mich förmlich hinein. Ich glaube, es gab Tage, da habe ich 20 Stunden gearbeitet. Auch sehr wichtig war für mich das Gehen. Der Weg zum Friedhof und wieder zurück, drei Kilometer hin und drei Kilometer zurück. Das Gehen hat mir geholfen, wieder zu mir zu finden. Der Friedhof, der Grabstein meines Mannes, das alles ist bis heute sehr wichtig für mich. Auf dem Friedhof habe ich das Gefühl, nah bei meinem Mann zu sein. Ich spreche auch mit ihm: ‹So, bitte hilf mir jetzt. Du hast mich hier allein hocken lassen mit all den Fragen, und nun brauche ich dich!› Am Anfang ging ich jeden Tag zu ihm. Später zweimal die Woche. Auch heute gehe ich zum Grab, wenn ich ihn brauche.

In der Zeit nach seinem Tod wurde ich dünn und dünner, und obschon ich ohnehin nie dick gewesen war, verlor ich in der Zeit nach seinem Tod zehn Kilos. Die Zeit danach war eine Unglückszeit. Zehn Monate nach dem Tod des Vaters hat eine meiner Töchter auch noch ihren Lebenspartner im Schnee verloren. Ein Unfalltod. Das hat uns zusammengeschweisst, wir wurden eine Schicksalsgemeinschaft trauernder Frauen. Doch damit nicht genug: Drei Wochen später fegte der Sturm Lothar das Dach eines unserer Lagerräume weg. ‹Reicht es immer noch nicht? Was bitte ist das nächste Unglück?›, fragte eine meiner Töchter.»

Noch immer hält Sybille Keller die Vorbereitungszettel in ihrer Hand. Aber sie braucht diese Erinnerungshilfe offensichtlich nicht. Zu gegenwärtig wird im Erzählen all das, was im Jahr vor dem Millennium ihr Frauenleben auf den Kopf gestellt hat.

«Wie haben Sie es geschafft, zu überleben?» – «Es gab ein Ehepaar, Ruth und Markus, die beiden haben mir das Leben gerettet. Sie haben mich bekocht. Sie haben für mich das Gras gemäht. Sie haben mich ermuntert zu reisen. Sie waren einfach da für mich. Unschätzbar! Trotzdem hatte ich drei Monate nach dem Tod meines Besten einen Nervenzusammenbruch. Ich war körperlich und psychisch am Ende. Der Hausarzt wies mich in eine Privatklinik ein. Aber das war keine gute Erfahrung für mich. Nach einer Woche wollte ich wieder austreten: ‹Ich will heim. Ich muss arbeiten!›

Später war ich in einer Selbsthilfegruppe. Das war hilfreich – im Gegensatz zu einer verordneten Psychotherapie. Auch die habe ich abgebrochen. Ich wusste: Ich muss da selber durch. Ich wollte es selber schaffen.

Ich wollte und ich konnte es. Ich wusste, dass ich nicht depressiv bin. Ich wusste, dass es Trauer war, grosse Trauer, die nicht abgeschlossen war. Trauer, die nie abgeschlossen sein wird. Ich werde wohl mein Leben lang immer wieder traurige Momente haben. Und mit der Trauer bin ich gern allein. Es geht.»

Dass es geht, sehe ich an ihrem gepflegten Äusseren, an ihrem eleganten Appartement, an den warmen Farben in ihren mehr als vier Wänden, an den vielen kulturellen Anlässen, von denen sie erzählt, an ihrem Lachen und an ihrer Eigenständigkeit. Sie strahlt auch etwas Rebellisches aus, wie sie dasitzt, immer noch auf dem Klavierstuhl, aufrecht mit 77 Jahren, mit wachem Blick und Stolz auf das, was überstanden ist.

«Ich habe immer in zwei Chören gesungen. Das war meine Kulturration. Aber nach dem Tod meines Mannes konnte ich nicht mehr singen. Ich hatte einfach meine Singstimme verloren. Doch das Schöne war, dass mich viele Chormitglieder trotzdem nicht aufgegeben haben. ‹Komm, Sybille, komm einfach, komm wieder, mach trotzdem mit, wir brauchen dich!› Und nach 14 langen Monaten kam die Stimme wieder.

Es war ja nicht so, dass ich es meinen Mitmenschen leicht gemacht hätte. Ich kann auch sehr sperrig sein. Beispielsweise war ich fast allergisch auf körperliche Berührungen. Ich wollte nicht berührt werden. Nähe überforderte mich. Ich habe mich auch verbarrikadiert, verschanzt. Manchmal nahm ich auch keine Anrufe entgegen. Zu dieser Zeit habe ich viel geschrieben. Es war hilfreich, meine Gedanken aufzuschreiben und Briefe an meinen Mann zu richten und zu fragen: ‹Warum bist du einfach weg? Warum kommst du nicht mehr? Nie mehr? Warum bist du nicht da? Nie mehr da?› Das habe ich lange Zeit so gemacht.»

«Gibt es etwas Gutes am Schlimmen?» – «Ja. Nach seinem Tod war ich einfach mal gezwungen, mich selbst zu leben und festzustellen, wie weitgehend mein Mann mein Leben geprägt hatte. Zwar war ich immer recht rebellisch, aber eigentlich war er mein Lebenslehrer: das Leben leben. Er konnte das so gut. Das war das Positivste an unserer Ehe.

Ohne ihn musste ich lernen, neu zu leben. Die Lok war weg, doch der Zug stand trotzdem da und musste raus aus dem Bahnhof. Ich musste lernen, was ich mir zutrauen konnte und wo ich Hilfe brauchte. Mein Schwager war mir geschäftlich gesehen eine grosse Hilfe. Er hat vieles übernommen, das ich nicht gekonnt hätte. Heute bin ich zufrieden mit mir. Ich habe mich gut entwickelt. Jedenfalls bilde ich mir ein, dass ich gut genug geworden bin.»

Ein erstaunliches Selbstbekenntnis einer Frau, die mich vor, während und nach unserer Begegnung mehrmals fragte, ob ihre Geschichte denn überhaupt der Rede wert sei. Eine erfreuliche Selbsteinschätzung einer Kulturliebhaberin, die gerne reist, sich mit Literatur und Musik beschäftigt und so, mehr oder weniger allein, ihren Hunger nach Kunst und Kultur stillen kann. Eine Aufwallung an gerechtfertigter Selbstsicherheit einer Witwe, die einige Feuilletonseiten der NZZ hervorholt und mir Artikel zeigt, geschrieben von Menschen, über die sie sich wundert, dass sie ihre Nähe schätzen und immer wieder auch suchen.

«Aufmerksame Menschen, auch liebenswürdige Nachbarinnen und Nachbarn, haben mir geholfen, den totalen Statusverlust nach dem Tod meines Mannes zu kompensieren. Neue Freundschaften sind entstanden mit Menschen, die mich immer wieder aus meiner Lethargie herausholen, mit Menschen, die mich gernhaben. Was mir auch wichtig ist, ist die Begleitung alter, kranker Menschen im Spital und Pflegeheim. All das zusammen macht mein Leben heute lebenswert.»

Es reicht. Vieles ist gesagt. Mein Zug fährt bald. Rein in die roten Stiefel, rein in die rostrote Fluseljacke, rein ins feuerrote Auto. Sybille Keller fährt mich zurück zum Bahnhof und winkt mir lange nach. Ihre Geste rührt mich. Es ist ein Zeichen von Solidarität und Verbundenheit.

«Mit ihrem Tod bin ich erwachsen geworden»

GABRIELA KAEGI, 65 Jahre alt, Kulturjournalistin und Musikexpertin, ist seit dem 14. Februar 2007 verwitwet. Ihre Frau, Judith Jánoska, eine Professorin der Soziologie, starb an Krebs nach 14 Jahren intensiver Liebe, Lust und Leidenschaft.

.....

Sie wohnt da, wo die Touristinnen und Touristen im Sommer mit einem Stadtführer in der Hand durch die Gassen streifen und die historischen Gebäude der Basler Altstadt bewundern. Zwischen Martinskirche und Münster, zwischen dem Museum der Kulturen und dem Naturhistorischen Museum residiert Gabriela Kaegi in einer erstaunlich zahlbaren Altstadtwohnung fernab vom Autoverkehr. Eine Wendeltreppe aus Sandstein führt in ihr Refugium. Es zu erreichen war bis vor Kurzem ein Kraftakt gewesen. Nach einer Kniegelenkoperation musste sich die Bernerin tagtäglich mit zwei Gehstöcken in den zweiten Stock hochhieven. Dank ihrer Disziplin und einer ausgeklügelten Physiotherapie-Technik hat sie das geschafft. Und auch dank ihrer Erprobtheit in Kraftakten. «Vielleicht tut es mir gut, wieder einmal in den Keller meiner Erinnerung hinabzusteigen», hatte sie mir auf meine Anfrage geantwortet.

Pechschwarzes Kurzhaar, knallrote Lippen, weisse Haut – das sind ihre äusserlichen Markenzeichen. Im Festtagskleid sitzt sie mir gegenüber. Ein grossgemustertes Hängerchen aus edlem Stoff. Sie hat sich schön gemacht. Und: Sie hat es sich nicht leicht gemacht. Von den zwei Dutzend Themenfeldern, die ich ihr zur Vorbereitung und als Erinnerungshilfe schickte, hat sie gleich ein Dutzend mit ausgefeilten Texten schriftlich beantwortet. Nun sitzt sie mir mit ihrem iPad gegenüber. Wo anfangen in ihrer grossen Erzählung? «So ein Paar waren wir» soll das erste Thema sein. Sie liest vor, ich darf immer unterbrechen und nachfragen.

«Rein äusserlich waren wir eigentlich ein unmögliches Paar: Sie klein und zierlich, ich gross und stark. Sie elegante Österreicherin, ich bisweilen etwas trampelige Bernerin. Sie eine Intellektuelle, ich eher künstlerisch tätig. Sie durchstrukturiert und ordentlich, ich spontan und manchmal etwas chaotisch. Sie langsam und ich alles bloss das nicht. Sie war stark im Zwiegespräch, ich mag das Bad in der Menge. Und dann die 23 Jahre Altersunterschied! Aber als sie mir sagte, dass sie in mich verliebt sei, hob ich zu einem unglaublichen Höhenflug an, der viele Jahre gehalten hat.

Aber wir haben auch gestritten wie die Weltmeisterinnen. Es gab Zeiten, da verging kein Tag ohne Zank, meist wegen irgendetwas Banalem, Alltäglichem. Geschmollt haben wir beide nie, dafür nächtelang diskutiert. Natürlich frage ich mich heute, warum ich in den letzten zehn Jahren nie mehr Streit hatte, warum ich denn mit Judith so eine Kampfhenne geworden war. Ich weiss es nicht. Ich weiss nur, dass es mir so leidtut, mit Judith kein friedlicheres Leben gehabt zu haben.»

Erste Unterbrechung: «Wurde es denn auch laut bei Ihnen?» – «Wir waren laut und nass!» – «Nass?» – «Judith hat viel geheult.» – «Und Sie?» – «Ich nicht, nicht mehr. Ich habe in dieser Zeit aufgehört zu heulen.»

Weiter im Text: «Oh ja, sie hat mich auch gereizt. Sie war ängstlich, manchmal eng, hat kontrolliert und geklammert. Ich fühlte mich manchmal wie ein Teil eines alten Ehepaars, und genau das hatte ich doch nie gewollt. Irgendwann habe ich dann gemerkt, dass man gut oder schlecht streiten kann. Dass mir kein Stein aus der Krone fällt, wenn ich nach einer Auseinandersetzung auf Judith zugehe. Ich habe gelernt, in scheinbar ausweglosen Situationen kreative Lösungen zu suchen und zu finden. Irgendeinmal habe ich gemerkt, dass ich die Angst vor dem Streit verloren habe und dass ich eigentlich dankbar bin, dass ich das gelernt habe, zusammen mit Judith.»

«Was waren denn die strittigen Themen? Alles nur banal?» – «Wir konnten zum Beispiel nie gemeinsam kochen. Gemeinsam kochen war unmöglich, obwohl wir keine kleine Küche hatten! Wir kämpften immer um das Wasser herum. ‹Geh mal zur Seite!› Beim nächsten Mal wurden wir schon etwas giftiger. Und dann der Gedanke: ‹Wie kocht die denn?› Schliesslich kam der aggressive Ton, auf den sie sehr sensibel reagierte. Manchmal hat sie sich dann hingesetzt und vor sich hin geheult und ich dachte: ‹Oh, das ist jetzt wieder das Muster der kleinen, feinen, sensiblen Frau.› Und ich war die Grobe. Aber zumindest ist keine davongelaufen. Einmal haben wir uns um einen Kleiderbügel gefetzt. Absurd, bei dieser grossen Liebe! Aber es war auch immer klar: Wir verlassen uns nicht. Und wir haben nie in der Öffentlichkeit gestritten. Aber alle wussten, dass wir viel streiten.»

«Ein spannungsreiches Duo also. Waren Sie auch sonst so feurig?» – «Ja, wir hatten eine sehr körperliche Beziehung mit sehr viel Sex, sehr viel Anfassen, viel Knutschen und Schmusen. Das war toll. Ich habe so gemocht, wie sie roch. Sie hatte eine feine Haut. Ja, es war sehr physisch.»

Nun weint Gabriela Kaegi. Sie, die das Weinen immer ihrer Frau überlassen hatte. Nun hat sie die Tränenhoheit. Auf dem Tisch im dunkel getäferten Empfangsraum liegen mehrere Tafeln Edelschokolade. Vielleicht als Proviant für die Reise durch die wunde Seele? Doch bleiben wir vorerst beim Körperlichen. Die schreibgewohnte Kulturredakteurin liest vor, was sie zum Themenfeld «Mein Körpergefühl nach dem Verlust» erinnert hat:

«Während der Krankheit ist der Sex eingeschlafen. Ich getraute mich nicht mehr. Sie war so zart und gebrechlich geworden, und irgendwie hatte ich auch eine Distanz zu diesem kranken Körper entwickelt. Ihre wächserne Haut hat mich ein bisschen geekelt – das auszusprechen ist ganz schrecklich. Ich glaube, ich hatte mein Körpergefühl einfach eingefroren. Erst frass ich mir einige Kilos an, denn ich brauchte irgendeinen Panzer, einen Schutzwall. Etwas Undurchdringliches auf jeden Fall. Dann, in der letzten Phase ihres Lebens, habe auch ich das Essen eingestellt. Da fiel ziemlich viel Fleisch vom Knochen. Sie fiel von den Knochen und ich mit ihr, sozusagen. Die Leute erschraken bei meinem Anblick.

Erst später, als ich dann allein war, fiel mir auf, dass ich keine Periode mehr hatte. Die hatte sich in diesen unfruchtbaren Zeiten aus meinem Körper verabschiedet. Klammheimlich, sie war einfach weg.»

Frau weg, für immer. Fruchtbarkeit weg, für immer. Zwei Verluste mit etwas über fünfzig. Gabriela Kaegi erzählt, wie dieses knochige Körpergefühl noch lange über Judiths Tod hinaus geblieben war und wie befremdlich es sich anfühlte, von anderen Frauen begehrt und umworben zu werden.

Nun, elf Jahre nach dem Verlust, ist sie wieder körperlich. Mit dem Schneider, wie sie ihr neues Glück nennt. Und mit dem Homebike, das neben der Wohnungstür in der Ecke steht, zum Training der Beinmuskulatur um das neue Kniegelenk herum. Das mit dem Schneider wird im Gespräch zum Themenfeld «Neue Liebe, neues Glück» fallen. Doch erst reden wir darüber, dass sie eine Zeit lang ein Nonnenleben führen und um Himmelswillen keine nackte Haut sehen wollte. Wir reden darüber, dass sie vieles einsperrte und auch die Urne mit Judiths Asche bei sich behielt, sie im Schlafzimmer stehen hatte, und erst nach langer Zeit auf Anraten einer Freundin nach Graz trug, so, wie es sich ihre verstorbene Frau, die Professorin, gewünscht hatte. Dort wurde die Urne im Familiengrab beigesetzt.

Dann wählt Judiths Witwe das nächste Themenfeld: «Ein Bild, das ich nicht vergessen kann, ist das Bild der Sterbenden. Judiths kleiner Kopf in einem riesigen Kissen. Ihre Nase, mit der sie haderte, weil sie ihr zu knubbelig war, die plötzlich spitz schien. Diese verwuschelten Haare, wo sie doch sonst immer auf eine ‹gut gebügelte Frisur› achtete. So hatte sie das immer ausgedrückt. Die Haut, die sich so gnadenlos über den Schädel spannte. Der offene Mund. Die trockenen Lippen. Die immer schon knochigen Hände, die noch knochiger wurden. Das alles hatte mit meiner schönen Geliebten nichts mehr zu tun. Es war eine alte Frau, vom Tod gezeichnet.»

Pause und Stille.

«Dieses Bild war nach Judith Tod immer da und hat mich durchgeschüttelt. Aber nach und nach kam ein anderes unvergessliches Bild dazu. Ein Bild unseres Anfangs, als wir zusammenkamen, als ich bei ihr war und sie auf einem Sessel sass und ich vor ihr kniete und sie sich zu mir beugte, um mich zum ersten Mal zu küssen. Und da sah ich, dass ihre Oberlippe zitterte. Und dass sie ein schwarzes Haar drauf hatte.»

Lachen und Schmunzeln.

Mir fallen zur Schilderung der sterbenden Judith die Bilder von Ferdinand Hodler ein. Der Schweizer Maler, berühmt für seine Helden- und Landschaftsbilder, scheute sich nicht, auch den Tod darzustellen. Die Angst vor dem Tod und die Frauen waren nämlich Hodlers grosse Themen. Seine vier Geschwister starben an Tuberkulose, da war Ferdinand keine 14 Jahre alt. Er erlebte nicht nur, wie seine Mutter erkrankte, sondern auch, wie sie neben ihm auf dem Feld tot zusammenbrach. Später, in Paris, lernte er die Tänzerin Valentine Godé-Darel kennen und alles kam zusammen: Leben, Leidenschaft, Tod. Sie schenkte ihm die Tochter Paulette und erkrankte kurz darauf an Krebs. Er malte sie mehrmals. Es sind die Bilder eines allmählichen Zerfalls.

«Ja, Hodler. Da fällt mir ein, dass Judith und ich unsere unterschiedlichen Körper auch mit berühmten

Malern in Verbindung brachten: ‹Hingegossen, als wärst du von Tizian gemalt›, beschrieb sie den meinen, während ich in den knochigen Frauenakten von Egon Schiele den ihren fand. Heute frage ich mich, ob ich nicht etwas mehr Distanz gebraucht hätte zu diesem Prozess des Zerfalls. Ich meine, da gab es auch noch Schlimmeres: den Darm, der nicht mehr hält, die Brüste wie zwei leere Beutel, der andere Geruch. Das hat aber vielleicht auch alles einen Sinn. Es hilft, Abschied zu nehmen.»

Seit Judiths Tod ist es für Gabriela Kaegi nach all den Jahren immer noch schwierig, zu Bett zu gehen. Unter dem Themenfeld «Gedankenkarussell» hat sie Folgendes notiert: «Es graust mich, ins Bett zu gehen. Ausgestreckt fühle ich mich noch viel schutzloser. Und diese Stille. Seither schlafe ich, wenn ich allein bin, mit laufendem Radio. Marie-Louise hat von Judith geträumt, Claudia auch, und Ruth hat sogar ihren Tod vorausgeträumt. Und ich? Nichts. Auch sonst kein Zeichen. Stille. Ich erinnere mich an ihre Lippen im Spital, an den letzten Hauch, ich erinnere mich an ihre Halsgrube, an den Klang ihrer Stimme, an ihren Geschmack und wie es sich anfühlte, sie im Arm zu halten. Ich erinnere mich. Aber ich spüre nichts. ‹Was ändert das schon?›, hat Marianne gefragt, ‹ob du von Judith träumst oder nicht?› Es ändert nichts.

Doch dann, einmal, auf dem Weg aufs Bruderholz, streicht mir eine knochige Hand über die Wange und ich höre ihre Stimme: ‹Mein liebes Schätzchen!› Da musste ich mich erst mal hinsetzen. ‹Werde ich jetzt verrückt? Kann man sich das einbilden? In was steigere ich mich da hinein?›»

Wenn es ums eigene Gedankenkarussell geht, ums Grübeln, denkt Gabriela Kaegi oft ans Streiten. «Wieso nur? Es wäre doch schön gewesen mit weniger Hennenkämpfen. Es geht ja. Mit dem Schneider gibt es jedenfalls keinen Streit. Wieso musste das immer sein?» Manchmal denkt sie auch darüber nach, wieso sie das mit der eingetragenen Partnerschaft im Jahre des Todes, 2007, nicht mehr anzusprechen wagte. Es wäre ihr vielleicht besser gegangen?

«Natürlich haben wir beide für die Gleichstellung und die Schwulen- und Lesbenehe gekämpft, demonstriert und Unterschriften gesammelt. Aber irgendeinmal haben wir uns eingestanden, dass eine eingetragene Partnerschaft für uns nicht infrage käme. Wir wollten anders sein als die Heteros, wir wollten nicht ihre Lebensform kopieren, schon gar nicht in einer Light-Version. Aber dann, als sie tot war, habe ich es bereut. Ich glaube, ich wäre glücklich gewesen, über das Ende hinaus mit ihr diese Verbindung zu haben. Ums Geld ging es mir nie. Ich war finanziell immer autonom.»

Draussen schlagen die Kirchenglocken in einem der alten Türme die Zeit. Wir oszillieren von Gespräch zu Text, von Text zu Gespräch. Hin und her. Und wieder zum Text:

«800 Franken hat mir der Antikschreiner gegeben für den barocken Tisch. Judith nannte ihn ‹mein bestes Stück›. Darauf lag jeweils unser Buch mit den kleinen hingekritzelten Nachrichten: ‹Schätzchen, ich freue mich auf dich.› Oder: ‹Es tut mir so leid.› Oder: ‹Willst es nochmals probieren mit mir?› 800 Franken, immerhin 600 Franken über dem ersten Angebot. ‹Ja, so ist das halt›, würde Judith sagen. Ich hasse das Wort ‹halt›.

Ich bin kein Halt-Mensch, und ich will auch kein Halt-Leben.»

Ich bitte den «Kein-halt-Menschen» mit dem «Kein-halt-Leben» noch etwas innezuhalten und beim Thema Finanzen zu bleiben. Sie scrollt zum entsprechenden Themenfeld und liest wieder vor:

«Sie hatte mich testamentarisch als Alleinerbin eingesetzt. Aber da wir in Saus und Braus lebten – und uns auch dafür entschieden hatten –, blieb nicht viel übrig. Wir hatten, wie gesagt, keine eingetragene Partnerschaft. Die Stadt hätte demnach eigentlich unsere gemeinsame Wohnung versiegeln können. Das haben sie aber nicht getan. Sie waren kulant, das ging alles ganz einfach und diskret. Aber natürlich hatte ich dann doch ziemliche Kosten an der Backe. Eine grosse Altstadtwohnung in Bern, eine Wohnung in Wien, die ich beide erst zahlen, dann auflösen und ausräumen musste. Ich habe all ihre Freundinnen zu einem Open House eingeladen, wo ich sie bat, sich bei ihren Büchern und CDs, ihrer Kunst, ihren Kleidern und ihrem Schmuck zu bedienen. Es kamen sehr viele.»

Nun, in der Basler Altstadtwohnung, gibt es einen kleinen Erinnerungstabernakel, ein in die Wand eingelassenes Holzkästchen, einen Schrein. Gabriela Kaegi zeigt ihn mir und ich freue mich über dieses Geschenk des Vertrauens. Er beinhaltet Bilder heiterer Zweisamkeit, auf denen für Uneingeweihte nicht wirklich auszumachen ist, wer von den beiden die zarte «Heulsuse» und wer die eher «Bodenständige» war. Die geschilderten Gegensätze verschwinden auf der Fläche des Fotopapiers. Neben den Bildern ein bisschen Schmuck, wichtige Bücher und anderes. «Manchmal spritze ich ein bisschen ihres Parfums rein. Auch Erinnerungsstücke meiner Eltern sind da drin, jetzt, wo beide gestorben sind.»

Was im Holzkästchen nicht zu sehen ist, sind die unvergesslichen Judith-Sätze. Es sind Erinnerungsstücke der besonderen Art.

«Ich habe jede Menge Sätze von Judith, die mir bleiben, die ich gerne einwerfe und die selten ohne Wirkung sind: ‹Ich grüsse dich, meine Kluge!› Oder: ‹Der liebe Gott kann froh sein, dass es ihn nicht gibt.› Dieser Satz hing an unserer Tür, den hat sie oft gesagt. Ich habe trotz intensiver Recherchen nie rausbekommen, wer ihn ursprünglich gesagt haben könnte. Vermutlich hat sie ihn selber kreiert. Manchmal sagte sie auch: ‹Dumm geboren, nichts dazugelernt und das Übrige vergessen.› Oder: ‹Man sucht sich immer die gleichen Leute aus.› Da ging ich jeweils senkrecht an die Decke und protestierte: ‹Ich bin nicht wie Jánoska!› Mit Jánoska war sie verheiratet. Heute denke ich, dass sie vielleicht doch nicht so unrecht hatte. Auch bernerische Sätze zitierte sie und sprach stundenlang über die Unterschiede zwischen der Schweiz und Österreich. Den Satz ‹Das isch dis Bier!› fand sie zum Beispiel schrecklich: Man mischt sich nicht ein – sie hatte sich gerne eingemischt. Sie war ausserordentlich vital, sie war unkonventionell und sie passte wirklich nicht in diese Schweiz.»

«Und das letzte Wort oder die letzten Worte?» Gabriela Kaegi scrollt rauf und runter und sucht nach dem passenden Textausschnitt.

«Ich erinnere mich an den letzten Atemzug und ich erinnere mich daran, dass ich genau wusste, dass es der letzte war. Er klang einfach anders. Er klang so, als ob nichts mehr käme, als ob jetzt alles gesagt sei.

Eine schöne Verabschiedung, wie man sie sich wünscht, gab es nicht. Irgendeinmal hatte sie mit sich und dem Sterben so viel zu tun, dass kein Raum mehr war für letzte Worte. Doch was sie mir immer gesagt hatte, zum letzten Mal, als sie im Spital lag und wusste, dass sie da nicht mehr rauskommen würde, war: ‹Ach Liebchen, heul doch nicht. Du wirst sicher eine lustige Witwe!›»

Gabriela Kaegi hatte nicht widersprochen und hat Wort gehalten. Mit dem Schneider und auch sonst mit einem unkonventionellen Alltag: «Noch zu Judiths Lebzeiten waren wir ab und zu mal im Hotel Rebstock in Luzern einquartiert. Das alte Haus, die schiefen Treppen, die viele Kunst überall, aber auch die rothaarige, energische Wirtin hatten es uns angetan. Mir wurde beim Frühstück immer warm ums Herz, wenn das Personal die grossen Brotlaibe mit dem scharfen Messer entzweischnitt. Es knirschte und krachte und die dunklen Brösel flogen nur so umher. ‹Das möchte ich auch mal machen›, habe ich damals gedacht.

Noch als Judith im Spital lag und ich mich ab und zu fragte, wie mein Leben weitergehen könnte – wenn denn überhaupt –, tauchte dieses Bild des Brots im ‹Rebstock› wieder auf. Es hat dann noch ein Weilchen gedauert und Judith war schon ein Jahr tot, als ich im Hotel Rebstock anfragte, ob ich vielleicht drei Monate zum Arbeiten kommen könnte. Was, war mir egal: Zimmer, Service, Lingerie. Frau Moser, die Wirtin, zögerte erst, weil ich ja diesbezüglich nicht viel vorzuweisen hatte, aber als ich insistierte und immer wieder nachfragte, sagte sie in ihrer einmalig eloquenten Art: ‹Dann komm halt!› Ich bügelte Wäsche, putzte Zimmer, trug Bier und Sekt und Gans auf. Und ich schnitt Brot. Ich arbeitete mich ins Leben zurück.»

Gabriela Kaegi will kein «Halt-Mensch» sein und kein «Halt-Leben» führen, aber das «Dann komm halt!» der rothaarigen Frau Moser vom Luzerner Rebstock gab ihr doch Halt und bewahrte sie vor dem Sterbewunsch, der sich in ihrer Brotgeschichte im «wenn denn überhaupt» verbirgt.

War ihr Weiterleben in Gefahr? Hatte sie wirklich den Wunsch, ihrer Geliebten ins Grab zu folgen? Den Drang, der emeritierten Professorin einfach nachzusterben? Gesund und mit gerade mal 50 Jahren: Schluss, aus, fertig?

Wir wechseln das Themenfeld. Die Brotgeschichte war eine ihrer «Überlebensstrategien». Nun geht es um «den tiefsten Punkt». Dafür hat die inzwischen lustig gewordene Witwe in ihren Tagebüchern nachgeschaut und einen Text gefunden, den sie ein halbes Jahr nach ihrem grossen Verlust geschrieben hatte.

«Jetzt grad – mit dem Schreiben des ersten Wortes – ist die Kerze ausgegangen, die ich den ganzen Tag brennen hatte. Heute ist der 14. August, ich kann mich erinnern, dass ich irgendeinmal nach dem 14. Februar daran dachte, dass es im August sechs Monate sein werden und dass sich dann doch sicher vieles anders anfühlen wird. Wie naiv von mir!

Aber wie hätte ich das auch wissen können? Es gibt ja keine Vorbereitung aufs Allein-leben-Müssen, keine Kurse fürs Loslassen oder gegen das Sich-halbiert-Fühlen.

Hab heute lange die Mo-Ampullen angeschaut. Nur angeschaut. Was hält mich denn zurück? Ich habe mir ja schon alles im Detail überlegt. Zwei Spritzen aufziehen, die gleichzeitig ansetzen – das wären dann schon mal 4 ml –, das müsste doch zu schaffen sein, um damit abzutreten? Hält mich das Gleiche davon ab, warum ich es bei Judith nicht getan habe? Aber Leben ist mir wirklich Qual, auch wenn ich tagsüber und bei der Arbeit doch ganz ordentlich funktioniere. Aber dieses Herz-auf-Eis – ich bin es müde. Und es funktioniert irgendwie auch nicht mehr.»

«Diese Herz-auf-Eis-Müdigkeit – wie kamen Sie weg von ihr? Was hat Ihren Suizid vereitelt?»

Gabriela Kaegi ist eine Frau, die solche Fragen erlaubt. Mit einem anderen Visavis hätte ich diese Frage wohl in meinem Munde gedreht und gewendet und schlussendlich vielleicht nicht zu stellen gewagt. Die Frau, die, seit sie den Schneider kennt, kein lesbisches Liebesleben mehr führt, sitzt mir gegenüber, offen, ungeschützt, und blickt mich geradewegs an. Keine verschränkten Arme vor der Brust, keine übereinandergeschlagenen Beine. Freie Sicht aufs Blumenkleid.

«Es gab einfach immer wieder diese Falltüren. Da bist du nah dran. Aber offenbar waren doch noch mehr Lebensgeister in mir. Und kleine Aufgaben, die mich am Leben hielten. Als ich diese Tagebuchstelle las, bin ich schon erschrocken. Heute kann ich sagen: Mit Judiths Tod bin ich eigentlich erwachsen geworden. Ein hoher Preis!»

Tränen, Schluchzen und Schniefen. Dann eine weitere Antwort auf die grosse Frage nach der Entscheidung für das Leben:

«Sehr hilfreich war sicher auch die Arbeit. Das Gefühl, gebraucht zu werden. Das war schon immer so. Bereits im Herbst, als die Welt noch halbwegs in Ordnung war, hatte ich mit Dagmar, einer Freundin und Kollegin, eine grosse Live-Sendung geplant: einen Tag lang würden wir mit dem ganzen Radio ins Theater umziehen und von dort senden. Von der Bühne, aus den Werkstätten, aus der Garderobe, der Maske, dem Dirigentenzimmer. Es war ein Traum.

Dann kam der Januar und Judith war im Spital. Ich wurde von der Arbeit auf unbestimmte Zeit befreit. Ich hatte keine Ahnung, ob ich dieses Monsterprojekt noch realisieren konnte oder wollte. Meine Kollegin arbeitete an den zahlreichen Vorbereitungen weiter. Sie hielt mich auf dem Laufenden und stellte mich eines Tages zur Rede: ‹Wie siehst du es eigentlich?› – ‹Das kann ich nicht sagen!› – ‹Wie sollen wir denn verbleiben?› Wir einigten uns auf folgende Formel: Wenn Judith in einem Monat noch lebt, sage ich ab und Dagmar sucht sich eine andere Partnerin. Wenn Judith in den nächsten vier Wochen stirbt, bin ich dabei. Judith starb zwei Wochen später, und wir haben die Sendung gemacht. Unser Traum ging über den Sender.»

Schaffenskraft und Trauertrance. Die Gleichzeitigkeit der Dinge. Aussenwelt und Innenwelt. Spannungsfelder.

«Ich hatte einfach so Angst vor dem Arme-Sau-Image.» – «Haben Sie sich geschämt, Witwe zu sein?» – «Ja, irgendwie schon. Es gab diese Art Blick, der signalisierte: ‹Achtung, ganz sanft anfassen!› Oder: ‹In ihrer Haut möchte ich nicht stecken!› Natürlich fragte ich mich, warum das mir passierte. Du bist mit Paaren zusammen und denkst: ‹Wieso ich und nicht die?› Ja, ich war beschämt. Der Tod hat mich beschämt. Er ist eigentlich ein Skandal. Selbst wenn man ihn kommen sieht, bleibt er unverständlich. Ich habe gestern zu Schneider gesagt: ‹Vergiss es, vor mir zu sterben, das geht gar nicht, ich mach das nicht noch einmal durch! Auf gar keinen Fall!›»

Die Verlustwunde ist aufgebrochen. Nach elf Jahren, nach dem Abstieg in den Keller der Erinnerung, nach der Erinnerung an Judiths Sterben. Darüber, so dachte Gabriela Kaegi, könne sie nicht sprechen, ohne ständig furchtbar zu heulen. Also schrieb sie in einem stillen Moment alles auf. Nun liest sie mir ihren Text vor, und ich weiss schon jetzt, dass ich sie nicht unterbrechen werde:

«Drei Jahre dauerte die Krankheit mit viel Auf und Ab. Nach der ersten Diagnose war ich felsenfest davon überzeugt, dem Schicksal noch ein Leben für Judith abtrotzen zu können. Das brach alles zusammen, als nach einem Jahr das erste Rezidiv festgestellt wurde. Wieder OP, wieder Chemo, wieder Haare weg.

Zum Jahresende 2006/07 stieg Judith auf einen Stuhl, stürzte und brach sich das Schlüsselbein. Spital. Dort kam die Hausärztin mit ernstem Gesicht auf mich zu und verkündete mir, dass das wohl der Anfang des Endes bedeute und dass man in der Leber, in der Lunge und in weiteren Organen Metastasen gefunden hatte. Noch kam sie in ein Zweierzimmer. In dieser Zeit fing ich mit Schreiben an. Ich sass oft abends am Küchentisch und heulte mir die Augen aus dem Kopf. Die Tage verbrachte ich im Spital. Jeden Morgen, wenn ich über die Kornhausbrücke in Richtung Krankenhaus ging, blieb ich in der Mitte stehen, schaute hinunter in die Aare, die immer etwa gleich träg und grünlich-braun dahinzog. Ich hasste sie. Ich zählte die Laternen auf der Brücke, führte im Kopf Protokolle, welche brannte, welche flackerte, welche dunkel blieb. Ein Sechser im Lotto wäre gewesen, wenn alle funktioniert hätten. Dann wäre Judith sicher wieder gesund geworden.

Einmal die Woche war ich bei einer Therapeutin. Obschon ich eigentlich immer den Eindruck hatte, dass sie nie recht verstanden hat, warum ich mich mit einer viel älteren Frau eingelassen hatte, war sie doch sehr hilfreich beim Strukturieren dieses Spitalalltags. Sie riet mir, bei Freundinnen zu schlafen, damit ich nachts nicht alleine sei, und sie half mir, ein Netz von Begleiterinnen aus dem Freundeskreis zu organisieren.

An Silvester erinnere ich mich. Da gab es ein Fläschchen Sekt, und als wir anstiessen, wusste ich nicht, was ich sagen sollte. Gesundheit? Es guets Nöis? Ad multos annos? Alles klang zynisch.

In den langen Stunden am Spitalbett habe ich angefangen, über die Zeit danach zu reden. Es kostete mich grosse Überwindung. Aber etwas in mir trieb mich doch an. Ich musste wissen, wie sie sich ihre Verabschiedung vorstellte, welche Musik sie haben wollte, welche Leute über sie reden sollten. Und vor allem, wo es sein sollte. Sicher war: bloss nicht in einer Kirche. Schliesslich schlug ich ihr das Schlachthaus-Theater vor. Sie mochte den Gedanken und stimmte zu. Ich erinnere mich, dass es in dieser Zeit im Januar, als wir diese Art Pläne schmiedeten, eigentlich heiter zu und her ging.

In dieser Zeit äusserte sie auch den Wunsch, noch einmal ein paar Tage in unsere Wohnung zurückzukehren. Also besorgte ich ein Spitalbett, räumte die Wohnung um, organisierte die Onko-Spitex und was es sonst noch alles brauchte. Auch das Betreuungsnetz der Freundinnen war dabei. Ich übernahm drei Teile der Betreuung, den vierten konnte ich abgeben. In dieser Zeit erledigte ich die anfallende Paperasse oder ging zu den Freundinnen auf der gegenüberliegenden Gassenseite und schlief ein paar Stunden.

Als Judith ins Krankenhaus kam, besuchte mich meine Schwester und in einem Anfall von beginnender Eigenständigkeit sind wir losgezogen und haben für mich eine Nespresso-Maschine gekauft. Ich weiss nicht, was ich mir dabei gedacht hatte. Ich wusste, dass Judith diesem Multi sicher nichts in den Rachen werfen wollte, wir hatten früher oft Diskussionen deswegen. Ich mochte den Kaffee, sie mochte das Drumherum nicht. Ich kaufte also die Maschine, und als sie nach Hause kam, stand sie da. Sie hat kein Wort gesagt, aber sie hat auch keinen Kaffee getrunken. Dann, nach rund einer Woche, verschlechterte sich ihr Zustand massiv. Ich musste nachts Hilfe holen, und mit der Zeit lernte ich sogar, ihr das Morphium zu spritzen. Natürlich habe ich mehr als einmal überlegt, ob ich die Dosis verdoppeln soll. Oder ob ich erst ihr und dann mir einen gehörigen Schuss verpassen sollte …

Irgendeinmal in dieser körperlich anstrengenden Zeit hat meine Schulter gestreikt. Ich konnte den Arm, den ich doch so dringend brauchte, nur noch einen oder zwei Zentimeter heben. Die Hausärztin organisierte mir einen Termin bei einer überbuchten Koryphäe: ‹Frozen shoulder› lautete seine Diagnose und mit einer langen Nadel spritzte er mir morgens um fünf

Kortison direkt ins Gelenk. Danach funktionierte ich wieder.

In derselben Nacht, in der Jahre zuvor Judiths Mutter gestorben war, musste ich sie mit dem Krankenwagen ins Spital bringen lassen. Es ging einfach nicht mehr. Diesmal kam sie ins Einzelzimmer. Die Schwestern stellten mir eine Liege hin, und auch ich zog ein.

Oft dämmerte sie dahin. Wenn sie etwas sagte, war die Sprache undeutlich, aber ich versuchte alles aufzuschreiben. Ich legte ein Büchlein an, ‹last words› sozusagen, und bat auch die Freundinnen, Notizen zu machen. Das Buch war so etwas wie meine Verbindung zu ihr, so trug ich es nach ihrem Tod immer mit mir herum. Dann, ein halbes Jahr später, habe ich die Tasche mit dem Buch drin im Bus stehen lassen. Etwas, was mir sonst noch nie passiert ist. Weg war das Buch. Ich habe es nie mehr zurückbekommen.

Kurz vor ihrem Tod zeigten mir die Schwestern erste schwarze Flecken an den Füssen. Es würde nicht mehr lange gehen. Wir wuschen ihr die Haare, die bereits wieder nachgewachsen waren. Ich sass da und wartete. Ich hätte so gern einen Satz gehört wie: ‹Schätzchen, das Leben mit dir war schön.› Oder: ‹Mach's gut, ich komm dich mal besuchen.› Doch ich hörte nur das Rasseln ihres Atems.

Ich sass die ganze Nacht am Bett, habe gesungen, geheult, geredet. In den frühen Morgenstunden bin ich eingeschlafen. Ich erinnere mich noch, dass ich gerne mal wieder Sex gehabt hätte. Ich erinnere mich auch, dass ich mich schrecklich für diesen Gedanken geschämt habe.

Ich wachte um 7 Uhr auf. Etwas war anders, aber was? Ich ging zu ihr hin, streichelte sie, sie atmete geräuschvoll. Aber die Abstände zwischen den Atemzügen wurden länger. Einmal, es schien mir eine Ewigkeit, schrie ich: ‹Atme!› Sie atmete weiter.

Dann, gegen halb acht, die Scheissglocken der Scheisskirche begannen zu schlagen, ein tiefes Einatmen, ein noch längeres Ausatmen. Und ich wusste, jetzt kommt nichts mehr.

Und meine Seele spannte
Weit ihre Flügel aus
Flog durch die stillen Lande
Als flöge sie nach Haus.

Ich spielte ihr dieses Lied von Schumann vor und öffnete das Fenster.»

Kloss im Hals. Ich sage nichts. Ich wünschte mir, dass die «Scheissglocken» der Martinskirche oder des Münsters nebenan nun nicht nur die Stunde schlügen, sondern gleich eine grosse, dunkle Klangwolke in das Zimmer schickten. Glockentöne statt Tränen. Musik statt Worte. Ein würdiger Abgesang müsste nun her. Aber es bleibt still. Also reden wir über Musik. Davon versteht Gabriela Kaegi viel. Im Zimmer mit dem Erinnerungstabernakel steht eine grosse CD-Wand voller Musik, voller Musikgeschichte. Die Kulturjournalistin und Musikredakteurin hat viele Töne im Kopf und wusste genau, was zum Abschied klanglich passte:

«Über die Musik haben wir viel und lange geredet. Und weil es stilistisch von ganz alt bis ganz neu, von klassisch bis Pop gehen würde, war klar, dass es Konserve sein müsste.

Die Musik sollte auch etwas über sie erzählen, über ihr Leben, über ihre Lieben. Es gab also neue Töne von Olga Neuwirth zu hören. Dann das Frauenterzett aus *Figaro*, was ja ohnehin eine Frauenoper ist und eine Lieblingsoper von Judith. Es gab das Liebesduett von Judith und ihrer Dienerin Abra aus Vivaldis *Juditha triumphans*. Die Musik erzählte aber auch über ihr Fremdsein in der Schweiz. Aus Schuberts *Winterreise* klangen die Worte: ‹Fremd bin ich eingezogen / Fremd zieh' ich wieder aus.›

Ich hatte vorgängig CDs mit der Musik gebrannt, hatte sämtliche Reden kopiert, und ich glaube, eine befreundete Wirtin hatte uns Wein und Käse spendiert, den wir auf der Gasse den vielen Gästen reichten.

Judith wollte keine Blumen. Ich hatte stattdessen einem Blumengeschäft in der Altstadt ein paar riesige Palmen abgeschwatzt. ‹Darf ich die für zwei Stunden ausleihen?› Ich durfte und wir haben sie danach zurückgebracht.

Es war alles organisiert. Es hat alles, glaube ich, geklappt. Aber es ist alles an mir vorbeigerauscht. Ich habe keine Erinnerung daran, wie es wirklich war.»

Die Organisation der Trauerfeier, die Wohnungsräumungen, der Arbeitsalltag, die Gespräche, die Behördengänge. Nach all dem Umtriebigen kam die tiefe, die lange Trauer.

«Anfänglich bin ich zweimal jährlich nach Graz aufs Grab gefahren, zu ihrem Geburtstag und am Todestag. Danach einmal jährlich. Ich war irgendwie froh, einen Ort zu haben. Aber wenn ich dann dort war, auf dem Grab, in dem schon ihre Mutter lag und ihre Tante und noch eine Tante und die Oma, wusste ich gar nicht recht, was ich eigentlich tun könnte, wenn einmal die frischen Blumen eingestellt waren und die Kerze brannte. Ich habe es mit Gesprächen in Gedanken probiert, mit lauter Rede, ich habe es mit Singen probiert, aber ich hörte nur mich und fühlte nicht viel.

Jetzt war ich schon zwei Jahre nicht mehr dort. Ich habe noch ein paar Kleidungsstücke, die ich an ihr sehr gemocht habe. Ich würde sie aber nie anziehen. Sie hängen zwischen meinen Sachen, sie sind ein Teil von mir. Dann habe ich natürlich Kisten mit Fotos. Manchmal, selten, grabe ich darin, wenn ich etwas suche, und bleibe dann auch an diesem oder jenem Bild hängen. Wir hatten es lustig, denke ich, wenn ich die Bilder angucke. Eigentlich gefällt es mir, dass sie ungeordnet sind. Ich möchte unsere Geschichte nicht sortiert in einem oder zwei oder drei Fotobüchern sehen. Das passt irgendwie nicht. Ich bin ja jetzt sicher schon fünf- oder sechsmal umgezogen. Und es war nie eine Frage, ob die Kisten mitkommen oder nicht. Sie stehen auch nicht auf dem Estrich. Sie sind hier bei mir in der Wohnung.»

In ihre Wohnung im alten Gemäuer kommt Gabriela Kaegi inzwischen wieder ohne Gehhilfe. Das neue Gelenk hat sich verbunden mit Schienbein, Wadenbein und Oberschenkelknochen, sich eingefügt in ihr Skelett. Ihre Leichtfüssigkeit hat aber wesentlich mit dem Schneider zu tun und mit der unverhofften Liebe zu ihm. Ein gutes Jahr nach dem Abschied von der Frau ihres Lebens trat er sehr überraschend in ihr Leben – per Mail. Die Witwe erzählt es so:

«Ein Kollege aus der Literaturredaktion fragte mich auf digitalem Weg, ob ich mit ihm auf die Herbstmesse und zum Putschauto-Fahren komme. Ich war etwas irritiert. Die Literaturredaktion trug – aus Sicht der Musikredaktion – die Nase immer ein bisschen hoch, lauter siebenmalkluge Männer, wie wir jeweils sagten. Und jetzt wollte einer von ihnen mit mir auf die Messe?

Ich sagte zu, kriegte dann aber kalte Füsse und liess ihn erst einmal eine halbe Stunde im Regen stehen. Als ich kam, stand er da, der Mann mit Hut unter einem Schirm, und war überhaupt nicht böse über meine Verspätung. Wir verbrachten einen heiteren Abend, assen allerhand Blödsinn durcheinander und schliesslich schoss er mir sogar ein riesiges Kuscheltier. Was sollte ich denn damit?! Ich weiss nicht einmal mehr, was es war: Hund, Katze, irgendeine Scheusslichkeit halt.

Dann brachte er mich nach Hause. Wie eine Konfirmandin verabschiedete ich mich. Es wäre mir nicht einmal in den Sinn gekommen, ihm einen Kaffee anzubieten! Aber bevor ich ging und als ich ihm in die Augen schaute, küsste er mich. Und das war wunderschön. Es hat dann noch etwas gedauert, und anders als bei Judith, wo die Liebe – Wamm! – wie ein Meteorit vom Himmel fiel, hatte ich erst einmal nur ein bisschen Sex mit ihm. Nach 25 Jahren Liebe mit Frauen war ich neugierig. Und nach und nach wurde mir klar: Es ist gut, es ist sehr gut mit ihm. Und ich sagte zu ihm: ‹Wenn ich dich ganz haben kann, wunderbar. Aber ich kann es mir auch nur mit der Hälfte vorstellen.›»

Sie liest und ich unterbreche. «Wieso denn nur mit der Hälfte?» – «Er war verheiratet. Living together apart. Ich hätte ihn auch mit seiner Frau geteilt.» – «Und dann?» – «Er war dann ein halbes Jahr im Ausland, und wir haben uns geschrieben, mehrmals täglich.

Das Schreiben ist zur Grundlage unserer Geschichte geworden. Als wir uns nach langer Zeit im Gare du Nord in Paris trafen, haben wir uns fast die Kleider vom Leib gerissen. Es war so innig, dass es mir auch Angst machte. ‹Isch nume Sex›, habe ich dann jeweils gesagt. Und wir wussten beide: ‹Ja, ja, ja, isch nume Sex.› Aus diesem Grund nennen wir uns auch beim Nachnamen, noch heute. Schneider und Kaegi.»

Der Schneider und die Kaegi sind noch immer ein Paar. Sie haben sich nun ganz, und es ist das Leben, das die beiden zusammenhält. Inzwischen ist die Angst vor Nähe und Verbindlichkeit gewichen. Er steht zu ihr, auch wenn die Trauerwelle kommt. Er ist dabei, wenn sie in den Keller der Erinnerung hinabsteigt. Zehn Jahre ist es her seit dem Abend auf der Herbstmesse und dem Konfirmandinnenabschied. «Es ist noch immer wunderbar», sagt nun die Kaegi. Sie sagt es mit gerecktem Kinn und einem Lächeln.

«Nach zehn Jahren immer noch wunderbar? Was ist das Glücksgeheimnis?» – «Warum es nach zehn Jahren immer noch wunderbar ist? Ich bezeichne mich als ‹gebackenen Kuchen›. Judith war sozusagen meine Bäckerin, sie hat den Teig gemixt, geknetet und geformt. Und auch das Backen hat sie überwacht.

Jetzt bin ich, was ich bin. Und genau das findet mein Schneider wunderbar. Und ich an ihm. Er ist, was er ist. Wir reden einander nicht rein. Wir mäkeln nicht aneinander herum. Wir leben auch nicht in einer Wohnung, also keine Streitereien über Kleiderbügel und Abwasch. Er hat seine Freiheit, ich habe meine. Wenn ich bei ihm bin, ist das seine Wohnung und ich bin Gast. Ausser einer Zahnbürste und ein bisschen Wäsche habe ich auch nichts bei ihm liegen. Und er genausowenig bei mir.

Wenn ich ins Theater gehe, gehe ich. Wenn ich Freunde treffe, treffe ich sie. Wenn ich verreise, tue ich es. Ich sage es ihm, er freut sich darüber und sonst kein Kommentar. Und umgekehrt genauso. So habe ich mir das immer gewünscht. Dass ich mich jeden Tag und jede Nacht entscheiden kann, ob ich will. Oder manchmal eben auch nicht. Ich glaube, jetzt bin ich beziehungsmässig erwachsen geworden. Mit ihm, mit dem Schneider.»

Die grosse Erzählung hat uns hungrig gemacht. Gabriela Kaegi holt eine Tafel Zartbitterschokolade mit Ingwerstückchen aus der Küche. Heute Abend wird sie ihren Schneider sehen wollen und ihm erzählen vom langen Witwengespräch. Er wird wohl interessiert zuhören und möglicherweise einen kritischen Blick auf den Text werfen, der daraus entstanden ist. Vielleicht aber auch nicht.

«Lasst euch helfen!»

MICHÈLE LERCH, 55 Jahre alt, medizinische Praxisassistentin, ist seit dem Jahr 2000 verwitwet. Ihren Mann Herbert, an MS erkrankt, pflegte sie bis zu seinem Tod.

.....

Ich solle einfach den Bus nehmen, von Adliswil aus bis zur Haltestelle «Feldblumenstrasse» fahren, die Treppe neben den Abfallcontainern runtergehen, dann würde ich ihr Mietshaus schon sehen. Tatsächlich: Ich finde es sofort und klingle bei Lerch. Niemand öffnet. Schön blöd. Ich rufe Frau Lerch an. Sie ist zu Hause, zum Glück. Es stellt sich heraus, dass nicht die Klingel defekt ist, sondern dass ich den Knopf rechts statt links ihres Namens gedrückt habe. Ein Versehen, das vielleicht mit meiner inneren Anspannung zu tun hat. Denn gleich werde ich eine schwer schicksalsgeprüfte Frau kennenlernen, die nicht nur ihren Mann, sondern vier Jahre vor ihm auch den gemeinsamen Sohn verloren hat. Damals war sie noch keine 40 Jahre alt.

Sie begrüsst mich herzlich und bittet mich in ihr vorweihnächtlich üppig geschmücktes Reich. Ein Sternenvorhang vor dem Fenster, ein Adventskalender mit Geschenksäckchen an der Wand, silberfadenumsponnene Nikoläuse auf dem Tisch, Kerzen überall. Bei den

Nikoläusen steht eine Schale mit Weihnachtsgebäck, daneben liegen die vielen Zettelchen mit den Erinnerungshilfen an das so selten mehr Erzählte. «Jenseitsvorstellung», «Finanzen», «Ressourcen», «Der Tag des Todes» – offensichtlich hat Michèle Lerch sich auf das Gespräch vorbereitet.

Sie beginnt gleich mit dem Tag ihrer Verwitwung: 19 Jahre ist es nun her, dass sie in einem Zimmer im Kantonsspital neben ihrem toten Mann stand und einfach nur schrie. Mittlerweile kann sie es erzählen, ohne Umschweife, ohne Tränen. «Ich habe geschrien, laut und hörbar, selbst durch die geschlossene Spitalzimmertür hindurch: ‹Nun bin ich allein. Ich habe mein Kind verloren. Nun auch noch meinen Mann! Mir hat man alles genommen.›»

«Was brauchten Sie in diesem Moment?» – «Jemanden, der nicht trauert, jemanden, der kommt und mich einfach in den Arm nimmt und mir Halt gibt.» – «Und?» – «Ich habe genau das bekommen. Vier Jahre zuvor, als Pascal im Kinderspital verstarb, und auch nach Herberts Tod im Kantonsspital. Die Stationsärztin kam, nahm mich in den Arm, hielt mich, sprach ruhig zu mir und erlaubte mir, so lange bei meinem Mann zu bleiben, wie es gut sei für mich. Sie sagte, dass sie meinen Mann nun von allen medizinischen Geräten befreien würde und dass ich nachher in Ruhe von ihm Abschied nehmen könne.

Da sass ich neben ihm, im stillen Zimmer. Eine Kerze brannte. Das Nachttischchen war mit einem weissen Tuch bedeckt. Darauf stand eine weisse Rose. Herbert lag da in einem weissen Hemd im frisch hergerichteten Bett. Ich weiss nicht mehr, wie lange ich neben seinem

Bett sass. Meine Mutter gesellte sich dazu, das war schön. Irgendwann sagte meine Mama: ‹Komm, Mimi, wir gehen nun heim, du solltest etwas zur Ruhe kommen.› Sie hatte recht. Ich schlief bei ihr im Bett. Das war gut, so gut es eben sein konnte in all dem Schlimmen.»

Michèle Lerch sitzt mir in ihrer Zweizimmerwohnung am Holztisch gegenüber. Die Mittfünfzigerin strahlt Mütterlichkeit aus. Sie kreuzt die Arme vor der Brust. Es wirkt nicht wie eine Geste der Abwehr. Zu offen ist ihr Blick und zu bereitwillig ihre grosse Erzählung über zwei Verluste, die sie schwerstens prüften. Was motiviert sie, so lange Zeit danach noch einmal alles zur Sprache zu bringen? Jetzt, wo die grosse Wunde vernarbt ist? Jetzt, wo neues Glück ihr Leben bereichert?

«Ich finde, es muss für junge Witwen Anlaufstellen geben. Es gibt nichts, dabei ist es eine sehr spezielle Rolle. Ich wurde ausgegrenzt und habe lange nicht verstanden, warum. Ich fragte mich, was ich den anderen angetan habe. Meine Psychologin klärte mich auf: ‹Sie sind jung und eine Konkurrenz für andere Frauen. Man lädt sie weniger ein, weil sie den Ehefrauen ihre Ehemänner abspenstig machen könnten.› Ich konnte das erst nicht glauben. Aber ich weiss nun, dass sie recht hatte.»

Der Wunsch nach einem Hilfsangebot für junge Witwen ist nicht der einzige Grund für Michèle Lerch, die Geschichte ihrer Verluste mit mir zu teilen. Sie möchte auch, dass die Menschen sensibler werden im Umgang mit Trauernden. Sie hat viel Unbeholfenheit erlebt und – noch schlimmer – ein krasses Manko an Sensibilität.

«Wie können Mütter in meiner Anwesenheit darüber klagen, dass ihr Kind in der Nacht ein-, zwei- oder dreimal wach geworden ist, während ich danebensitze und mein Pascal leider nie mehr wachwerden wird, nicht am Tag und nicht in der Nacht! Wenn dein Kind stirbt, gehörst du nicht mehr dazu. Und auch als pflegende Angehörige bist du bald isoliert. Dein Alltag ist so anders als derjenige der anderen. Du bleibst mit deiner Aufgabe allein in deinen vier Wänden und hast alle Hände voll zu tun.»

Michèle Lerch kommt in Fahrt, wenn sie erzählt. Eine Mischung aus Wut und Stolz schwingt mit. Sie hat vieles geschafft, trotz allem.

«Ich werde auch oft gefragt, warum ich immer noch weine, obwohl es nun schon so lange her ist. Wieso verstehen die Menschen nicht, dass der Schmerz immer wieder aufpoppt? Ich habe das Gefühl, dass Tränen in der heutigen Welt ein Zeichen sind für Schwäche. Ich selbst fühle mich aber nicht daneben, wenn ich weine.»

«Bei wem konnten und können Sie weinen?» – «Bei meinem Freund. Bei meiner Familie. Bei den wenigen Freunden, die noch da sind.»

«Wie haben Sie sich selber helfen können, wenn Sie sich unverstanden fühlten?» – «Ich habe alles aufgeschrieben, wie in einem Tagebuch. Dann habe ich die Seite rausgerissen, sie zerknüllt und ins Klo gespült. Ich konnte ja nicht auf den Balkon stehen und schreien!»

Jetzt lacht Mimi. So nennen sie die, die sie gut kennen, die sie lieben, verstehen und auch für ihre Lebenskraft bewundern. Mimi hat sich zu helfen gewusst und Hilfe geholt. Dort, wo es Hilfe gab: psychotherapeutische Hilfe im Kinderspital, wo ihr Pascal starb, und zweimal pro Jahr in der «Herzvereinigung», wo das Weinen auch Jahre danach noch erlaubt ist.

«Dort habe ich eine Geschichte erzählt, die mir lange nachgegangen ist. Es fragte mich mal jemand: ‹Haben Sie Kinder?› Ich verneinte. Das war für mich danach ganz schlimm. Ich hatte das Gefühl, meinen Sohn verleugnet, Pascal totgeschwiegen zu haben! Die Gruppe verstand das, wir redeten darüber, und ich werde nie mehr so antworten, bloss um eine Konfrontation mit meiner Wahrheit zu vermeiden. Ich habe mir helfen lassen. Und das ist auch mein Rat an andere Witwen und an andere Mütter, die ihr Kind verloren haben: Lasst euch helfen!»

Michèle Lerchs Geschichte der Verwitwung ist eng verwoben mit ihrer mütterlichen Verwaisung. Das eine kann nicht ohne das andere erzählt werden. In der engen Verzahnung bleibt aber manches für Uneingeweihte wie mich schwer überschaubar. Also der Reihe nach.

«Was für ein Paar waren Sie und Herbert?» – «Wir waren eigentlich sehr verschieden. Er spontan und unerschrocken, ich eher still und zurückhaltend. Er spielte in einer Guggemusig und festete gerne bis in die frühen Morgenstunden, mir wurde das immer mal wieder zu laut und zu spät. Unsere Gemeinsamkeit war, dass wir immer halfen, wenn es irgendwo etwas zu helfen gab. Ich glaube, dass wir beide schlecht Nein sagen konnten. Inzwischen habe ich das aber gut gelernt!

Herbert erhielt die Diagnose Multiple Sklerose schon bevor wir uns kennenlernten. Er konnte nicht so recht glauben, an einer neurodegenerativen Krankheit zu leiden, denn es gab keinerlei Anzeichen. Und doch wollte er deswegen erst keine Beziehung mit mir eingehen. Aber auch ich sagte: ‹Du hast doch keine Schübe. Das kann nicht sein!› Er war immer so fröhlich und witzig. Aber eines Tages sah er die Dinge doppelt. Die MRI brachte Klarheit: Die Krankheit war real. Ich sagte zu ihm: ‹Ich liebe dich, so wie du bist!› Wir heirateten. Ich hatte die Hoffnung, dass es trotzdem gut kommen würde. Das war im Jahr 1988.»

1988 – da war Michèle Lerch gerade mal Mitte zwanzig. Das Leben war schön und ziemlich normal. Das Paar reiste nach Amerika, wo sich bei Herbert aber die erste körperliche Schwäche beim langen Gehen zeigte, zum Beispiel im Disneyland. Ein Rollstuhl schaffte Erleichterung.

«Seine Beine begannen zu zittern und wir wussten, dass er sich nicht zu sehr anstrengen sollte. So kam der Rollstuhl in unser Leben. 1994 erschütterte uns dann ein gesundheitlicher Einbruch: eine Urosepsis, eine schwere Infektion nach einem Katheter. Danach wurde Herbert ein Pflegefall. Sein Zustand war schlimm, aber stabil.»

1994 – da war die gelernte Arztgehilfin gerade mal Anfang dreissig. Sie pflegte ihren Mann fortan sechs Jahre lang, gab ihm das Essen ein, weil der Schluckreflex gestört war und seine Hand zitterte, wusch und salbte ihn, wenn die Spitex am Abend nicht mehr kommen konnte oder am Wochenende frei hatte. Sie kleidete und bettete ihn, ihren Herbert, der geistig ganz präsent und seelisch heiter, aber körperlich so jung auf Hilfe angewiesen war.

«Er hat Hilfe gebraucht in allem.» – «Und das Kind?» – «Da müssen wir wieder in die Anfangsjahre unserer Geschichte. Wir wussten ja um die MS-Diagnose. Mein Mann sagte: ‹Es wäre so schön, Vater zu werden!› Wir nahmen Kontakt auf mit der Neurologie des Universitätsspitals und haben uns gründlich informiert. Der Bescheid der Experten: ‹Sie dürfen Eltern werden. Wir können Ihnen nicht davon abraten, wenn ihr Mann so positiv eingestellt ist und sich über Nachwuchs so freuen würde. Wenn Sie allerdings zögern und unsicher sind oder sogar Angst bekommen vor der Elternschaft, ist das ungünstig. Stress kann auch Schübe auslösen.›

Es dauerte dann sechs Jahre, bis ich schwanger wurde. Wir hatten die Sache eigentlich schon ad acta gelegt und uns gesagt, dass der da oben halt nicht möchte, dass wir Eltern werden. Wir sagten uns, dass wir auch so zufrieden sind. Und dann wurde ich schwanger.»

Als Michèle Lerch ein Kind erwartete, war sie 30 Jahre alt und ihr Mann Herbert 37. Ihr kleiner Pascal kam mit einem Herzfehler zur Welt.

«Wir wussten das nicht von Anfang an. Es war einfach schwierig beim Stillen. Unser Kind weinte viel, doch weil man ihm bei der Geburt das Schlüsselbeinchen gebrochen hatte, dachten wir, dass er deswegen so viel weint und besonders gelagert werden muss. Als ich nach dem Wochenbett eigentlich bereit war, nach Hause zu gehen, riet der Arzt bei der Austrittskontrolle zu einem Ultraschall. Er hörte ein Geräusch auf dem Herzen und entdeckte, dass das Herz unseres Kindes viel zu gross war. So kam Pascal direkt auf die Intensivstation des Kinderspitals. Diagnose: vierfacher Herzfehler ohne genaue Zukunftsprognose.»

Als das Kindchen der Lerchs zwei Wochen alt war, wurde es zum ersten Mal an seinem grossen Herzen operiert und die besorgten und geprüften Eltern fragten sich, ob ihr Kind je in den Kindergarten kommen würde.

Die Ärzte konnten nichts prognostizieren. Als Pascal fünf Wochen alt war, durfte er endlich nach Hause zu seinen Eltern. Doch kurz darauf landete er wieder im Spital: Lungenentzündung. Dem ersehnten Kleinen ging es bald wieder gut. Er entwickelte sich normal und lernte früh und gut sprechen.

Michèle Lerch zeigt mir ein Bild ihres Kindes. Ein blondes Prinzchen, zart, aber aufgeweckt schaut es in die Welt, hält sich an einem Korbstuhl und macht sich auf, eigene Schritte zu gehen. Heute wäre Pascal 25 Jahre alt. Doch er verstarb mit gerade mal zwei Jahren nach zahlreichen Eingriffen und Komplikationen.

«Ich habe vor Pascals Tod geträumt, dass er gehen wird. Er kam im Traum zu mir und bat mich, mitzukommen. Er wolle mir zeigen, wohin er gehe, und ich solle ihn dahin gehen lassen. Es sei da sehr schön. Er ging auf ein grosses Tor zu. Daneben war ein goldener Schlüssel. Ich konnte ihn nicht nehmen. Nur er konnte das Tor öffnen. Dahinter sah ich eine Blumenwiese mit ganz vielen Menschen. Auch Kinder waren da. Sie hatten weisse Windeln an, sind herumgerannt und haben gelacht. Pascal hat gesagt: ‹Mami, da will ich auch hin, lass mich gehen!› Als ich aus dem Traum erwachte, ging ich sofort ins Kinderspital. Ich wollte nie mehr von seinem Bettchen weg! Als ich dann bei ihm war, erzählte ich meinem Kind auch, dass seine Grossmutter nach einer Reise bald zu ihm auf Besuch kommen würde. Aber so lange wartete er nicht, konnte er nicht mehr warten. Er starb um 16 Uhr am Tag nach der Nacht mit dem Traum.»

Michèle Lerch stützt ihren Kopf in die Hände. Ihre Stimme ist nun leise geworden. Sie schaut mich prüfend an. Ich sage erst gar nichts und wage dann die Frage: «Hat Ihnen dieser Traum geholfen?»

«Ich habe immer gesagt: ‹Wenn mein Kind stirbt, dann sterbe ich auch.› Aber es ist dann doch anders. Man kämpft sich aus dem schwarzen Loch hinaus. Ich hatte Angst, mein Mann könnte einen schweren Schub erleiden. Es brauchte mich. Er brauchte mich!»

Und es brauchte Leben im Alltag der Lerchs. Das hatten sie. Michèle verdiente sich schon seit längerer Zeit ein wichtiges Zubrot als Tagesmutter. Ihr Mann half ihr bei dieser Betreuungsaufgabe aus dem Bett heraus, unterhielt die Kinder mit seinem Witz und korrigierte ihre Hausaufgaben. Offenbar tat das allen gut, denn noch heute hat Mimi eine vertraute Beziehung zu den ehemaligen Tageskindern. Die sind in der Zwischenzeit erwachsen und selber Eltern. Und so ist ihre Tagesmutter nun auf eine wundervolle Art Grossmutter geworden.

«Wir haben immer noch Kontakt und mögen uns sehr. Mein Freund André und ich – wir sind auch für die Kinder der ehemaligen Tageskinder da.»

Als bräuchte diese Erzählung eine Bestätigung, holt Michèle Lerch auch dazu ein gerahmtes Bild vom Sideboard. Ich sehe ein lachendes Mädchen, flankiert von einem schlanken, freundlich lächelnden Mann und seiner Freundin, Mimi. Es ist Winter, alle drei stehen vor einer verschneiten Tanne. «Ich konnte lange keine Fotos anschauen. Ich musste immer heulen.»

Diese Zeiten sind offenkundig überstanden. In der kleinen Stube ist ein ganzes Regal voller gerahmter Fotos zu sehen. Eine davon zeigt Herbert: lachend, mit kurzem Stoppelhaar und feiner Brille, sein Kopf ist blausamten gestützt. Ich schaue das Bild lange an. Herberts Witwe schenkt mir Tee nach in die grosse, rote Tasse neben den verzierten Nikoläusen, den Kerzen und dem ganzen Glitter.

«MS ist eine fortschreitende Krankheit. An ihr stirbt man nicht. Herbert ist nicht an dieser Nervenkrankheit gestorben, sondern an einem epileptischen Anfall. Das war damals ein medizinisches Rätsel. Er hatte aspiriert. Dabei war Speichel in seine Lunge geraten. Eine Lungenentzündung war die Folge. Mein Mann war sehr geschwächt, wollte aber nicht an die Beatmungsmaschine angeschlossen werden. Er war ganz ruhig, ganz entspannt. Ich konnte mit ihm reden. Er antwortete mit einfachen Lauten. Und so konnte ich noch einiges klären: ‹Beerdigung? Wen muss ich benachrichtigen? Darf ich noch warten? Pascal?› Ich denke, dass er den Namen seines Sohnes hören wollte, um gehen zu können.»

Michèle Lerch sorgte für Ruhe im Sterbezimmer ihres Mannes, bat seine besorgten Schwestern, das Zimmer zu verlassen, und blieb mit Beni, Herberts bestem Freund, am Bett. «Ist es gut so?» – «Ja.»

Eine halbe Stunde später starb ihr Mann. Vier Jahre nach dem Kind. Und sie schrie. Bis die Stationsärztin kam und sie hielt, am Tiefpunkt ihres Lebens, verlassen von ihren «Männern», wie sie sagt, allein in einem grossen, schwarzen Loch. Und ohne die Aufgabe der letzten sechs Jahre. Ein weiterer Verlust.

«Ich hatte damals das sichere Gefühl, das nicht mehr zu schaffen. Es war alles viel zu viel! Der Kampf ums Überleben, das Dasein für die Tageskinder, der Kampf ums Geld. Herbert hatte kein Testament verfasst. Wir hatten nur einen einfachen Ehevertrag. Seine Mutter kam mit Geldforderungen aus früherer Zeit. Schrecklich, einfach schrecklich!»

Michèle Lerch hat überlebt. Gut überlebt. Mir gegenüber sitzt eine heitere, rundliche, sehr lebhafte Frau, die nach dem Tod ihres Mannes eine Teilzeitstelle als medizinische Praxisassistentin angenommen hat und regelmässig in ihrem Auto nach Zug in die Praxis fährt. Sie hat eine Schwester, die ihr in finanziellen Fragen mit Rat und Tat zur Seite stand. Denn wer sieben Jahre weg vom Arbeitsmarkt ist und Care-Arbeit leistet, hat das Nachsehen. Besonders wenn der unterstützungsbedürftige Mann noch jung ist und nicht schon jahrelang in die Pensionskasse einzahlen konnte. Gemeinsam mit der Schwester hat sie Unterlagen gesammelt, Papiere hergeschafft und bei einem Versicherungsrichter Rat gesucht.

«Von ihm habe ich erfahren, dass ich bei der AHV ein Anrecht habe auf eine Betreuungsgutschrift. Wenn du das nicht weisst, sagt einem das keiner!» Heute lebt Michèle Lerch von knapp 5000 Franken pro Monat. «Damit mache ich keine grossen Sprünge. Aber wenn es eng wird, hilft mir auch mein Freund.»

André heisst der Freund. André steht auch gerahmt auf dem Regal. André ist verantwortlich für Mimis Wendepunkt vom Überleben zurück ins Leben.

«Als ich ihn kennenlernte, hatte ich das Gefühl: Nun macht das Leben wieder Sinn. Ich liebe und werde geliebt. Ich habe einen Mann, der meine Geschichte kennt und mich so nimmt, wie ich bin. Er hört zu, wenn ich von Herbert erzähle. Er hört zu, wenn ich von Pascal erzähle. Er ist einfach da.»

«Und wie ist er in Ihr Leben gekommen?» Nun kichert sie wie ein junges Mädchen und erzählt fast atemlos die Geschichte mit ihrer Kollegin, die sie drei Jahre nach der Verwitwung ermunterte, einen Mann zu suchen. Per Inserat. Warum auch nicht? «Mach's, du kannst nur glücklich werden!» Sie wollte erst nicht. Nicht sie, die nie und nimmer allein in ein Restaurant gehen würde. Nicht sie, die weniger leichtfüssig als andere durchs Leben ging. Aber dann hat sie doch begonnen, im *Zuger Anzeiger* die entsprechenden Inserate zu lesen und Schrittchen für Schrittchen die Sache in die richtigen Bahnen zu lenken. Sie erzählt und kneift sich dabei in die Unterarme, so als gäbe es etwas zu beichten.

«Ich habe einen Fragebogen ausgefüllt und bekam daraufhin drei Angebote. Einer davon war's. Es war auf Anhieb nett mit ihm. Doch dann liess er nichts mehr von sich hören. Mehr als ein Monat verging nach dem ersten Treffen. Meine Kollegin drängte mich, ihm doch zu schreiben, und fast im selben Moment summte mein Handy: eine SMS von ihm! Er schrieb, er wolle mich sehr gerne wiedersehen!»

Nun sind sie ein Paar, schon 15 Jahre lang. André und Michèle. Er ist Polier und wohnt teils bei ihr und teils bei seinen Eltern. Die Adventssäckchen an der Wand sind für ihn, kleine Aufmerksamkeiten für den Dezember. Auch er hat sie schon vorweihnächtlich verwöhnt, mit einer Hautcrème einer amerikanischen Edelmarke für ihre sensible Haut. «Er ist ein hilfsbereiter, sensibler Mann. Ich bin sehr glücklich, dass es ihn gibt.»

Kein Zweifel, die verwaiste Mutter, die verwitwete Frau ist verliebt. Das Leben hat sie wieder. Die Familie hat geholfen und André ist da. Die «Grosskinder» kommen zu Besuch und in der Praxis spüren manche Patientinnen und Patienten intuitiv, dass man mit Frau Lerch anders über Sorgen sprechen kann als üblich. Michèle Lerch sagt von sich selber, dass sie selbstsicherer geworden sei und auch mal Nein sagen könne. Und wenn sie eine Antwort braucht, die andere ihr nicht geben können, geht sie auf den Friedhof.

«Sie sind beide in einem Grab. Das ist sehr schön für mich. Ich rede dann laut. Ich war auch schon in der Nacht mit der Taschenlampe da. Ich frage, wenn ich eine Frage habe.»

«Und – kommt eine Antwort?» – «Ja, für mich schon!»

«Wie stellen Sie sich das Jenseits vor?» – «Anfangs hatte ich den Glauben verloren. Ich fragte mich, was das für einer ist da oben, der mir das Kind nimmt und dann auch noch den Mann. Aber nach einer gewissen Zeit habe ich mir gesagt, dass jede und jeder mit einer Aufgabe auf diese Welt kommt. Mein Sohn hatte seine Aufgabe früh erfüllt. Und auch mein Mann erfüllte sie früher als andere. Es ist für mich eine schöne Vorstellung, dass mein Mann und mein Sohn nun miteinander vereint sind. Und irgendwann geht das grosse Tor auch für mich auf. Ich habe keine Angst mehr vor dem Tod.»

«Ich helfe lieber, als dass ich mir helfen lasse»

EFLAN USLU, 60 Jahre alt, Sozialarbeiterin, Mutter, Grossmutter, verwitwet seit dem Heiligen Abend 1996. Ihr Mann war zur falschen Zeit am falschen Ort und wurde von einem ihm Unbekannten grundlos ermordet.

.....

Sie hat es sich lange überlegt, ob sie ihre Geschichte noch einmal erzählen kann und möchte. Während Tagen hat sie nachgedacht, worüber sie sprechen möchte und worüber nicht, ob sie sich mir überhaupt anvertrauen kann und was passieren könnte, wenn Bekannte und Verwandte das lesen, was sie in den letzten, langen Jahren meist für sich behalten hatte. Sie war sich nicht sicher, ob sie noch einmal durch den grossen Schmerz gehen soll. Dann hat Eflan Uslu Ja gesagt und kurz danach die Stimme verloren.

Wir haben dann unsere Begegnung auf später vertagt, wenn die Bronchitis abgeklungen und die Stimme zurückerlangt sein würde. Wir treffen uns an einem kühlen Frühlingssonntagnachmittag.

«Ich habe immer noch nicht meine eigene Stimme.» – «Du hast eine sehr sinnliche und schöne Stimme.» – «Danke, aber … doch, danke.»

Eflans Stimme ist die Stimme einer starken Raucherin. Tief, rau, ruhig. Wir duzen uns. Sie hat es sich so gewünscht.

Wir sitzen an einem kleinen, runden Tisch, bedeckt mit einem weissen Spitzentuch. Überhaupt gibt es viel Weiss in ihrer Küche und im kleinen gepflegten Wohnraum im ersten Stock eines grossen Wohnhauses an einer Strasse, wo Basel fast schon auf Frankreich stösst. Weisse und türkisfarbene Kissen auf dem Sofa, fein säuberlich aneinandergelehnt, in der Ecke weisse Ersatzstühle, falls Besuch kommt, beim runden Tisch ein weisses Gestell mit Fotos. Noch schaue ich nicht genauer hin.

«Stört es dich, wenn ich rauche?» – «Nein, du kannst heute Nachmittag alles machen, was dir hilft.»

Eflan Uslu bringt zwei dicke Ordner an den Tisch und lässt mich blättern: Protokolle der Basler Staatsanwaltschaft, Zeitungsausschnitte, Fotos, Gerichtsurteile, Briefe und Notizen. Ich darf alles anschauen, alles mit nach Hause nehmen und für meine Arbeit nutzen. Während ich in den Akten blättere, trägt Eflan Glasschalen mit Nüssen, Trockenfrüchten und Keksen auf, dazu türkischen Schwarztee aus dem Samowar. Der Tee ist bernsteinfarben, serviert in schmalen, tulpenförmigen Gläschen.

Sie setzt sich mir gegenüber, reibt sich die linke Brust und beginnt ihre Geschichte. Sie verwitwete an dem Tag, als ihr Mann, Sammedin Okumus, ermordet wurde. Da war sie 37 Jahre alt, er bald 50. Sie waren Eltern von drei Töchtern.

«Drei Tage davor, am 21. Dezember 1996, hatte unsere Älteste geheiratet und alle Verwandten waren noch da. Das Haus war voll, meine Mutter war da, mein Bruder aus Deutschland mit seiner ganzen Familie. Wir waren alle recht müde vom Feiern. Sami, so nannten wir meinen Mann, hatte Dienst. Er hatte ihn abgetauscht mit einem christlichen Kollegen, der am Heiligabend gerne mit seiner Familie feiern wollte. Mein Mann schätzte es auch sehr, wenn man an seinem Arbeitsplatz auf unsere muslimischen Feste Rücksicht nahm. Er war Gleisarbeiter bei der SBB, ein sehr angesehener und beliebter Vorarbeiter mit einem grossen Pflichtgefühl.

Vor der Arbeit wollte er unbedingt noch eine Suppe mit uns allen essen, und das mitten im Nachmittag. Das war ziemlich ungewöhnlich. Meine Mutter kochte eine Bulgursuppe und er sagte: ‹Das ist die beste Suppe, die ich je gegessen habe, und so eine Suppe werde ich nie mehr essen!› Das mit dieser Suppe ist mir genauestens in Erinnerung geblieben. Das war schon eigenartig. Aber das mit meinem Bruder auch.»

«Was war denn mit dem Bruder?» – «Mein Bruder wollte an diesem Nachmittag mit seiner Familie zurück nach Deutschland reisen. Das wäre mir, ehrlich gesagt, auch recht gewesen. Aber Sami hinderte meinen Bruder regelrecht daran, abzureisen. ‹Nein, bleibt noch da. Ich verabschiede mich nicht von euch, ihr müsst dableiben!› Er bestand so eindringlich darauf! Im Nachhinein war ich sehr dankbar und froh, dass meine Verwandten dageblieben waren und mich unterstützt haben.

«Glaubst du, das war eine Vorahnung?» – «Ja, er hatte Vorahnungen. Ein Kollege von ihm hat mir unter Tränen erzählt, dass Sami wusste, dass er in einer Vollmondnacht sterben würde. Er hat das offenbar gesagt, immer wieder und eindringlich, mit dem türkischen Rosenkranz in der Hand, mit einer sinnlichen Tiefe. ‹Hör auf, Sami, das kannst du doch nicht wissen!› – ‹Du wirst es schon sehen, Gerhard!› Die Weihnachtsnacht im Jahr 1996 war dann tatsächlich eine Vollmondnacht.

Sami hat sich dann von allen mit einem Kuss verabschiedet. Sogar mir gab er einen Kuss, in der Gegenwart meiner Mutter. Das ist sonst nicht üblich in unserer Kultur. Aber an diesem Nachmittag küsste er mich und ging dann. Wir haben ihm nachgeschaut und er hat, die schwarze Arbeitstasche in der Hand, von der Strasse unten gewinkt.

Es war sein letzter Arbeitstag vor den Ferien. Wir hätten danach einen Monat in der Türkei verbracht. Und wir waren daran, ein Haus in Basel zu kaufen. Am 31. Dezember hätten wir den Vertrag unterschrieben. In der Türkei hätten wir unseren Laden verkauft, um mit dem Geld das Haus zu finanzieren.»

Das Feuerzeug klickt. Eflan muss rauchen. Sie muss Anlauf nehmen mit einer Parisienne, ihrer Marke, den Rauch inhalieren und langsam auspusten, um ihn dann, aus Rücksicht auf mich, zu verwedeln. Ich wärme meine Hände am Tulpengläschen und trinke den starken, ungesüssten Tee. Es ist eine Weile still. Eflan prüft mich mit ihren grossen, dunklen, mit Khol umrandeten Augen. Sie sieht schön aus mit ihren silbernen Kreolen in den Ohren, der frischen Bluse unter der roten Strickjacke, den gepflegten Händen mit den diskret lackierten, mandelförmigen Nägeln, aber auch sehr leidgeprüft.

«An diesem Abend hatte ich dafür gesorgt, dass alle früh zu Bett gingen. Ich auch. Ich war müde nach all den Hochzeitsfeierlichkeiten. Ich habe noch etwas gelesen und bin dann tief eingeschlafen. Dann, um 1 Uhr nachts, schreckte ich plötzlich auf. Ich hielt die Hand so gegen die Türe, als hielte ich eine Pistole, und rief ganz laut: ‹PENG!›. Mir war, als sei jemand in unser Schlafzimmer gedrungen. Das war so stark, Cornelia! Meine Schwägerin erwachte und kam zu mir: ‹Eflan, warum schreist du so?› Ich entschuldigte mich: ‹Ein Traum!› Es war sehr seltsam. Ich ging dann in die Küche, trank ein Glas Wasser und schlief wieder ein.»

In der *Basler Zeitung* vom 27. Dezember 1996 steht, was in der Minute von Eflans Nachtschreck zwischen den Gleisen des französischen Bahnhofs in Basel geschehen war:

Einbruch im «Waaghof»: 1 Toter, 7 Waffen weg

Dreister geht es nimmer. In der Nacht auf den Weihnachtstag verschaffte sich ein noch unbekannter Einbrecher gewaltsam Zugang zur Staatsanwaltschaft und erbeutete dort sieben scharf geladene Pistolen, Waren aus anderem Diebesgut und auch noch einiges an Bargeld der Kriminalbeamten. Auf seinem Fluchtweg schoss der Täter auf dem SNCF-Bahngelände einen Bahnarbeiter nieder und verletzte ihn tödlich.

«Eigentlich wäre Sami um 3 Uhr morgens mit dem Dienst fertig gewesen und wieder nach Hause gekommen. Ich schlief aber so tief, dass ich nicht merkte, dass er nicht heimgekommen war, und erwachte erst, als es klingelte. ‹Machen Sie auf, Polizei! Machen Sie auf, die Polizei, Ihr Mann!› – ‹Was, mein Mann? Mein Mann hat nichts mit der Polizei zu tun!› – ‹Machen Sie bitte auf!› – ‹Woher soll ich wissen, dass Sie wirklich von der Polizei sind?› Irgendwie haben die Stimmen draussen mir dann bewiesen, dass sie wirklich von der Polizei waren, und ich öffnete die Tür.

Ich hatte in den Jahren zuvor immer mal wieder Angst, dass Sami zwischen den Gleisen etwas passieren könnte, etwa ein Zugunfall. Aber an das, was dann kam, hatte ich nie gedacht: ‹Ihr Mann ist erschossen worden!›

Cornelia, wenn ich eine solche Szene in einem Krimi sah, dachte ich immer: ‹Das kann man doch nicht so machen.› Aber es war so! Genau wie im Film. Sie haben es so gesagt. Und ich habe laut geschrien und mir mit beiden Händen voller Kraft büschelweise Haare ausgerissen. ‹Nein! Nein! Nein!›

Da stand ich um 5 Uhr im Pyjama vor drei fremden Leuten, die Hände voller Haare, und schrie.»

Tränen, Tränen, Tränen. Rauchen, rauchen, rauchen. Nun liegen zwei Päckchen auf dem Tisch. Parisiennes und Tempo. Einatmen und Ausatmen.

Fortsetzung des Artikels in der *Basler Zeitung*:

Der Einbrecher, offensichtlich mit den örtlichen Verhältnissen gut vertraut, flüchtete den Erdbeergraben hinauf, stieg über ein Mäuerchen und begab sich auf die Geleiseanlagen der SNCF. Dort traf er auf eine dreiköpfige Rangierequipe – zwei Arbeiter und ein Lokführer. Einer der Arbeiter, ein 49-jähriger türkischer Familienvater mit drei Kindern, stand dem Fremdling am nächsten und liess sich mit ihm auf ein Wortgefecht ein. Plötzlich schoss der Unbekannte dem Bahnarbeiter ins Bein und flüchtete. Möglicherweise dachte er, dass er auf eine Polizeipatrouille gestossen ist. Der Bahnarbeiter wurde an der Aorta getroffen, verblutete und starb zwei Stunden später im Spital.

«Die sind erst um 5 Uhr gekommen, zwei Stunden, nachdem Sami verstorben ist! Er war davor im Spital gewesen und hatte noch gelebt! Das ist unverzeihlich, dass sie uns nicht schneller benachrichtigten. Ich hätte so viel dafür gegeben, im Spital von ihm Abschied nehmen zu können! Ich hätte mir so gewünscht, dass meine Kinder noch die warmen Hände ihres Vaters hätten spüren können. Später habe ich den Verantwortlichen auch gesagt, dass sie die Angehörigen immer sofort benachrichtigen sollen. So geht das nicht. Das muss besser werden. Sami hätte mir vielleicht noch etwas sagen können. Es ist schlimm. Es ist immer noch so schlimm, Cornelia.»

Was für ein Kraftakt, denke ich, sich das nach bald 23 Jahren nochmals so bildlich zu vergegenwärtigen. All das Unwiederbringliche. All das dramatisch Zufällige. All das eigentlich Unnötige, Absurde.

«Natürlich haben die beiden Polizisten und der Sozialarbeiter an diesem Morgen versucht, mich zu beruhigen. Ich weiss nicht mehr alles so genau. Es waren auf alle Fälle drei Gestalten. Langsam fand ich auch die Kontrolle wieder und versuchte zu verhindern, dass meine Kinder erschreckten. ‹Sagen Sie meinen Kindern, ihr Vater hätte einen Unfall gehabt, sich den Fuss gebrochen, und sagen Sie, er sei im Spital!› Dann kam Dr. Besch, unser Hausarzt, hinzu und ich bat ihn, meiner Mutter eine Beruhigungstablette zu geben und sich um meine Kinder zu kümmern. Ich wollte keine Tabletten für mich. Er nahm mich in die Arme und beruhigte mich. Meine Mutter schrie. Meine Kinder auch. Es war ein Aufruhr.

Etwas später kleideten wir uns an und ich fuhr in Begleitung des Hausarztes ins Spital. Ich weiss nicht mehr, wer sonst noch dabei war. Im Spital waren fünf Ärzte, die mir alles erzählten. Ich werde es nie mehr vergessen. Ich packte einen Arzt am Kragen und schrie: ‹Ihr habt meinen Mann umgebracht, ihr wart es, ihr Schweine!› Sie hatten das Kabel gezogen, ohne unsere Einwilligung. Der Hausarzt versuchte mich zu beruhigen: ‹Pscht, Pscht, Frau Okumus!›

Ich war im Schockzustand. Dann war ich lange mit Sami allein im Sterbezimmer. Erst später kamen meine Kinder und die anderen Angehörigen dazu. Es war so schrecklich für mich, meine hilflosen Kinder zu sehen. Wie kann ich ihnen etwas geben, wo ich doch selber so erschüttert bin? Meine Mutter sang ein Klagelied und auf eine seltsame Weise war ich dadurch getröstet: Sie tat etwas für ihn. Alle weinten in diesem fensterlosen Raum, in dem wir lange blieben. Wie lange weiss ich nicht mehr. Das Zeitgefühl war weg.»

Eflan raucht und schaut in die Luft. Sie sieht alles wieder. Die schwarze Schminke um ihre Augen ist tränenverschmiert. Ein Zug. Zwei Züge. Einsaugen. Ausstossen. Alles ist wieder da, alles, was in der Weihnachtsnacht 1996 bei Vollmond zwischen 1 und 6 Uhr in der Frühe geschah, als sie noch Eflan Okumus hiess.

«Eflan, was waren Sami und du für ein Paar?» Eflan ist erstaunt über den Themenwechsel. Aber auch sichtlich erleichtert. Sie trinkt einen Schluck türkischen Schwarztee und erzählt skizzenhaft: «Er war Asien, ich Europa. Ich 15, er 28. Wir waren gegensätzlich, hatten viele Meinungsverschiedenheiten und deswegen oft Diskussionen. Er weiss, ich schwarz, traditionsmässig gesehen. Zum Schluss fanden wir uns aber immer in der Mitte, wie die Europabrücke in Istanbul. Er war sehr ordentlich, sehr gemütvoll, die Ruhe selbst. Wenn ich zum Beispiel gesagt hätte: ‹Sami, schnell, auf der Strasse unten streiten sich zwei Menschen!›, hätte er sich erst noch eine richtige Hose und andere Schuhe angezogen und die Zähne geputzt. Erst dann wäre er auf die Strasse gegangen, um nachzusehen, was los ist. Ich hingegen wäre im Pyjama losgerannt. Seine Gemütlichkeit hat mich oft genervt. Ich bin halt temperamentvoll und auch ziemlich chaotisch. Sami aber hat uns allen den Boden gegeben. Ich habe bei ihm pubertiert, ich bin eigentlich bei ihm aufgewachsen. Ich hatte durch ihn einen starken Rückhalt. Er fehlt mir sehr, so sehr. Uns allen.»

In einem der beiden Ordner steht:

Sammedin Okumus, geboren am 2. Oktober 1947 in Bayburt
Eflan Uslu, geboren am 11. Juli 1959 in Bayburt
Geburt der ersten Tochter 1976 in Deutschland
Geburt der zweiten Tochter 1980 in Basel
Geburt der dritten Tochter 1985 in Basel

Eflan möchte eigentlich nicht, dass ich aufschreibe, dass sie mit Sami verheiratet wurde. Aber ich muss es aufschreiben, weil sonst niemand versteht, weshalb ein in Deutschland aufgewachsenes türkisches Mädchen mit 15 schon heiratet und mit 17 schon Mutter wird, statt zur Schule zu gehen und einen Beruf zu erlernen.

«In Deutschland ging ich gar nie zur Schule. 1968 reiste ich mit meiner Mutter und meinem Bruder nach Deutschland ein, wo mein Vater arbeitete. Damals war ich neun Jahre alt und hatte fünf Jahre Unterricht in der Türkei genossen. Ich war so glücklich, dass wir nun mit meinem Vater sein konnten. Ich sah ihn ja nur sehr selten, nämlich dann, wenn er Ferien hatte und es sich leisten konnte, uns in der Türkei zu besuchen. Eigentlich hatten meine Eltern vor, nach zwei Jahren wieder in ihr Land zurückzukehren. Deshalb schickten sie mich nicht zur Schule. Mein Vater hatte Angst, mich zu verwestlichen.

Ich liebte die Schule. Eigentlich ist der Schuleintritt in der Türkei erst mit acht oder neun Jahren. Aber als ich vier war, wollte ich da so sehr schon hin, wegen meiner Cousinen und der Nachbarskinder, die alle schon älter waren. Ich bettelte und bettelte, und irgendwann nahmen sie mich halt einmal mit. Unser Verwandter war Lehrer und konnte das so entscheiden. Sie dachten, ich würde nach ein paar Tagen schon die Lust verlieren. Ich fand es aber so schön in der Schule und gab mir alle Mühe. Als wir das grosse ‹E› lernten, verpasste ich dem Buchstaben gleich zehn statt drei Querstriche. Einfach, damit er noch schöner aussieht. Schliesslich durfte ich bleiben. Ich war eine sehr gute Schülerin.»

«Wie war es denn, im fremden Land plötzlich nicht mehr zur Schule gehen zu dürfen?» – «Das war natürlich nicht so schön. Aber ich hatte eine so grosse Sehnsucht nach meinem Vater, der nach Deutschland gegangen war, als ich fünf war. Ich wollte ihm nicht widersprechen. Mein Rauchen ist übrigens Vatersehnsucht. Immer wenn mein Vater uns besuchte, roch es nach Tabak. Rauchen, das ist Papa.»

Die 60-jährige Witwe öffnet nun die Fenstertür zum Balkon. Der Rauch zieht ab, es wird kühler in der Küche. Eflan hustet, hustet immer wieder, geht zum Samowar und schenkt Tee nach.

«Ich war ein sehr vernünftiges Kind, das früh lernte, Verantwortung zu übernehmen. Zum Beispiel für meine Mutter. Sie war in der Türkei eine angesehene, gefragte Frau. Im Schneidern war sie sehr geschickt und wusste auch sonst viel Rat. In Deutschland hingegen war sie von einem Tag auf den anderen eine sprachlose Analphabetin. Sie kannte niemanden. Da, wo mein Vater wohnte, gab es wenige Türken in der Nähe. Ich erinnere mich, wenn ich jemanden mit einem schwarzen Schnurrbart auf der Strasse sah, lief ich schnell nach Hause und rief: ‹Ich habe einen Türken gesehen, einen türkischen Onkel!›

Das alles war in Sprendlingen im Landkreis Offenbach, in der Nähe von Frankfurt. Ich verbrachte die Tage mit meinem Bruder und meiner Mutter. Wenn sie sagte: ‹Eflan, wir brauchen Tee! Wie machen wir das nun hier?›, war ich zur Stelle. Ich, die Neunjährige, half meiner Mutter, sich in der Fremde zurechtzufinden.

‹Eflan, wir brauchen Zucker!› – ‹Kein Problem, Mama!› Ich ging zum Müll, zog die leere Zuckertüte heraus und las, was auf der Packung stand: ZUCKER. Natürlich sprach ich das deutsche Wort türkisch aus: ZUZKER. Dann ging ich in den Laden, wo die Frauen mich schon kannten und auch süss fanden mit meinen langen, dunklen Haaren.

‹Was suchst du?› – ‹ZUZKER!› – ‹ZUZKER?› Sie verstanden nicht, was ich suchte, und so ging ich durch alle Regale auf der Suche nach der gleichen Tüte wie in unserem Müll und zeigte, was ich brauchte. ‹Ach so, Zucker brauchst du!› – ‹Ja, Zucker!› Die Frauen im

Laden waren sehr lieb und ich lernte mehr und mehr Deutsch und konnte so meiner Mutter viel helfen.»

Bei Eflans Erzählung fällt mir der Anfang meiner Berufszeit ein. Ich, Lehrerin in den Siebzigerjahren in einem Basler Industriequartier mit vielen ausländischen Familien. Wie viel diese Kinder doch Tag für Tag leisteten! Unterstützung der jüngeren Geschwister, Übersetzungshilfe bei sprachlichen Fragen und bei kulturellen Missverständnissen, Selbstständigkeit in dem, was gefragt war, weil die Eltern anderes zu bewältigen hatten oder in ihrem Land gar nie zur Schule gehen konnten. Und die pädagogische Fachwelt hat diesen kleinen Leistungsträgerinnen und Leistungsträgern so oft den Stempel des Defizits aufgedrückt und war zu blind für deren Ressourcen!

Später, als Journalistin, befasste ich mich mit dem Problem der Parentifizierung. Das ist ein Begriff aus der Familientherapie, mit dem zumeist eine Umkehr der sozialen Rollen zwischen Elternteilen und ihrem Kind bezeichnet wird. Eine Parentifizierung findet statt, wenn sich das Kind aufgefordert und/oder verpflichtet fühlt, seinerseits die nicht kindgerechte, meist überfordernde und seine weitere Entwicklung manchmal blockierende Elternfunktion gegenüber einem oder beiden Elternteilen wahrzunehmen. Im Rahmen familientheoretischer Überlegungen bedeutet eine solche Rollenumkehr eine Störung der familiären Hierarchie und der Generationengrenzen.

All das kommt mir bei Eflans Zucker-Geschichte in den Sinn und bei ihrem Entscheid, den Vater nicht zu enttäuschen und auf den geliebten Schulunterricht zu verzichten.

«Ja, sie haben mich in der Familie auch Mutter genannt. Wenn unsere Mutter arbeitete, hütete ich meinen kleinen Bruder. Die beiden grossen Brüder kamen erst einige Zeit später nach, als wir eine grössere Wohnung in Deutschland gefunden hatten. Dann kam meine Schwester zur Welt und ich trug die Verantwortung für alle.»

«Und deine Mutter, der du so viel geholfen hattest – war sie da für dich in dieser tragischen Weihnachtsnacht?» – «Ja, sie war da. Aber sie war selber so schockiert. Ich musste ihr helfen. Und natürlich auch meinen Töchtern.»

Eflan hilft. Sie hilft der Mutter, sie hilft den Kindern und sie erzählt mir ihre Geschichte, um vielleicht anderen zu helfen.

Kann sie sich selber auch helfen lassen? Es scheint, als habe sie die Frage überhört, aber vielleicht doch nicht ganz. «Ein paar Freunde haben mir Trauerbücher geschenkt. Aber die haben mir nicht wirklich geholfen, ausser eines von einem Griechen. Ich weiss nicht mehr, wie es hiess.» – «*Ich sehe deine Tränen* von Jorgos Canacakis?» – «Ja, genau! Der spricht doch im Buch von den griechischen Klageweibern. Er erklärt, wie wichtig sie sind für die Trauernden. Ich wäre auch so ein Klageweib gewesen. Klagen ist wie Rauch ausblasen. Dieses Buch war eines, das durch mich hindurch und durch mein Herz gegangen ist. Der erste Trauerschmerz war so körperlich, Cornelia, mein Atem, der war so heiss. Mein Atem hat mich verbrannt.»

Eflan zeigt auf ihre beiden Nasenlöcher und mit ihrem Daumen und dem Zeigefinger zeichnet sie zwei Striche bis zur Oberlippe, zur Unterlippe, zum Kinn, an der Gurgel vorbei bis zum Halsgrübchen. «Bis da war alles rot. Wirklich, Cornelia. Als wir von der Beerdigung in Istanbul zurückreisten und ich im Flughafen sass, hatte ich das Gefühl zu verbrennen, von innen her zu verglühen. Überall habe ich nach Metallstangen gesucht, um mich abzukühlen. Ich habe mich an ihnen gehalten. Die indischen Witwen sind mir in diesen Stunden eingefallen, die alleinstehenden Frauen, die verbrannt werden, die sich verbrennen lassen. Ich habe dieses Ritual plötzlich ganz anders verstanden und gedacht: ‹Auch für mich wäre nun das Beste, einfach zu verbrennen.› Es war eine innere Glut, unsichtbar für die anderen. Und diese Glut hat angedauert.»

«Wie lange denn?» – «Sehr lange. Sehr, sehr lange.» – «Wie ein grosses Fieber?» – «Fieber? 60 bis 80 Grad waren das! Ich konnte kaum mehr atmen. Es hat sehr geschmerzt. Der Atem hat mich verbrannt.»

Eflan Uslu hat sich vorbereitet auf unser Gespräch. Sie ist bemüht, eine Struktur in ihre grosse Erzählung zu bekommen. Nicht chaotisch sein, das ist ihr Anliegen. Und nicht alles erzählen, um sich auch zu schützen. Und doch ihre Gefühle offenzulegen, Gefühle, die sie oft nicht zeigen konnte, weil sie glaubte, immer für alle die Starke sein zu müssen. Und weil lange viel Sachliches geregelt und gemeistert werden musste. Die beiden dicken Ordner zeugen davon: Genugtuungsfragen, Nachuntersuchungen bei den Nothelfern, Abklärungsverfahren bei der Türsicherung im «Waaghof», das Täterprofil, Finanzielles und ein Wohnungswechsel. Daneben ein schwer belasteter Alltag als plötzlich alleinerziehende Mutter einer 16- und einer 11-Jährigen, zwei Mädchen mit anspruchsvollen Berufswünschen und einem Alltag in Schulen, die Eflan Uslu selber fatalerweise nie besuchen durfte – oder erst sehr spät.

Wir sprechen über den Abschied von ihrem toten Mann im Spital und auch vom Abschied in der Türkei: «Statt am 31. Dezember den Hausvertrag zu unterschreiben, haben wir Sami in Istanbul begraben. 13 Personen flogen mit. Statt Blumen sollten die Menschen für einen muslimischen Friedhof in der Schweiz Geld spenden. In der Zwischenzeit gibt es einen solchen Friedhof in Zürich. Zum Glück. Ich hätte Sami so gerne in meiner Nähe gehabt, aber es war sein ausdrücklicher Wunsch, in seiner Heimat begraben zu werden. Ich glaube aber, ich hätte ihm diesen Wunsch nicht erfüllt, wenn es damals schon einen muslimischen Friedhof in der Schweiz gegeben hätte. Auch wegen unserer Töchter.

An diesem Tag in der Moschee war ich in einer Art Trance. Ich weiss vieles nicht mehr. Ich weiss nur noch, dass mir alles so fremd vorkam. Du hörst jemanden lachen oder ein Auto fährt an dir vorbei, und du kannst es nicht fassen. Wie kann man noch Auto fahren an diesem Tag? Wie kann man lachen, wie können Menschen ganz normal durch die Strassen gehen, gehetzt sein und gestresst? Du möchtest rufen: ‹Stooopp! Das braucht es alles nicht!›

Die SBB, Samis Arbeitgeberin, hat sich sehr gut verhalten. Es hat allen so schrecklich leidgetan. Für alle war das, was passiert war, einfach unfassbar. Sami war immer so zuverlässig und pflichtbewusst gewesen. Er hatte sich immer so verhalten, als würde es die SBB nicht geben, wenn er nicht zur Arbeit ginge. Einmal hatte er sich bei einem Arbeitsunfall eine Kopfwunde zugezogen, die genäht werden musste. Für eine Woche wurde er deswegen krankgeschrieben. Natürlich ist er am nächsten Tag wieder arbeiten gegangen!

Bis zum heutigen Tag macht es mich traurig, wenn ich am Bahnhof vorbeigehe und diesen Ort sehe. Dass der überhaupt noch weiter existiert! Jahrelang konnte ich auch nicht mehr Zug fahren.

Sein Vorgesetzter, Herr Steiner, hat mit uns um Sami geweint. Das war tröstlich, und es hat mir auch sehr geholfen, dass die SBB zwei Monatsgehälter auszahlte. So konnte ich die hohen Ausgaben für den Transport und das Begräbnis im Ausland bezahlen.»

Eflan trinkt Schwarztee. Sie raucht fast ununterbrochen und reibt sich noch immer mit der flachen Hand die linke Brust. Sie entschuldigt sich dafür. Muss sie nicht. Es tut ihr einfach weh, wie so oft. Sie hat Depressionen erlitten und in der ersten Zeit des Schocks eine Gesichtslähmung. Auch ihre Lunge musste operiert werden. Eflan ist oft krank, sie erleidet viel.

Sie würde gerne noch arbeiten, sagt sie, aber sie sei zu dünnhäutig geworden, sie schaffe das nicht mehr. Vielleicht ist nun die Zeit gekommen, in der sie sich endlich um sich selbst kümmern kann? In der sie aufhören darf, stark zu sein und anderen zu helfen? Vielleicht, nach bald 23 Jahren, ist sie dran, mit ihrem Leib und ihrem Leben? Als hätte sie meine Gedanken erraten, erzählt sie vom Überleben.

«In den ersten Monaten nach dem Mord an Sami musste ich tagsüber irgendwie funktionieren. Ich musste für meine beiden Mädchen da sein, so gut, wie ich nur konnte. Als sie dann schliefen, kam meine Zeit. Ich setzte mich aufs Sofa und vergass einfach, ins Bett zu gehen. Da sass ich und dachte nach. Und weinte ihm nach. Die Zeit verging und ich merkte es nicht. Als der Morgen kam, erschrak ich, weil ich die Mädchen wecken musste, damit sie rechtzeitig zur Schule kamen. Es ging lange so. Ich habe in dieser Zeit kaum geschlafen. Bis zum heutigen Tag fürchte ich mich vor dem Einschlafen. Es könnte ja wieder etwas passieren!

Ich weiss nicht, ob es richtig war, meinen Töchtern meine Trauer nicht wirklich zu zeigen. Die Älteste war ja frisch verheiratet und ich wollte ihr junges Glück nicht beschatten. Sie sollte glücklich sein dürfen. Und was die zwei Jüngeren angeht, so halten wir bis heute fest zusammen.»

Nun wage ich es, die Fotos in der Küche anzuschauen. Drei schöne Töchter, alle drei inzwischen verheiratet, zweifache Mütter und berufstätig. Die Älteste als Kitaleiterin und Integrationshelferin, die Mittlere als Lehrerin und das Nesthäkchen als Bewegungstherapeutin. All das erzählt Eflan in ihrer kleinen, weissen, blitzblanken Küche. Ihr Gesicht hellt sich auf, wenn sie von ihren drei Mädchen spricht. Verjüngt sieht sie plötzlich aus.

Auch ein Foto vom 21. Dezember 1996 ist zu sehen. Ein Bild von einem Tag kurz davor, als alles noch gut war. Das Hochzeitspaar in der Mitte, flankiert von den Brauteltern: Sami, ein stattlicher Mann, gepflegt gekleidet, neigt seinen Kopf zum Diadem seiner Tochter. Eflan, 37 Jahre jung, in einem schmalen, königsblauen Samtkleid, wird vom Bräutigam um ihre zierliche linke Schulter gefasst. Die Brautmutter trägt das Haar modisch kurz und schaut selbstbewusst in die Kamera.

Drei Tage später wurde Sammedin Okumus in einer Vollmondnacht an Weihnachten ermordet. 23 Jahre ist es nun her. Per Zufall. Per Schicksal. Grundlos. Der Mörder wurde gefasst und im Urteil des Strafgerichts Basel-Stadt vom 20. Januar 1999 so beschrieben:

Der 1962 als Kind französischer Eltern in Brasilien geborene Angeklagte reiste mit seiner Familie fünf Jahre später nach Frankreich, wo er aufwuchs und Schulen besuchte. Er ist französischer und brasilianischer Staatsangehörigkeit. Im Alter von 17 Jahren zog der Angeklagte von seiner Familie weg und arbeitete in der Folge ohne eigentliche Ausbildung in verschiedenen Berufen. Von 1980 bis 1982 absolvierte er den Militärdienst als Fallschirmjäger in der französischen Armee. 1988 wurde er in Frankreich wegen Betäubungsmitteldelikten mit drei Jahren Haftstrafe bestraft. Im Jahre 1991 war er für einige Zeit aus psychiatrischen Gründen hospitalisiert. In der Folge hatte er keinen festen Wohnsitz mehr. Anfänglich lebte er von Gelegenheitsarbeiten, dann aber auch von Delikten. Ende 1992 wurde er in Wien unter anderem wegen Diebstahls mit sieben Monaten Freiheitsstrafe, bedingt auf drei Jahre, bestraft. Er zog in Frankreich und anderen europäischen Ländern herum, reiste dabei oft zu Fuss und wohnte mehrheitlich in Wäldern und anderen Unterschlüpfen.

Dieses Dokument und viele andere sind fein säuberlich abgeheftet in den beiden Ordnern, die Eflan mir übergibt. Ihr ist es lieb, wenn ich alles selber lese und sie nicht über all das sprechen muss. Kann und will sie über ihr finanzielles Überleben sprechen? Sie zögert, redet dann aber doch: «Die ersten vier Monate waren sehr schwierig. Ich hatte alles Geld verbraucht, um meinen Mann in der Türkei in Gemeinschaft mit den Nächsten gut und würdig zu verabschieden. Es kostete viel. Das Haus war voll. Die Menschen kamen von überall her, aus Anatolien, aus Deutschland, vom Schwarzen Meer, aus der Schweiz. Ich selbst hatte zu der Zeit ja noch keine Erwerbsarbeit. Ich war gerade mit meiner Ausbildung zur Sozialarbeiterin fertig.

Ein Tag ist mir unvergesslich. An diesem Tag dachte ich: ‹Womit soll ich heute für meine Kinder Essen kaufen? Bleibt noch Reis im Küchenschrank? Oder habe ich noch Nudeln, die ich kochen könnte?› Auch das Geld für Zigaretten fehlte. Als ich nach Hause kam, lag ein Umschlag mit einer Zwanzigernote im Briefkasten. Es war die wichtigste Zwanzigernote meines Lebens! Sie kam von einer Freundin, die mir noch die Hälfte einer Parkbusse schuldete. Das hatte sie vergessen und ich natürlich auch. Monate später hat sie das Versäumte nachgeholt und mir damit sehr geholfen.

Nach dieser ersten Zeit, als alles mit den Versicherungen geregelt war, ging es besser. Ich bekam eine Witwenrente, AHV und Pensionskassengeld. Und da waren unsere Hausbesitzer, Herr und Frau Hauser. Sie sind uns sehr entgegengekommen und haben in der ersten Zeit einfach auf den Mietzins verzichtet. Das war so hilfreich. Erst später konnte ich ihnen das Geld wieder zurückzahlen.»

«Hättest du es nicht gewagt, jemanden von dir aus um vorübergehende finanzielle Unterstützung zu fragen?» Eflan überlegt und erzählt dann diese Geschichte: «Mein jüngster Bruder fragte immer wieder mal, ob wir nicht finanzielle Hilfe bräuchten. Ich hatte immer verneint und gedankt. Er liess aber nicht locker und rief wieder und wieder an. Einmal war ich nicht zu Hause und er sprach mit meiner jüngsten Tochter. Sie war damals elf. ‹Erzähl es deiner Mutter nicht, aber sage mir ehrlich, braucht ihr Geld?› – ‹Nein danke, Onkel Cinar, wir haben alles!›

Als ich nach Hause kam, erzählte sie mir von diesem Anruf und versuchte, ihre Tränen nicht fliessen zu lassen. Sie fragte mich: ‹Mama, habe ich es gut gesagt?› Das rührte mich sehr. Wir umarmten uns und weinten beide. Aber natürlich haben wir den Bruder nicht um Geld gebeten.

Ich kann mir nicht gut helfen lassen. Ich habe auch immer befürchtet, dass, wer hilft, Macht über uns drei gewinnt. Das wollte ich nicht. Ich habe meinen Kindern gesagt: ‹Wir lassen uns nicht anmerken, dass wir wenig Geld haben!›»

Stolz, Unabhängigkeit, Würde in all der Not. Das kommt mir in den Sinn, wenn Eflan erzählt. Dabei erinnere ich mich an einen Satz der Adelsfrau, Schriftstellerin und Aphoristikerin Marie von Ebner-Eschenbach. Ich hatte ihn einmal auswendig gelernt, weil er mir bedenkenswert schien: «Wo gibt es noch einmal zwei Dinge so entgegengesetzt und doch so nahe verwandt, so unähnlich und doch so oft kaum voneinander zu unterscheiden wie Bescheidenheit und Stolz?»

«Eflan, hast du denn gar nie um Hilfe gebeten?» Eflan hat wieder Tränen in den Augen. Ich trinke meine Teetulpe leer und esse einen der köstlichen Zitronenkekse. «Sag mir, was dich jetzt gerade so weinen lässt, Eflan!» – «Ich denke an meine Freundin Dorothe. Die sagte immer zu mir: ‹Eflan, sieben Tage, 24 Stunden, ich bin immer da für dich. Du kannst mich immer anrufen.› Ich habe es dankend angenommen, aber sie nie angerufen. Ich hatte einfach nicht die Kraft dazu. Und dann, an einem besonders traurigen Morgen, rief Dorothe an: ‹Eflan, wie geht es dir?› – ‹Es geht gut, danke!› – ‹Eflan, du sagst mir aber, wenn du etwas brauchst, versprochen?› – ‹Ja, ja.› – ‹Ich habe nun nämlich einer guten Freundin Nein sagen müssen, wegen dir …› – ‹Wieso denn das?› – ‹Sie hätte mein Auto für eine halbe Stunde gebraucht. Ich habe ihr gesagt, dass das nicht gehe, dass ich abrufbereit sein müsse und jederzeit gleich losfahren können muss, falls du mich brauchst.› – ‹Was, das hast du gesagt, wegen einer halben Stunde? Dorothe, komm! Komm zu mir!› Und Dorothe kam und blieb drei Tage und drei Nächte an meiner Seite.»

Eine neue Parisienne, eine weitere dreiminütige Erinnerung an den Papa. Die Packung leert sich.

«Und all die anderen, Eflan, wo waren die?» – «Das merkst du erst mit der Zeit, Cornelia, im Nachhinein: Wir waren plötzlich allein. Meine Mutter blieb bei mir die ersten drei Monate, das war wichtig. Auch die Schwester hat mir viel Mut zugesprochen. Und Regula, meine Wahlschwester aus Bern, kam immer wieder zu mir. Aber die anderen, die vorher bei uns ein und aus gingen, blieben fern. Nach Samis Tod kam von ihnen niemand mehr.»

«Wie erklärst du dir das?» – «Ich glaube, ich war eine Gefahr. Das realisierte ich erst später. Ich erinnere mich, wie wir einmal zu Besuch bei Verwandten mit etwa gleichaltrigen Kindern waren. Ich wollte, dass meine Töchter sich wieder freuen können und rauskommen aus den traurigen vier Wänden. Als wir da waren, fragte mich der Mann, wie es mir gehe, wie ich alles schaffe.

Wir redeten, es war ein angenehmes Gespräch. Aber plötzlich kam eine Spannung auf. Die Frau sah mich seltsam an und forderte mich auf, zu ihr in die Küche zu kommen. Sie wollte nicht, dass ich mit ihrem Mann redete!

Ich war auch Präsidentin an einer türkischen Schule gewesen. Sami und ich hatten immer viel beigetragen für das Schulfest, Dinge organisiert, transportiert und koordiniert. Nach Samis Ermordung teilte man mir nicht einmal mehr mit, wann das Schulfest stattfindet! Als ich dann doch einmal hinging, war das so schmerzhaft, Cornelia. All diese Blicke! Und gleichzeitig dieses Wegschauen, dieses Angeschwiegen- und Gemustert-Werden.»

«Ein Zeichen von Hilflosigkeit?» – «Nein, eher ein Zeichen für türkisches Gedankengut: Ich sollte mich nun zurückziehen, mit dem Rosenkranz in der Hand zu Hause sitzen und still sein. Dabei wollte ich doch für meine Töchter im Leben bleiben, nach draussen gehen. Das haben nur ganz wenige begriffen.

Weisst du, früher, als alles noch gut war, haben meine Töchter jeden Abend Saz gespielt. Jeden Abend gab es ein Konzert.»

Eflan weist auf ein bauchiges Saiteninstrument auf dem weissen Wandgestell über den weissen Sesseln und dem hellen Salontisch.

«Und danach war es so still. Man spielte nicht mehr, man tanzte nicht mehr. Aber ich wollte doch nicht, dass meine Kinder für immer und ewig traurig blieben. Es sollte wieder anders werden! Und so machten wir mit der Familie meiner Schwester an Pfingsten nach den schlimmen Weihnachten ein Picknick und eines meiner

Mädchen spielte Saz und sang ein schönes Trauerlied dazu. Und doch wollte nichts wirklich gelingen. Das Feuer wollte nicht richtig brennen, das Fleisch blieb innen ewig rot und nur mit Ach und Krach haben wir dann doch noch ein Essen draussen hinbekommen. Ohne Sami war sogar das Picknick nichts. Dann kam unsere beste Nachbarin von früher dazu: ‹Aha, ihr habt das Vergnügen und der grosse Mann liegt unter der Erde?› Sie sagte das vor meinen Kindern. Als sie weg war, brach ich in Tränen aus. Alles war wieder beschattet.»

Mir fallen die alten schweizerischen Witwengesetze ein, die mir die Historikerin Heidi Witzig im Gespräch erläuterte: Ein Jahr lang Schwarz tragen, im zweiten Jahr Dunkelgrau und soziale Isolation ausser beim Kirchgang. Das war das Los unserer verwitweten Grossmütter: der soziale Tod vor dem physischen Ableben (siehe Heidi Witzig, S. 81).

Eflan war jung und schön, keine vierzig und allein. Zwangsisoliert und kontrolliert. Gab es für sie keine Möglichkeit zu einer neuen Liebe und zu neuem Glück? Eine gewagte Frage.

«Nach sieben Jahren bin ich einmal eine neue Beziehung eingegangen, aber eigentlich eher aus Not. Ich wollte jemanden an meiner Seite, weil ich offenbar so eine Gefahr darstellte. Ich wollte mich wieder freier bewegen können. Aber das war keine glückliche Verbindung. Nach zwei Jahren war es zu Ende. Seither bin ich allein.»

Draussen scheint die Sonne. Eflan schlägt vor, auf den Balkon zu sitzen. Es ist ihr liebster Ort. Von hier aus sieht sie das Leben auf der Strasse. Von hier aus hört sie ihre Grosskinder, wenn sie ihr im Vorbeigehen etwas zurufen. Von hier aus winkt sie den Töchtern, wenn sie zur Arbeit gehen; zwei von ihnen wohnen ganz in ihrer Nähe. Und hier, zwischen den schönen Pflanzen in den weissen Porzellantöpfen, kann sie in die frische Luft hinausrauchen.

Neuer Ort, neues Thema: die Jenseitsvorstellungen. «Ich bin sehr gläubig. Ich glaube sehr an die göttliche Kraft. Ich bin sehr gerne mit Gott verbunden. Ich bete viel und lese jeden Abend im Koran. Immer wieder schwanke ich zwischen dem Vorgegebenen und meinem Eigenen. Mit dem Eigenen bin ich zufriedener als mit dem Vorgegebenen. Ich erinnere mich: Nach Samis Tod ging ich einmal am Spiegel vorbei und sah mich darin, abgehärmt und noch immer mit den seltsamen Brandmalen von meinem heissen Atem. Ich sagte: ‹Gott, du hast meine Geduld überschätzt!› Am nächsten Tag hatte ich eine Gesichtslähmung.»

Ich bleibe still, wage nicht nachzufragen.

«Täglich gemeinsam im Koran zu lesen war auch für die Kinder wichtig. Wir konnten ja nichts mehr für Sami tun, aber so hatten wir drei das Gefühl, doch etwas für ihn tun zu können. Es war eine schöne Verbindung. Ich bin überzeugt, dass Sami immer ein guter Mensch war und dass er nun an einem schönen Ort ist.

Manchmal, wenn ich nachts allein in der Küche sass, konnte ich meinen Mann riechen. Er war da, an meiner Seite, ganz klar. Und manchmal, wenn ich sehr traurig war, umarmte er mich von hinten. Auch nach vielen Jahren hat er sich immer wieder bemerkbar gemacht, etwa durch ein Knacken oder ein anderes unerklärbares Geräusch. Wenn dann jemand fragte, was das war, antwortete ich: ‹Das ist das Material.› Das ist in der Zwischenzeit ein geflügeltes Wort geworden bei uns: ‹Das ist das Material!›

Einmal, in der Türkei, war ich bei eisiger Kälte in einer Ferienwohnung. Ich hatte einen kleinen Heizkörper, den ich neben mein Bett schob. Dazu brauchte es ein Verlängerungskabel. Wahrscheinlich passte das Ding aber nicht zum türkischen Strom. Es wurde wärmer im Zimmer und ich schlief ein. Da spürte ich, wie Sami zu mir kam und mich an der Stirn berührte. Ich erwachte, blickte auf und sah ein brennendes Kabel!»

«Sami, dein Schutzengel?» – «Ja. Auch die Töchter haben solche Dinge erlebt.»

Nun, auf dem Balkon, sieht Eflan fast glücklich aus. Sie lächelt. Sie strahlt fast ein bisschen.

«Nun sehe ich, wie sehr du deinen Mann geliebt hast und immer noch liebst.» – «Ja, ich vermisse ihn. Er fehlt mir. Es gibt ein chinesisches Sprichwort, das zu unserer Liebe passt. Es lautet: ‹Eine gute Ehe ist ein Reisgericht, das man mit kaltem Wasser aufsetzt und behutsam zum Kochen bringt.› Sami hat mich immer unterstützt, auch als ich zu arbeiten begann.»

«Erzähl mir von deiner Arbeit: Wie hast du es geschafft, mit nur fünf Schuljahren in der Türkei hier Sozialarbeiterin zu werden?» – «Im Jahr 1980, nach der Geburt meiner mittleren Tochter, war eine Sozialarbeiterin bei mir. Sie staunte, dass ich so gut Deutsch sprach, und fragte mich, ob ich nicht Übersetzungsarbeit leisten wolle. Ich wollte.

Damals wurde das Frauenhaus in Basel neu eröffnet und die Sozialarbeiterin meldete mich als Dolmetscherin dort an. Ich begann bald und arbeitete gut und gerne da. Mit der Zeit war ich nicht mehr einfach die

Übersetzerin, sondern wurde zum Teammitglied. Manchmal, am Wochenende, wenn die Teamfrauen frei hatten und eine türkische Frau im Haus war, lud ich sie zu uns nach Hause ein. Mein Mann hat diese Frauen immer willkommen geheissen.

Dann gab es politische Schwierigkeiten: das Kurdenproblem, das Alevitenproblem, die Sunnitenfrage. Gemeinsam mit einer Frauengruppe, bestehend aus Schweizerinnen, Kurdinnen und Türkinnen, eröffnete ich eine Beratungsstelle für türkisch-kurdische Frauen. Viele davon waren Flüchtlinge. Mir schien, dass es plötzlich so viel Feindliches in der Welt gab. Sami wurde manchmal von seinen Kumpels aufgehetzt: ‹Deine Frau hilft den Kurden! Deine Frau unterstützt die Aleviten!›

Das verwirrte meinen Mann und wir sprachen viel miteinander über all das. Am nächsten Tag ging er dann wieder zur Arbeit und sagte seinen Kollegen: ‹Meine Frau hilft den Menschen!› Wie schön! Ich war neutral. Auch später, auf der Beratungsstelle für Flüchtlingsfrauen, interessierte mich die Politik nicht wirklich. Ich wollte einfach da sein und helfen. Und ich glaube, dass ich gut gearbeitet habe. Jedenfalls bekam ich viel Lob und Unterstützung und es gab Frauen, die mich ermutigten, die Ausbildung zur Sozialarbeiterin zu machen. Das war ein langer Weg und es ist ein Wunder, dass ich da überhaupt aufgenommen wurde und den Abschluss geschafft habe. Danach arbeitete ich während fünf Jahren für Lotse. Das ist ein Arbeits- und Bildungsprojekt für Schülerinnen und Schüler.»

Das war nach dem Mord an Sammedin Okumus. Das war in der Zeit, als seine Witwe mit aller Kraft ausser Haus ging, um teilzeitlich weiterzuarbeiten. Ein Kraftakt für Eflan, für die Frau, die immer kränker wurde, eine Gesichtslähmung bekam und einen Knoten in der Brust, unter depressiven Verstimmungen litt und sehr schwer trug an ihrem Leben. Bis sie nach fünf Jahren all das nicht mehr schaffte und aufhörte.

«Ich konnte nicht mehr, ich bin wirklich zu dünnhäutig geworden.» – «Und heute, Eflan, wie geht es dir heute?» – «Einsam. Ja, so ist es. Ich bin einsam. Ich habe schon soziale Kontakte, aber gefühlsmässig bin ich einsam. Sehr.»

Wieder die Tränen. Wieder die Parisienne. Wieder ein Papiertaschentuch.

«Natürlich habe ich viel Freude an meinen Töchtern und an meinen sechs Enkelkindern. Da ist eine grosse Liebe, ein grosser Zusammenhalt. Sie geben mir viel und ich ihnen auch. Aber es bleibt ein Stück Einsamkeit.»

«Was macht dir sonst noch Freude?» Eflan schweigt. Sie überlegt, stösst den Rauch aus, schaut in den Himmel und schweigt weiter. «Du siehst, ich muss lange überlegen. Vielleicht das Rauchen?»

«Vielleicht auch das Wohnen? Ich sehe, wie sorgfältig und liebevoll du dich eingerichtet hast.» – «Sagen wir, ich habe gerne Ordnung, ich bin gerne hier auf der Terrasse. Ich schaue, aber ich sehe nichts. Manchmal erzählen mir die Leute, dass sie mir gewinkt haben, ich sie aber nicht gesehen hätte. Ich bin dann halt in meiner Welt, und die ist woanders. Weisst du, Cornelia, ich bin wie ein Chamäleon. Wenn ich in einer fröhlichen Gesellschaft bin, dann bin ich die Fröhlichste. Wenn ich arbeite, dann bin ich fast die Tüchtigste. Aber wenn ich allein bin, dann bin ich in mir drin.»

Ich nehme Eflans Hand und danke ihr für ihre Erzählung. Wir sind beide gerührt. Eflan, die Helferin, reicht mir ein Taschentuch.

Später führt sie mich durch ihre Wohnung. Im Schlafzimmer mit der Blümchendecke über dem Bett befindet sich der Ort des Gebets zum Fenster hin. Daneben steht ein Hometrainer. Auf dem Regal thront ein renoviertes Prunkstück aus dem Brockenhaus, eine grosse, nach zwei Seiten ausziehbare, dreistöckige Nähkiste. Eflan hat sie restauriert. Nun sieht sie aus wie neu, weiss und mit einer grossen Seidenschlaufe verziert. Eine der Töchter wird sie demnächst bekommen. Das kleine, schmale Zimmer nebenan ist für die Enkel reserviert. Im Wohnzimmer fehlt der grosse Tisch für viele Gäste. Vielleicht wird sie demnächst die Wohnung wechseln. Eine der Töchter sucht für sie nach einem neuen Zuhause.

Ich nehme die beiden Ordner unter den Arm und verabschiede mich. Als ich unten auf der Strasse stehe, winkt mir Eflan vom Balkon her zu. Noch sieht sie mich, noch ist sie nicht in ihrer Welt. Oder wir sind beide in der gleichen.

Basellandschaftliche Zeitung vom 21. Januar 1999:

Das Strafgericht hat einen 37-jährigen Mann, der an Weihnachten 1996 in den «Waaghof» eingebrochen war und auf der Flucht einen Rangierarbeiter erschossen hatte, wegen Schuldunfähigkeit freigesprochen. Der an paranoider Schizophrenie leidende Angeklagte wird auf Anordnung des Gerichts in eine Heil- und Pflegeanstalt eingewiesen.

«Die letzten beiden Jahre waren die innigsten Jahre unserer Liebe»

BEATRICE HÄFLIGER, 60 Jahre alt, Schulsozialarbeiterin und Künstlerin, ist seit dem 23. Januar 2018 verwitwet. An diesem Tag hat sie ihren krebskranken Mann in den assistierten Freitod begleitet.

.....

Sie lebt allein, ab vom Schuss. Selbst per Navigationsgerät hätte ich wohl keine Chance gehabt, ihr abgelegenes Haus auf einem Hügel in Waldesnähe zu finden. Deswegen erwartet sie mich am kleinen Bahnhof in Degersheim. Es ist ein kalter Maitag. Noch einmal hat es geschneit. In einer schwarzen Daunenjacke steht sie ans Auto gelehnt und winkt. Ausser mir ist hier niemand ausgestiegen.

Auf der kurvigen Fahrt zu ihrem Haus erzählt sie mir, dass sie seit 28 Jahren in dieser Abgeschiedenheit im Toggenburg lebt, mit ihm gelebt hat, mit Peter, ihrem Mann. Die Strassen werden schmaler und die letzte Strecke vor dem liebgewordenen Refugium fordert ihre Fahrkünste. Der Weg ist nicht geräumt, die Reifen spulen im nassen Schnee der letzten Kurve vor dem breiten, alten Holzhaus. Aber sie schafft das. Auch das, nun, ohne ihn.

Zu Hause angekommen, kocht Beatrice Häfliger Tee mit Pfefferminze aus dem eigenen Garten und serviert

Zwetschgen-Apfel-Wähe dazu, eine zweigeteilte Köstlichkeit. Wir setzen uns an einen langen Holztisch in der Stube. Die Decke hängt tief – grossgewachsene Menschen müssten sich hier ducken.

Offenkundig hat sie sich sorgsam auf unsere Begegnung vorbereitet: Bücher, Themenfelder, eigene Notizen und fertige Texte – alles liegt bereit.

«Das Auto haben wir erst seit sechs Jahren. Früher holten wir alles, was wir brauchten, mit dem Rucksack im Dorf. Als das dann zu beschwerlich wurde, haben wir es uns einfacher gemacht.»

Sehr beschwerlich wurde es, als Peter beim Mähen eines Wiesenbords starke Schmerzen im Rücken verspürte. Darüber schrieb seine Witwe in der Zeitschrift *Exit Info*, der Zeitschrift der Sterbehilfeorganisation Exit:

Im Januar 2016 klagte mein Mann, Peter Angst, über Rückenbeschwerden, nachdem wir ein Wiesenbord gerodet hatten. «Hoffentlich sind es nicht die Bandscheiben», sagte er und liess sich nach der Diagnose «Verspannungen» tüchtig massieren. Von «Erstverschlimmerung» sprachen die Physiotherapeuten, die der Diagnose der auch noch nach drei Konsultationen fest überzeugten Ärztin glaubten. Anlässlich der dritten Konsultation bestand ich auf einer Ultraschalluntersuchung, nachdem ich endlich realisiert hatte, dass meinem Mann die Kraft zum Insistieren fehlte. Diese Untersuchung legte den Befund «starker Befall von Knochenmetastasen» frei. Drei Tage später erhielten wir auf der Onkologie St. Gallen die klärende Diagnose: weit fortgeschrittenes Prostata-Karzinom als Ursache der Metastasierung. Und das, obwohl Peter innerhalb von zwölf Jahren siebenmal wegen Problemen beim Harnlassen beim Hausarzt vorgesprochen hatte.

Beatrice Häfliger versteckt sich nicht. Sie schreibt unter ihrem Namen und steht zur immer noch tabuisierten Sterbeart ihres Mannes. Wer fragt, erfährt, dass Peter Angst nicht an seinen Krebsschmerzen krepieren, sondern vorher Abschied nehmen wollte von seiner Welt, von seiner Lebensliebe, von seinem selbstbestimmten Leben: Peter Angst, ein Pfarrerssohn, ein 68er, der mit 68 Jahren die Sterbebegleiterin rief, weil seine Beine ihn nicht mehr trugen. Peter Angst, der auf Wunsch seiner drei Freunde 87 Tage vor seinem Tod ihnen und seiner Frau am Tisch in der Stube von seinem Leben, seinem Lieben, seinem Schreiben, seinem Bezug zur Abgeschiedenheit, zur Natur und zum Geld Rede und Antwort stand und sich dabei filmen liess. «Zeitloser Augenblick» ist das knapp stündige filmische Erinnerungsstück überschrieben. Ein Vermächtnis. Seine Witwe hat mir den Link dazu geschickt.

«Er war ein Zweifler und ein Sucher. Mit mir zusammen wurde er dann hier im Toggenburg bei den Nagelfluhbändern und in den Wäldern sesshaft. Er hat vieles erlebt. Zuerst studierte er Psychologie. Er war dann im Libanon und lebte mit den Ärmsten im Flüchtlingslager. Dort erlitt er einen Bauchschuss, an dem er fast gestorben wäre. Am Frühstückstisch hatte einer seinen Revolver geputzt und sich und Peter getroffen. Der Schweizer Student wusste nicht, ob es ein Unfall war oder eine gezielte Attacke. Er unterliess es, der Sache auf den Grund zu gehen. Es war passiert. Vorwärtsschauen, sich nicht umdrehen, das war seine Devise. Nach dieser Verletzung schien ihm Psychologie nicht mehr das Richtige, nicht mehr wichtig. Peter Angst wurde Lehrer. Einer, dem es wichtig war, anders zu leben, eine Alternative zu verkörpern. Geld war unwesentlich. Seit ich ihn kenne, hat er immer nur temporär gearbeitet.»

Peter Angsts Witwe sitzt am Kopfende des langen Holztisches. Sie spricht leise. Sie wirkt zierlich und auch etwas scheu. Ich sitze ums Eck des Tisches mit Blick in den verschneiten Tannenwald. Kein Haus ist zu sehen. Kein Licht. Es ist still. Wer hier lebt, muss sich selbst genügen und aus sich heraus etwas schaffen können, denke ich, die Städterin, die mitten in der City lebt.

«Ich bin in drei Kunstrichtungen unterwegs. Ich zeichne. Ich modelliere. Und ich schreibe.»

Neben der Wähe liegt einer ihrer Texte. *Zwischen Lust und Angst*, so sein Titel. Es ist das zweite grössere Schreibprojekt der Schulsozialarbeiterin, die ihre Arbeit an den Nagel gehängt hat, als sie erfuhr, dass Peter Angsts Tage gezählt waren. Sie wollte ihm in der verbleibenden Zeit nahe sein. In diesem Text nennt sie sich Eva. Ihren Peter nennt sie Dario.

Eva packte das Tonmodell ein. Nicht zu feucht, nicht zu trocken, daran hatte sie sich rechtzeitig erinnert, damit die Arbeit nicht in die Brüche ging. Die Skulptur trug seit ein, zwei Wochen den Titel «Das geborstene Selbst». Unvermittelt hatte sie die Lust an der Arbeit verlassen, wie Eva die Lust an allem verlor, wenn das Vorne zu aufdringlich an ihr zerrte. Das Vorne stand ihr nie aufdringlicher zur Seite, als in den letzten anderthalb Jahren, seit Dario aus dem kleinen, ernsten Mund der jungen Onkologin zu hören bekam: «Palliativ sind Sie schon.»

Palliativ, dieses Wort hatte in Evas Ohren ein Echo ausgelöst. Es tanzte gewissermassen auf- und abebbend in ihren

Ohrmuscheln fort, mal laut, mal sich verlierend in Hoffnung oder im Alltagsgeschehen. Der vor etlichen Monaten mit aller Dringlichkeit begonnene Hohlkörper aus Ton, den sie hatte bersten lassen, weil das Festhalten am intakten Körper nur mehr Illusion gewesen wäre, machte ihr unzweifelhaft klar, dass Dario in absehbarer Zeit nicht mehr an ihrer Seite sein würde – ganz egal, wie sehr sie sich das wünschte und wie sehr sie ihm ihre Liebe zeigte. Der Zerfall des geliebten Körpers war nicht aufzuhalten.

«Ihr Mann war mehrfach beim Hausarzt wegen Schwierigkeiten beim Harnlassen. So haben Sie es in Ihrem Bericht geschrieben. Der Arzt hat es offenbar unterlassen, Ihren Mann genauer zu untersuchen.» – «Ja, der Arzt hat beschwichtigt: ‹Wegen der paar Tröpfchen! Ist doch nicht schlimm. Das ist normal in diesem Alter.› Keine Untersuchung des PSA-Wertes. Mein Mann war wohl froh, nach dem Bauchschuss und auch nach zwei weiteren Operationen an der Gallenblase und in der Schusswunden-Narbengegend gesundheitlich sozusagen in Ordnung zu sein. Für ihn hat es gestimmt, nicht zu insistieren, keine weiteren Untersuchungen zu machen. Aber ich bin jetzt Witwe und er fehlt mir.»

Nun trinkt sie einen Schluck und ich sehe, dass ihre Augen feucht sind. Sie scheint eher nach innen statt nach aussen zu weinen. Ich bitte sie, von ihrem Leben als Paar zu erzählen.

«Freunde sagten, wir seien symbiotisch. Dazu sagte ich immer, wenn Symbiose auch heisst, kontrovers und verlässlich zu sein, dann bin ich einverstanden. Es gab halt viele, die nicht verstanden, wie wir hier hausen und wohnen und es nett haben konnten miteinander.»

Das kinderlos gebliebene Paar. Das alternativ lebende Paar. Das sich selbst genügende Paar. Das naturverbundene Paar. Das eskapistische Paar, das zuweilen auch die Nachrichten aus aller Welt nicht ertrug, die fünf Minuten gesammeltes Elend, an dem man eh nichts ändern konnte. Das dünnhäutige Paar. Das schöngeistige Paar.

«Wir waren sehr miteinander verbunden durch unsere Freude am Erkunden, durch unser Interesse am Schreiben des anderen, durch unsere gemeinsame Freude an der Natur. Wir hatten beide, als wir uns vor 30 Jahren kennenlernten, tiefe Enttäuschungen hinter uns und haben beieinander Trost gefunden. Wir haben uns gegenseitig den Glauben an eine erfüllende Liebe zurückgegeben. Ein grosses Geschenk. Verheiratet waren wir erst die letzten eineinhalb Jahre. Vorher war das nicht wichtig. Vorher genügte die Sache des Herzens. Wir haben uns auf der Zürcher Notschlafstelle in einer Nachtschicht kennengelernt. Wir arbeiteten da. Das war zu Zeiten des Platzspitzes. Als wir in die Abgeschiedenheit zogen, sagten einige von hier: ‹Typisch stadtmüde Zürcher, die verbläst es bald!› Aber sie hatten sich getäuscht!»

Im Vermächtnis-Film spricht auch Peter Angst über die Liebe. Seine Frau sitzt mit bekümmertem Gesicht neben ihm, und er sagt: «Ich habe Glück gehabt in der Liebe. Mit 15 habe ich einmal in einem Aufsatz geschrieben, dass mir die mittelalterliche Liebe mehr einleuchtet als die romantische. Der Deutschlehrer hatte sich darüber gewundert.»

Dû bist mîn, ich bin dîn.
des solt dû gewis sîn.
dû bist beslozzen
in mînem herzen,
verlorn ist das sluzzelîn:
dû muost ouch immêr darinne sîn.
Du bist mein, ich bin dein.
Dessen sollst du gewiss sein.
Du bist eingeschlossen
in meinem Herzen,
verloren ist das Schlüsselchen:
Du musst auch für immer darin bleiben.

Die Freunde, drei Weggefährten, hören still zu, fragen nichts. Auch Trix, wie Peter Angst seine Frau nennt, sagt nichts zu diesem Liebeskonzept.

Ich blicke auf die vier Bücher, die ihr Mann nach seiner Krebsdiagnose in kürzester Zeit und mit grosser Kraft zusammengestellt und das erste noch selbst im Eigenverlag herausgegeben hat. *Wälder* heisst das eine, ein Band mit Haiku-Prosa, einem Genre, das er kreiert hat. Ich blättere darin. Auf Seite 154 stosse ich auf Verse über den Tod:

Heda, Tod
Heda, Tod, Gesell,
gutmütiger Kerl, der du
die Welt aufmöbelst.

Stört es dich nicht, dass
die eine Gattung alles
verstopft? Nicht nur mit

sich selber, sondern
auch mit Materialien.
Überall Menschen,
Kleidung, Hausbauten,
Fahrzeuge, Medizin in
Schächtelchen und in
Glasgefässen. Nach
und nach verstopfen wir die
Welt mit uns und mit
all den Hilfsmitteln,
mit denen wir das Leben
krampfhaft verlängern.
Stört dich das nicht, Tod,
Gutmütiger, der doch die
Welt erneuern soll?

Ich kriege keine
Antwort. Was der Tod ist, bleibt
mir unerklärlich.

Ich lese langsam, versuche zu verstehen. Beatrice Häfliger hilft mir und erklärt: «Mein Mann hat mehrfach gesagt, dass er nicht alt wird, und nun ist er jung, mit 68 Jahren, gestorben. Er hat die Welt nicht verstopft. Ich als Künstlerin habe mich immer ein bisschen als Trittbrettfahrerin gesehen. Ich komme aus einfachen Verhältnissen und habe es deswegen nicht ausgehalten, so wie er, keine regelmässigen Einnahmen zu haben. Das hat mich bedrückt und verletzlich gemacht und auch daran gehindert, wirklich kreativ zu sein. So war ich bis zwei Jahre vor seinem Tod immer drei Tage die Woche als Schulsozialarbeiterin tätig und hatte vier

Tage für das kreative Schaffen hier mit ihm zu Hause. Und jetzt ist seine Seite weg. Ich fühle mich wie in einem Tunnel und muss mein eigenes Bezugssystem finden. Am Morgen fällt mir das leichter als am Nachmittag. Da fehlt mir oft die Herzkraft. Aber es wird langsam besser. Eigentlich seit einem Monat wird es leichter. Vorher hatte ich oft schon am Mittag das Gefühl: ‹Ich kann nicht mehr. Es geht nicht mehr.›»

«Was hat Ihnen in diesen Momenten geholfen?» Sie zeigt auf eine Liege neben dem hölzernen Tisch in der Stube, in der auch ein altes Klavier steht. Sein Klavier. «Ich legte mich hin, hörte eine Schamanen-CD, meditierte oder übte mich in Selbstdisziplin, befragte mich: ‹Sei mal ehrlich: Willst du nicht aufstehen oder kannst du nun nicht aufstehen?› Ich hatte Angst zu versumpfen.»

Nun muss die zierliche Frau im grossen Holzhaus am Wald den schwarzen Schimmel satteln. «Den schwarzen Schimmel satteln» – ein Bild, das ihr Mann kreierte. Es bedeutet, das Unmögliche zu versuchen. Das Unmögliche kann vieles sein: ohne die Liebe ihres Lebens weiterleben, weitergehen, nicht versumpfen. Es kann auch ganz praktisch heissen, dafür zu sorgen, dass das Haus stehen bleibt. Nach Peter Angsts selbstbestimmtem Abschied von dieser Welt hat seine Frau das Fundament des Hauses neu machen lassen, sie hat mit Bauarbeitern verhandelt und Geld in die Hand genommen, um ihre eigenen vier Wände zu sichern. Das erzählt sie, während sie den Pfefferminztee kocht in ihrer einfachen, aber grossen Küche. Auch über ihr Buch spricht sie, *Das Mädchen mit dem Pagenschnitt*, das ein gutes Jahr nach dem Tod ihres Mannes im Wolfbach-Verlag erschienen ist. Es ist eine autobiografische Arbeit, ein «Fresko aus den Sechzigerjahren», wie sie es nennt. Es erzählt von häuslicher Enge und von Entbehrungen. Es erzählt davon, was es heisst, als achtes, alles andere als erwünschtes Kind zur Welt gekommen zu sein. Es erzählt auch von einem sprachkargen Miteinander und von grosser Einsamkeit inmitten der anderen. Es erzählt von Rexli, dem geliebten Hund, der grausam getötet wurde, und es erzählt von Eva und damit von Beatrice Häfliger:

Das Leben ging weiter. Ihre Schwestern hatten den Tod von Rexli bald vergessen, jedenfalls wurde nicht mehr darüber geredet. Und wenn Eva davon anfing, war es, als stosse sie auf taube Ohren. So ist das Leben, hiess es. Damit war die Diskussion beendet. Eva versuchte sich da reinzuschicken und Rexli zu vergessen. Aber das gelang ihr nicht, weil sie den Freund vermisste. Und vor allem gelang es nicht, weil sie sich immerzu fragte, ob sie Schuld an Rexlis Tod trage. Wenn sie diese Frage zu klären versuchte, sagte man ihr: «Domms Züg, s' Auto hät en öberfahre, well er losgrännt esch.» Also war Rex selber schuld – und das Auto. Aber diese Antwort befriedigte Eva nicht. Es war nur die halbe Wahrheit. Eva hatte den Hund losgebunden, sich mit ihm im Spiel gewälzt, sodass er ganz ausser sich vor Freude war. Hätte sie ihn nicht losgebunden, wäre Rexli noch am Leben. «Ein Leben an der Leine», dachte Eva. Wie traurig Rex immer vor dem Haus gelegen hat. Und wie fröhlich er war, wenn er frei streunen durfte!

Aber jetzt war er tot. Niemals würde er sich mehr mit Eva im Staub wälzen und niemals mehr an ihrer Seite durchs Moos streunen. Rex' Tod hatte Eva den Mut zur Bewegung geraubt. So sass sie nur noch rum, starrte vor sich hin. Nichts konnte mehr ihr Herz erfreuen. Das ging der ganzen Familie auf die Nerven, besonders aber ihrer um fünf Jahre älteren Schwester Maria, die sich am meisten um sie kümmern musste. Wenn Eva bedrückt in einer Ecke hockte, versuchte sie sie auf andere Gedanken zu bringen. Aber Eva liess sich in keiner Weise aufmuntern, reagierte auf die gut gemeinten Versuche der älteren Schwester mit Quengeln, massivem Trotz bis hin zu jähen Tobsuchtsanfällen. «Lass sie hocke», sagte Mutter dann zu Maria. Bei diesen Worten schwang in Mutters Stimme jeweils eine derartige Verachtung mit, dass Eva noch verstockter wurde. Sie zog sich mehr und mehr in sich zurück. Sogar Mutters Einfluss gegenüber war sie taub geworden.

So wurde sie von ihrer Mutter und ihren zahlreichen Schwestern wie ein lästiges Gepäckstück, von dem man nicht weiss, ob es nochmals zu gebrauchen ist, herumgeschoben. Evas Sorgen waren kleine Sorgen. Was wogen sie gegen die Notwendigkeit, das Essen pünktlich auf den Tisch zu bringen? Pünktlich, pünktlich, pünktlich. Alles musste pünktlich geschehen, sonst kam Angst auf, dass alles aus dem Ruder lief.

Im Winter verschärfte sich die Situation. Im alten Gerberhaus mit der Holzfeuerung, die nur Stube und Küche wärmte, drängte sich die ganze Familie um Herd und Kachelofen. Es gab eine feste Hackordnung, wer in der Küche oder in der Stube am wärmsten Platz sein durfte. Mutter versuchte zwar etwas Gerechtigkeit in die Ordnung zu bringen, doch ihre Versuche waren kraftlos. Sie nahm sich nicht die Zeit, Frau der Lage zu werden, schaute nur kurz von der Arbeit auf, glaubte dem «vertrauenswürdigen» Fähnrich und meldete die Schuldige, so wie ein Matrose auf dem Ausguck «Boot in Sicht!» ruft. Die Hackordnung, das Recht des Stärkeren bestand fort. Als Jüngste bemühte sich Eva um absoluten Gehorsam. Das war der Ausweg, der ihr in dieser Zeit am besten half. Wurde sie allerdings jeweils aus ihren Grübeleien aufgestört, explodierte sie ohne Vorwarnung, was von niemandem verstanden wurde. Ausser vielleicht vom Vater.

Das einstige Mädchen mit dem Pagenschnitt ist heute ergraut und trägt eine sportliche Kurzhaarfrisur. Beatrice Häfligers Körper ist noch immer mädchenhaft, und auf Rosen gebettet ist die ehemalige Teilzeitarbeiterin an Schulen immer noch nicht.

«Ich lebe von 1500 Franken im Monat, von zwei kleinen Pensionen. Witwenrente habe ich keine. Die bekommt man erst nach fünf Jahren Ehe. Wir waren nur eineinhalb Jahre verheiratet. Als Reserve dienen mir sein Erbe und mein Erspartes, und glücklicherweise zahle ich hier keine Miete.»

Sie sagt das mit gekräuselter Lippe und ich sehe, dass sie auch sehr wütend sein kann. So wie früher in der Enge der geheizten Stube.

Die 60-Jährige hat viel verloren. Nicht nur ihren Liebsten, sondern auch schon drei ihrer Schwestern. Eine nach dem Tod ihres Mannes, die anderen zwei kurz davor. Und das alles seit 2015. Mit dem Wunsch eines assistierten Suizids wurde sie bereits von ihrer erstverstorbenen Schwester konfrontiert. Darüber schreibt sie in *Exit Info*:

Drei Wochen vor ihrem Tod suchte ich sie, die keinen Besuch mehr wünschte, in ihrer Parterrewohnung in Zürich auf. Ungeschminkt und mit Krebsgeschwüren übersät, lag die einst so schöne Frau in ihrem Bett. Mein Besuch rührte sie zutiefst, sodass ich länger an ihrem Bett sitzen und mit ihr plaudern konnte. Dabei sagte sie zu mir: «Weisst du, Trix, wenn ich jetzt bei Exit wäre, würde ich die Freitodbegleiterin kommen lassen. Aber jetzt ist es zu spät.»

«Wie fühlten Sie sich, als Ihr Mann den Wunsch formulierte, Exit beizutreten und per assistiertem Suizid aus dem Leben zu scheiden?» Beatrice Häfliger antwortet auf meine Frage mit einem weiteren Textabschnitt aus ihrem offenen Bericht in der Exit-eigenen Publikation, der Nummer 4 aus dem Jahr 2018:

In mir krümmte sich bei dieser Vorstellung alles zusammen. Ich schluckte tapfer und dachte dabei an meine Schwester. Die Aussicht, ein Mittel gegen das «Elendiglich-abkratzen-Müssen» zu haben, belebte meinen Mann. Es liess ihn die überraschend neue Tatsache sogar mit Humor hinnehmen. «Ich habe ein schönes Leben gehabt», meinte er, «das will ich mir mit einem unschönen Ende nicht verderben.»

Im ersten Halbjahr unterzog er sich neben einer Antihormonbehandlung, die den Krebs zu verzögern vermochte, einer Strahlentherapie gegen die Knochenmetastasen. Diese Behandlung kappte seinen Lebensmut extrem. Aufgrund der Bestrahlung eines Halswirbels hatte er Verbrennungen in der Speiseröhre erlitten, die ihm täglich Stunden qualvollen Essens bescherten. Mehrmals war er versucht, die Freitodbegleiterin zu rufen, doch hinderte ihn das Datum unserer Hochzeit am 15. Juli 2016, dieser Versuchung nachzugeben. Und dann war da auch diese Freude am Laufen. Täglich stieg er ein Waldstück empor, um wieder sanft hinunter zu unserem Haus zu gelangen. Diese anfänglich aufgrund einer Metastase am Iliosgelenk qualvolle Übung trug Früchte und das Gehen im Wald war ihm bis kurz vor seinem Freitod am 23. Januar 2018 möglich.

Der Wald, die Wälder. Wie wesentlich sie für Peter Angst waren, sagt er auch im Film, in seinem Abschiedsstück, das seine Frau nun in der langen Zeit der Trauer immer und immer wieder anschaut: «Tag für Tag die gleiche Strecke. Aber es ist nicht das Gleiche wie am Vortag und ich bin nicht derselbe, der ich gestern war.»

Ich schaue durch die Fenster in den Wald. Es hat wieder zu schneien begonnen. Es sind grosse, flächige Flocken, die durch den Mainachmittag wirbeln. Nichts Bleibendes, was uns den Weg zurück zum Degersheimer Bahnhof verunmöglichen würde. Vorher will ich aber noch Genaues erfahren über den Todestag. Ein kalendarisch festgelegter Tag. Anders als bei anderen Weltabschieden, die sich nicht zeitlich festsetzen, nicht planen lassen.

«Wenn ich zurückdenke, dann wollte ich ihm einfach alles recht machen. Aus Liebe. Ich war mehr bei ihm als bei mir. Und ich wünschte mir einfach, dass alles gut über die Bühne geht.

In der Nacht davor, in der letzten Nacht, ging ich zu ihm ins Bett, um seine Wärme zu erspüren und die Tragweite dieses Moments zu erfassen. Nach seinem Tod bekam ich eine Trauerkarte. Kein schönes Bild war darauf, aber Worte, die genau das wiedergaben, was ich in dieser Nacht fühlte: ‹Engel der gemeinsamen Stunde.› Es fühlte sich so an, als wäre ein Energieband um uns, ein rotes Band, das uns verband. Es war eine Kraft, die uns das Gefühl gab: ‹Wir beide, wir schaffen das.›

Es war ein sehr tiefgreifendes Erlebnis. Nie zuvor habe ich so etwas erlebt. Eigentlich ist es unvorstellbar. Er sagte dann zu mir: ‹Es waren schöne 30 Jahre mit dir, Trix. Das nächste Mal machen wir dies oder jenes noch besser!›»

«Eine Art Manöverkritik?» – «Ja, das gehörte zu ihm. Aber es tönte nicht ironisch. Deshalb tröstete mich dieser Satz irgendwie, weil er so gar nicht zu seinen früher geäusserten Jenseitsvorstellungen passte. Es lag so viel Liebe in diesen Worten! Auch später, kurz vor dem Sterben, hat er sich bei Evi bedankt, die gekommen ist, um mir beizustehen. Sie ist eine unerschrockene Freundin.»

«Brauchte es aus rechtsmedizinischen Gründen eine Zeugin?» – «Nein, es wäre auch nur mit mir allein und der Exit-Frau möglich gewesen. Aber mit Evi war es auf alle Fälle besser. Peter wollte nicht, dass ich nach seinem Tod allein bin. Tatsächlich war es unschätzbar wichtig, dass meine Freundin da war.»

«Können Sie mir den Tag des Abschieds schildern?» – «Die Sterbehelferin lebt in unserer Nähe. Sie ist eine Tessinerin, die ins Toggenburg geheiratet hat, eine attraktive Frau. Wie wir liebt sie die Toggenburger Voralpenlandschaft. Auch sie ist an Krebs erkrankt, aber sie ist geheilt worden. Ich habe zu meinem Mann gesagt: ‹Ich hasse diese Frau. Ich kann nichts anderes für sie empfinden als Hass. Sie ist es, die dich mir wegnehmen wird!› Aber dann kam sie und hat es geschafft, mich mit ganz wenig zu gewinnen.»

«Wie hat sie das geschafft?» – «Sie hat gemerkt, wie es mir geht. Sie hat verstanden, dass ich sie hasse. Ich habe es ihr gesagt. Das war beim ersten Mal, als ich sie sah, ein halbes Jahr vor Peters Freitod, im August 2017.

Am Todestag selber hat Peter mir beim Frühstück ruhig Gesellschaft geleistet. Es gab noch die Diskussion: Infusion oder Trinken? Peter hat gesagt: ‹Ich trinke das Zeug lieber, dann bin ich wenigstens sicher, dass ich tot bin.›

Später kam Evi. Wir sassen noch einen Moment an diesem Tisch und redeten miteinander. Dann ging Peter in sein Zimmer, in sein Bett. Ich folgte ihm nach einer Weile und wir nahmen Abschied voneinander. Dann fuhr die Exit-Frau mit ihrem schnittigen Auto vor und ich informierte sie, dass wir uns fürs Trinken entschieden hatten. Gleich danach gingen wir zu Peter hinauf und er gab uns noch ein paar Anweisungen: ‹Ich möchte zum Wald schauen, und du sitzt am besten da und Evi da!› Anschliessend hat er das Gift genommen und war nach vier Minuten tot. Vorher nahm er noch meine Hand und sagte: ‹Das schmeckt bitter wie Pferdepisse!› Nach dem Gift trank er noch ein Glas Wasser und ich sagte zu ihm: ‹Pedro, denk an die Ofenlochschlucht!› Das war nämlich sein Lieblingsort. Dort entstanden auch seine Gedichte. Er ist dann heiter und entspannt gestorben. In guter Laune, mit einem ganz gelösten Gesicht. Der Arzt, der vorbeikam und die Obduktion machte, sagte auch: ‹Da ist einer heiter gestorben!›»

«Und Sie haben ihm in seinen letzten Lebensminuten mit dem Bild der Ofenlochschlucht noch helfen können. Sie konnten noch etwas für ihn tun.» – «Ich hoffe es.»

Beatrice Häfliger schildert den letzten Lebenstag mit ihrem Mann fast tonlos und gänzlich tränenlos. Ihre Stimme klingt so, als hätte sie ein Tonband in sich, das abspult, was ihr Leben radikal verändert hat. Es klingt, als hätte sie den Abschied schon x-mal genauso erzählt. Und es klingt so, als sei sie in der Erzählung gefangen oder teilweise mitgestorben. Auf eine unerwartete Weise klingt ihre Erzählung beteiligt.

«Und danach, wie waren die Minuten danach?» – «Dann begann meine innere Unruhe. Eine grosse Hetze kam über mich. Die Frau von Exit wusch sofort die Gläser mit dem todbringenden Gift aus, damit ja nichts passiert. Als die Frau gegangen war, habe ich aus dem Wasserglas getrunken und sofort ein ätzendes Gefühl in meiner Kehle verspürt. Ich geriet in Panik: ‹Evi, ich glaube, ich habe etwas Gift geschluckt!› – ‹Das kann nicht sein, Trix!› Meine Freundin versuchte mich zu beruhigen, massierte mir den Rücken und sprach auf mich ein. Ich war eigentlich ausser mir. Ich spülte meinen Mund aus und dann habe ich schlagartig die Tragweite des eben Geschehenen erfasst: Ist es denn möglich, dass ein Mensch mit drei Schlucken weg ist? Für immer? Vorher wusste ich es, aber wirklich begriffen habe ich das erst in diesem Moment.»

«Waren Sie ganz allein mit ihrer Freundin und ihrem toten Mann?» – «Zum Schluss ja, aber vorher kamen auch die Polizisten ins Haus. Die Polizei muss kommen, um festzustellen, dass alles regulär gelaufen ist, dass niemand nachgeholfen hat. Die Sterbebegleiterin hatte angerufen, und die waren schnell da und sagten: ‹Wir kommen natürlich nicht gerne an so einen Ort.› – ‹Hören Sie, ich kann Ihnen das erklären!› Ich habe dann vom nicht erkannten Krebs erzählt, von der falschen Diagnose wegen der Rückenschmerzen und deren falschen Behandlung bis zum Entscheid meines Mannes.»

«Sie hatten an diesem Tag noch die Kraft, gegenüber der Polizei die Todesart Ihres Mannes zu rechtfertigen?» – «Ja. Und die sagten: ‹Von dieser Seite haben wir das noch gar nie angesehen.› Dann verabschiedeten sie sich und gingen. Wichtig für mich war auch die Begegnung mit den Bestattern. Ich erklärte ihnen, wie mein Mann gestorben ist. Und die meinten: ‹Wenn Sie wüssten, wie wir Ihnen dankbar sind, dass Sie es so gemacht haben. Wie oft kommen wir zu schrecklichen Situationen unter einer Brücke. Wie oft müssen wir in einem Stall einen Erhängten von seinem Strick befreien oder jemanden unter einem Zug hervorholen und die zerfetzte Leiche einsargen. Das ist eine Schweinearbeit.› Auch mein Mann hatte eine Zeit, in der er an Suizid gedacht hatte. Aber das habe ich den Bestattern nicht gesagt.»

«‹Ich war mehr bei ihm als bei mir›, haben Sie gesagt. Heisst das, dass Ihr selbstbestimmter, künstlerisch und politisch denkender Mann eindeutig entschlossen war, mit Exit sein Leben zu beenden, während sie sich den Abschied von ihrer todkranken Lebensliebe auch anders hätten vorstellen können?» – «Klar, ich hätte das nicht gebraucht!»

«Was wäre für Sie die Alternative gewesen?» – «Ich habe lange auf ein Wunder gehofft. Und das war nicht aus der Luft gegriffen. Meine Mutter hatte nämlich einen mehrfach metastasierten Krebs in sich und wurde den auf wundersame Weise los. Später habe ich aber schon gemerkt, dass es so laufen wird, wie Peter es sich ausgedacht hat. Ich habe dann meine eigenen Gefühle durchdacht und zu einem Einverständnis gefunden. Ja, so war es. Er hat mit dem Tod geredet und die haben es so ausgemacht miteinander.»

Unter dem Titel «Provinz» schrieb Beatrice Häfligers Mann in seinem Lyrikband *Wälder* unter anderem diesen Vers zu seinem Sterben:

Komm, stiller Tod, nimm mich an deine Hand.
Führ' mich in die Schluchtwälder, zum letzten Wasser.
Zu Felsen und Bäumen und Tieren und Gräsern.
In atembare, kühl-frische, düstere Luft.
Zu hohen Sternen.
Vielleicht hast du ein wenig Zeit
und setzt dich für ein Weilchen zu mir.
Nun geh und lasse mich auf den Hauch warten,
der erstickend andrängt.

Wie ruhig und friedlich das klingt, denke ich, wie einvernehmlich auch. Anders bei der hinterbliebenen Frau: Unruhe, Giftangst und das plötzliche Gewahrwerden der unwiederbringlichen Tatsache.

«Ich war getrieben, gehetzt, es war mir unmöglich, einfach ruhig hinzusitzen, Immer wenn die Entspannung kam, stand ich auf, um etwas zu tun: Gartenarbeit, holzen, telefonieren, organisieren. Immer gab es etwas zu tun. Ich sehnte mich nach Nähe. Mein erster Jugendfreund meldete sich bei mir. Neue Liebe, neues Glück? Ich erlag der Einbildung, dass daraus noch etwas werden könnte. Aber das konnte natürlich nicht gut gehen. Ich wollte einfach nicht wahrhaben, dass ich nun so allein bin. Ruhig zu werden war offenbar zu bedrohlich. Um ruhig zu werden, brauchte ich meinen Beinbruch. Der hat mich dann wirklich ausgebremst, acht Monate nach seinem Tod. Ich war unachtsam, bin bei einem hastigen Möbeltransport rückwärts die Betontreppe hinuntergestürzt. Es hätte auch ein Halsbruch sein können. Ich könnte auch tot sein. Ich hatte Glück!»

Ihr letzter Satz sagt viel, sehr viel. Er steht für das Leben, schon fast für Lebenslust. Kein Nachsterbewunsch, wie ihn viele Verwitwete verspüren. In den Todesanzeigen liest man dann: «Sie/Er folgte ihm/ihr ins Grab.» Besonders Witwer sind gefährdet, ihren Frauen nachzusterben. Oft sogar nicht einfach am gebrochenen Herzen, sondern durch die eigene Hand. Das habe ich von der Entwicklungspsychologin Pasqualina Perrig-Chiello im Interview erfahren (siehe Pasqualina Perrig-Chiello, S. 35).

«Sie hatten Glück, sagen Sie. Das spricht fürs Leben.» Beatrice Häfliger nickt und zeigt mir einen Ausschnitt aus *Zwischen Lust und Angst*, einen Brief an ihn, den Verstorbenen. Da steht unter anderem:

Du weisst, ich habe noch etwas zu tun. Aber ich werde mit dir im Austausch bleiben, solange dieses sanfte Weben anhält.

Das «sanfte Weben» bringt uns auf die Jenseitsvorstellung. «Er hat immer gesagt, dass es kein Jenseits gibt. Unmissverständlich hat er das zu verstehen gegeben. Das hat mich geprägt. Ich selber hatte dazu keine klare Vorstellung. Von der Erde zur Erde, sagte ich immer. Ich wollte nur nicht verbrannt werden. Das wäre zu schnell. Da kommt die Seele nicht mit. Aber was weiss man schon?

Mein Mann ist nicht weit weg von hier. Seine Asche liegt im Wald verstreut. Da gehe ich immer wieder hin. Peter hat nun dort seinen Frieden gefunden. Er hat auch vom ‹Todeswald› geschrieben. Da modert es und möselt es, es wachsen neue Triebe. Es ist wunderschön. Einen Teil seiner Asche habe ich auf dem Gemstritt verstreut. Da dialogisierte er mit den Gemsen. Der grössere Teil der Asche liegt hier in der Nähe, damit ich Peter besuchen kann. Und das kommt wöchentlich vor.»

«Gibt Ihnen das Trost?» – «Unterschiedlich. Manchmal fühlt es sich an wie eine Ohrfeige. ‹Was soll das nun, Pedro?› Und dann geht man zurück nach dieser Watsche und spürt doch: ‹Oh, ich habe wieder mehr Kraft.› Ja, so ist es. Zum Beispiel gestern war ich da. Erst dachte ich, heute schaffe ich es nicht, hinzugehen. Aber dann bin ich doch hingegangen und es war wunderschön.»

«Was heisst das genau?» – «Der Wald war schön. Es war feucht. Es glänzten die Blätter. Das Bächlein plätscherte und der Seidelbast, den ich dort gesetzt habe, gedeiht prächtig. Das hat mich gefreut. Und dann ist es wieder gut. Aber berechenbar ist es nicht. Gefühle lassen sich nicht bestellen. Sonst gerät man noch ins Glorifizieren oder in einen Wahn.»

Seidelbast, denke ich. Meine Mutter hatte mich immer vor dieser giftigen Pflanze gewarnt. «Die feuerroten, fleischigen Beeren können totmachen», sagte Mama. Und nun liegt Peter Angsts Asche tief im Wald neben einem Seidelbast. So, als wäre der Seidelbast sein Wächter. «Bleibt fern! Nicht daran rühren!»

Mehrere Freunde hatten sie in den zwei Jahren seit Darios Diagnose – unheilbarer, weit fortgeschrittener

Prostatakrebs – gefragt, ob sie an ein Leben nach dem Tod glaube oder sie damit zu trösten versucht. Eva hatte jeweils nachdenklich wie ein Grashalm im zarten Lufthauch den Kopf hin und her bewegt und zaudernd geantwortet: «Es bleibt die Erinnerung.»

Gleichzeitig erinnerte sie sich an die letzte Erzählung, die sie Dario vor wenigen Wochen vorgelesen hatte. Sie war aus dem Buch von Pu Sung-ling, *Umgang mit Chrysanthemen*. Sie erzählt, wie viele von Pu Sunglings Geschichten, von der Liebe eines Reisenden mit einer Fuchsfrau. Vielleicht ist Dario jetzt auch ein Fuchsgeist und weilt unter den Ewigen, sinnierte sie, als wäre das durchdringende Fuchsrufen für sie bestimmt, als rufe Dario nach ihr.

«Manchmal spreche ich auch mit ihm. Ich sage: ‹Pedro, ich möchte noch etwas vollbringen, was meine Herzkraft stärkt. Ich bin offen für das, was kommt.› Auch dieses Projekt mit Ihnen, da habe ich mir vorgestellt, was er dazu sagen würde.»

«Und – was würde er dazu sagen?» – «Es ist dienlich, eine gute Sache. Mach es!»

Wir machen es. Gemeinsam. Beatrice Häfliger und ich. Sie schaut in ihren Unterlagen, was noch fehlt, was noch zu erzählen ist. Ich schenke ihr derweil Pfefferminztee nach, als wäre ich die Gastgeberin. Wir sprechen vom Abschiedsfest, vom offiziellen Adieu.

«Der Abschied sollte eine heitere Angelegenheit werden, eine Art kubanische Beerdigung. So wünschte es sich Peter. Er schlug vor, dass ich ein paar Fotos zeigen könne von seinen vielen Lebensstationen. Ich wusste nicht, ob ich das schaffen würde. Ich konnte ihm das nicht fest versprechen. Und dann kamen die letzten

Wochen und ich merkte, dass ich ihm diese Freude machen wollte: ‹Pedro, ich mache es so, wie du es dir wünschst.› Und wir berieten über den passenden Ort. Ganz traditionell mit Kirchenglockengeläut standen wir erst um die geschmückte Urne vor der Aufbahrungshalle. Ein Kollege spielte dann Bach. Peter liebte Bach:

Kunst der Fuge
Bachs ‹Kunst der Fuge›,
sagte eine junge Frau
am Radio, ‹ist
kopflastig›. Wenn ich
den Kopfhörer aufgesetzt,
im Schneidersitz vor
dem Gerät auf dem
Teppich sitze und eine
der Fugen höre,
von Gould auf einem
Flügel oder von Koopman
und Mathot auf zwei
Cembali gespielt,
habe ich oft Wallungen
wie beim Liebesspiel.

Es gab auch eine Schweigeminute. Später, im Saal des ‹Rössli› in Mogelsberg, waren 100 Menschen. Zu den Fotos, zu seinen Lebensstationen, haben verschiedene Freunde etwas erzählt. Das war unsere Art von Lebenslauf. Dazwischen unterschiedliche Musik, etwa die Rolling Stones, aber auch die Klänge eines Hackbrettspielers von Hemberg. Am Schluss haben wir noch eine

Passage aus dem Film, den wir 87 Tage vor seinem Tod drehten, angeschaut.»

«Und Sie haben es geschafft, seinen letzten Wünschen zu entsprechen?» – «Ich war in einer Art Trance. Oder im Schockzustand. Aber am Tag nach diesem offiziellen Abschied von Pedro wanderte ich mit Evi durch den Wald und sagte ihr: ‹Nun ist mir ein Felsbrocken von der Brust gerollt.› So fühlte es sich an. Genauso. Ich war so erleichtert.»

Die Tannen draussen wiegen sich in der Bise. Es hat aufgehört zu schneien und hin und wieder schiebt sich ein Sonnenstrahl zwischen die dunklen Wolkenwände. Bewegtes Wetter. Verspäteter April im Mai. «Sächs Monet füüre und sächs Monet früüre», kommentiert Beatrice Häfliger das Wetter in dieser Gegend.

«Mir fehlen seine Arme. Mir fehlt seine Wärme. Es ist so vieles weg. Die gemeinsamen Gespräche. Verbal und nonverbal. Mir fehlen sogar unser Streit und die Versöhnungen danach. Manchmal bin ich auch wütend. Auf diesen verdammten Scheisskrebs. Und es fehlt mir an Herzkraft.»

«Was gibt Ihnen Kraft innerhalb der Trauer?» – «Freunde. Evi ist eine wichtige Person.Und die Natur. Und die Anerkennung. Als der Wolfbach-Verlag zusagte, mein Buch zu verlegen, war das ganz wichtig für mich. Es hilft mir auch, wenn ich mich bewege. Feldenkrais. Das ist eine Methode, die es schafft, traumatische Erlebnisse zu lösen. Tanzen. Wandern. Die Abgeschiedenheit hier, die mir erlaubt, nach innen zu schauen. Schreiben. *Zwischen Lust und Angst*, mein neues Schreibprojekt. Es hilft mir, nicht in den Krater zu fallen.»

In einem langen Text, der ihr hilft, nicht in den Krater zu fallen, schreibt Beatrice Häfliger über seine Sachen. Sollen sie aufbewahrt oder weggegeben werden? Manche Witwen können die leeren Hüllen ihrer toten Männer nicht sehen und entfernen sie schnell. Andere huldigen ihnen, riechen heimlich an ihnen, errichten Schreine mit seinen Siebensachen, empfinden es als Verrat, an seine Dinge zu rühren, und belassen alles so, wie es war, als vieles noch sehr anders war. Manche brauchen einfach Zeit, sich vom einen oder anderen zu trennen.

Ordnung schaffen? Aber wie? All seine Dinge, die noch an ihrem Ort waren, als hätte er sie eben berührt, die Eva ansprachen, sie aufforderten, etwas mit ihnen zu machen. Wegwerfen oder sammeln? Nur ja nicht zu schnell entscheiden! Es würde ihr den Boden unter den Füssen entziehen. Was ihm etwas bedeutet hatte, sagte etwas darüber aus, was sie an ihm bewundert hatte.

Es war heilige Scheu, die sie davon abhielt, zu entscheiden, welche Gegenstände ihres Mannes sie weggab, wegwarf oder an ihrem Platz beliess. Die Dinge repräsentierten seine Gegenwart. Aus ihnen sprach ein Geist, seine Liebe zu ihr. Nicht alle Sachen waren gleichermassen damit behaftet. Eva hatte zum Beispiel früh seine Schulkleider leichthin in den Kleidersack gesteckt, obschon sie schöner waren als seine Bauernhemden für zu Hause. Ihre Schwester Katharina schien auch zu spüren, dass an diesen Hemden etwas dran war. Sie lieh sie sich als Requisiten für die Inszenierung ihres Theaterstücks Eulenspiegel reloaded *aus.*

In diesen Hemden steckte seine Kraft zum Eigensinn, der sich dem Zeitgeist entgegenstellte. Dario scheute sich nicht, anders zu sein, egal, wie er auf andere wirken mochte. Sein, wie man ist, und dafür geliebt zu werden, war eine Kostbarkeit, die alles aufwog. Eva war nicht bereit, nach dem Tod ihres Mannes darauf zu verzichten. Lieber begnügte sie sich angesichts seiner Dinge mit der Erinnerung daran, dass das unter Menschen möglich war. All diese Geschichten, die in den Dingen fortleben, sind sichtbar, mehr noch spürbar. So ist zu erklären, dass so schnell so viel Geld für den Rückbau der Notre-Dame von Paris zusammenkam. «Das Herz in Asche», titelte ein Video über den Brand der Kathedrale. Die Dinge erzählen von unserer Ehrfurcht dem Gewesenen gegenüber. Sie geben uns Orientierung, wo wir selbst nicht mehr wissen, was wichtig ist.

Und doch: Was wichtig ist, weiss Beatrice Häfliger. Sie sagt es mir auf dem kurvigen Weg zurück zum Bahnhof: «Ich möchte nicht verkrusten. Ich möchte lebendig sterben.»

Dank

Dieses Buch ist ein Buch der Jaworte: Die Verlegerin Dr. Yvonne-Denise Köchli war vom Buchkonzept und vom Thema Verwitwung sofort überzeugt und sagte ohne eine einzige Textprobe Ja. Auch während der Schreibarbeit war die Xanthippe-Chefin eine wichtige Ideengeberin und Unterstützerin.

Ja sagten alle angefragten Witwen, auch wenn ihr Ja ein Wagnis war. Meine Bedingung lautete nämlich, ihre sehr intime Geschichte des Abschieds, der Trauer und des Neuanfangs ohne Anonymisierung zu erzählen. Man kann nicht einerseits beklagen, dass Witwen im gesellschaftlichen Schatten leben, und sie andererseits verschatten, indem man ihren Namen ändert. Ich danke diesen Frauen sehr für ihren Mut, für ihr Vertrauen, ihre Offenheit und ihr grosses Bemühen, den Verlust sprachlich zu fassen.

Ein schnelles Ja bekam ich auch von den Expertinnen. Sie waren alle überzeugt davon, dass es dieses Buch braucht, und zögerten nicht lange, um einen Interviewtermin mit mir zu vereinbaren. Ich bin sehr dankbar, dass sie den Leserinnen ihr Hintergrundwissen zur Verfügung stellen und auch nicht davor zurückscheuten, sich in den Gesprächen privater als üblich zu zeigen.

Wer schreibt, hat meist viele Fragen. Und so war ich froh, drei kritische und gleichzeitig zugewandte Leserinnen an meiner Seite zu wissen. Es sind dies meine sprachgenaue Schwester Agnes Dünneisen und zwei Freundinnen, die Psychotherapeutin und Künstlerin Anndo Huber-Bolland und die Künstlerin Mirjam Beerli. Die drei Frauen haben das Buch Kapitel für Kapitel hochaufmerksam gelesen und sich berühren und anregen lassen. Besonders dankbar bin ich ihnen auch für ihr kritisches Nachfragen und Nachhaken. All das hat mich durch die ersten Monate der Trauer getragen und mir das Gefühl von Kohärenz gegeben. Das ist sehr wertvoll. Ja, ich bin sehr dankbar dafür.

Anhang

Themenfelder für die Begegnungen mit verwitweten Frauen

Name
Vorname
Alter
Verwitwet seit
Todesursache

Beschreibung des Verlorenen

So ein Paar waren wir

✂- -

Das Sterben

✂- -

Die Todesnachricht und meine erste Reaktion darauf

Mein Körpergefühl nach dem Verlust

Ein Bild, das mich verfolgt oder lange verfolgt hat

Gedankenkarussell und andere Grübeleien

Hilfreiche Sätze bzw. verletzende Sätze

✂--

Der offizielle Abschied

✂--

Überlebensstrategien

Was alles verloren gegangen ist

Weltgefühl

Meine Trauer

Ein Wendepunkt

Autonomiegewinn

Ressourcen

Jenseitsvorstellung

Wagnisse

Ich und die anderen

Was unwiederbringlich ist

Finanzen

Wünsche und Hoffnungen

Neue Liebe / neues Glück

Ich hier und heute

Das Gute am Schlimmen

Der tiefste Punkt

Eine Episode, die ich nie mehr vergesse

Meine wichtigste Lektion aus dem Erlebten

Das letzte Wort oder die letzten Worte

Der Diagnoseschock

Verluste vor der Verwitwung

Meine Grenzen

Seine Sachen

Was bleibt